ROGER WILLEMSEN
RALF TOOTEN

BANGKOK NOIR

S. FISCHER

Layout: Roger Willemsen, Ralf Tooten
Satz: Wilfried Schmidberger, Nördlingen
Druck und Bindung: Druckerei appl, Wemding
Printed in Germany
ISBN 978-3-10-092106-2

Sieht man die nächtliche Stadt aus der Ferne, nähert sich als Fremder, als Augenzeuge bloß, dann scheint sie nicht schön – oder mehr als das. Wie sie sich in dieser Ebene niedergelassen hat, das Flusstal bevölkert, die Erde bedeckt, sich Hügeln und Senken anschmiegt, an den Aderlauf der Kanäle drängt, sich zugleich über die Natur hinwegsetzt und sie vereinnahmt, wie sie Fülle und Verschwendung über der Landschaft ausgießt, einen hellen Himmel spannt, Lichtpunkte und -reflexe verteilt, wie sie ihre Formen aus der Erde treibt, ihre Strukturen organisiert, ihre Muster wiederholt und die allgegenwärtige Bewegung dirigiert, wie sie sich um ihre Hochbauten konzentriert, um sich im Dunkel der Ferne schließlich doch zu verlieren, bis sie sich in den Feldern und Wäldern endlich zerstreut hat, das alles charakterisiert die Polyphonie der Großstadt Bangkok, die lebt, als hätte der große Auslagen-Arrangeur gerade erst seine Hand aus der Dekoration gezogen.

Wie viele hoch entwickelte Formen geistiger Aktivität müssen zusammenkommen, damit dies entstehen kann! Wie viel Intelligenz muss dauernd am Werk sein! Die Ströme von Wasser, Licht, Verkehr, Kraft, Elektrizität müssen gebündelt, die Schneisen für Essen, Waren, Arbeitskraft müssen geschlagen und in jeden Winkel geführt werden. Selbst die Sentimentalität derer, die hier leben oder hierher zu Besuch kommen, will beantwortet werden. Die Stadt muss dem Glauben Lichtinseln, dem Schönen Raum geben, die Unterhaltung der niederen und der verfeinerten Art kultivieren, sie muss selbst alle Leibesfunktionen erfüllen, sie muss leben, und wo sie stirbt, muss sie nachwachsen und sich erneuern. Überall, bei Tag und Nacht, ist sie zugleich Stadt und Märchenwald.

Am Times Square, der auch in Bangkok den Puls zählt, sitzt ein Blinder, hält seinen Becher zwischen den gefalteten Händen in Höhe der Stirn, Ehrerbietung bedeutend. Von oben herab, wie man ihn anschaut, blickt man direkt in seine toten Augenhöhlen. Die Nacht in seinem Kopf berührt die Nacht, die gerade über die Stadt kommt. Er hört ihr nicht zu, er hört sie bloß, so lautstark wirft sie ihre Maschine an: Die Nachtmenschen kommen, die Nachtlichter funkeln, die Nachtclubs öffnen ihre Türen, die Nachtmärkte häufen ihre Güter. Was sie gemeinsam produzieren, ist Verschwendung, ist Überfluss an Licht, Kraft, Appetit, und von den Lustversprechen bleibt am Ende zumindest das Versprechen.

Sechs Uhr abends. Einbruch der Dunkelheit. Wer lebt für jetzt? Die Erwachenden: Nachtschattengewächse und Lemuren. Nicht ein Einbruch, eine Niederkunft ist es, ein Herabkommen vom Himmel, ein Rückzug des Wohlwollens. Der Taghimmel verglimmt. Er weicht der Strahlkraft der künstlichen Beleuchtung,

der gleißenden Neon-Schriften, der gelben Bogenlampen über den Schnellstraßen. Wo die große Lichtquelle erlischt, erhält das Kunstlicht seinen Auftritt. Jede Helligkeit ist jetzt eine produzierte und bewacht parteiisch ihren Hof. Doch was ändert der Lichtwechsel?

Niemand macht die Nacht zum Tage. Jetzt werden die Räume von Schatten definiert. Die Gesichter greifen auf andere Ausdrücke zurück, die Orientierung tastet ins Licht, die Effekte übernehmen. In die Nacht hineingeschminkte Augen strahlen, in die Nacht gestülpte, mit Gloss gefirnisste Lippen beißen in Papiertaschentücher, in die Nacht gepinselte Eyeliner geben sich nofretetisch, und die Nägel, die Dekolletés, die Fußgelenke, alle empfangen ihre Akzente. Wirken muss alles und duften und Einen fixieren, der hängenbleibt, der den begehrenden oder den liebenden Blick kultiviert – nur dafür. Die Karren werden herausgezogen, die Suppen angesetzt, die halbe Stadt macht sich ausgehfertig, und die Stimmung sagt: Später, zu einem bestimmten Zeitpunkt in der Nacht, wird es wichtig sein, dass ich meinen Platz habe, mit meinen Kesseln und Geräten, mit meinen Boxhandschuhen, mit meinen matt gecremten Beinen, meinem Schmuck.

Die Dämmerung ist der Zustand, in dem man der Ausbreitung der Geheimnisse zusehen kann. Wo eben noch ein Baugerüst war, weht jetzt nur noch eine Plane durch die Schatten, von innen eingeatmet und wieder herausgepustet. Das Licht fließt nicht, es zerstäubt, ehe es sich auflöst, ja, es gibt seine Hoheit ab an das Kunstlicht, an den Mond, an die Bauleuchten, die Reflexe in den Pfützen, an die Neonröhren und die Funzeln.

Dann enden die Tages-Industrien und die Nacht übernimmt mit Essen, Tanzen, Feiern. In jede Richtung pulsiert das Vergnügen. Alle, Dienstleistende und Hedonisten, wenden sich ihm zu und bereiten ihm den Weg. Kein Ort ist davon unerreicht: In den Hochhaus-Bars bestellt man die Nistplätze der Reichen; in den Mietshausblöcken sitzt man am Boden zum Glücksspiel; in den Slums setzt man sich unter eine Plane und kocht und zecht; auf den Märkten bindet man Blumen für die Liebenden, und zuletzt kommt der Mond raus und bellt den Hund an.

Auf den Anlegern am Fluss werden jetzt Tische aufgestellt, Bänke mit Blüten bestreut. Der *Bandstand* ist plötzlich besetzt. Eine Karaoke-Maschine nimmt zuerst den Betrieb auf und schreit, dass man es auf den Schleppern hören kann, die vorbeituckern, und manchmal kehrt der Gesang sogar in Fetzen zurück, es sind die Stimmen der mitsingenden Matrosen von den mit Kies beladenen Langbooten, die sich im Dunkel der Nacht verlieren. Selbst auf der anderen Flussseite ist diese Musik vernehmbar. Sie reicht hinüber zu den goldenen Pagoden, den feierlichen Tempeln und Palästen.

Ein Ausflugsdampfer dümpelt auf dem Fluss. »Lang lebe der König«, jauchzt ein Bettler dem Porträt Bumiphols auf der Backbordseite entgegen. »Der geliebte König!« Die im offenen Restaurant am Pier stimmen ein: »Lang lebe der König! Er lebe!« Wie lange feiern sie seinen 80. Geburtstag nun schon auf den mit Lichtergirlanden geschmückten Booten, mit vom Ufer aus zugeworfenen Luftküssen, im Schatten der portugiesischen Kirche mit ihrem blauen Neon-Kreuz? An Königs Geburtstag, dem 5. Dezember, schließen die Bars schon um 20 Uhr. Auf Leinwänden verfolgt das Land die Live-Übertragung der Zeremonie. Mancher Untertan kniet in Ehrfurcht, eine Rede nach der anderen wird gehalten und aus voller Brust die Nationalhymne gesungen.

Selbst die Kellner, die in gebatikten Hawaii-Hemden zwischen den Ständen hindurchwieseln, werfen einen bewundernden Blick zu den geschmückten Booten, den neuen gelben und den alten Kästen, die hölzern und düster vorbeitreiben wie verlassenes Leben, totes Holz, beäugt von den Hotel-Waben mit ihren tausend Fenstern.

Auch die neuen, unfertigen Großbauten wirken jetzt wie Findlinge oder antike Dschunken, in deren Schatten sich die ersten Märkte ausbreiten mit ihren labyrinthischen Fluren voller Schuhe und Babykleidung. Der Wind kommt zügig durch das Flussbett, er greift sich einen Schwarm Musik, dort, wo die Musik aus all den Uferrestaurants zusammenfließt, und zerstäubt sie in der Mitte des Flusses. Aus einem der kleinen, mit fröhlichen Wimpeln dekorierten Boote ergießen sie sich jetzt, die heimkehrenden Ausflügler, und verlaufen sich wie Gischt rings um jenen Wohnturm, der wie eine mineralische Druse in den schwarz schimmernden Himmel ragt. Die Nacht schlägt ihren Mantel über die Kulisse, schimmernd in einer Gaze aus Licht, Rauch, Duft und Feuchtigkeit.

Auf der nächtlichen Brücke: Der Mann, der da mitten auf dem Grünstreifen steht, besitzt so weit auseinanderstrebende Augen, als wolle er beide Straßenseiten gleichzeitig observieren. Die Jungen, die Liebespaare kauern auf den Pollern, die die Fahrbahnen vom Gehweg trennen. Sie trinken Bier, und wenn sie auf-

brechen, miauen die Mädchen hinter ihnen her. Mutwille ist in den Augen der Scheidenden. Sie brechen auf, als ließen sie nicht allein das hier hinter sich, sondern alles, und die Zurückbleibenden schauen bedenklich, als müsse sich dieser Aufbruch eines Tages rächen.

Auf der anderen Seite haben unter den aufragenden Schrägen der grün-metallenen Brückenverstrebungen zwei Katoys, auch »Ladyboys« genannt, begonnen, füreinander zu posieren. Das gefällt ihnen: die zurückgeworfenen Köpfe mit den elegisch zur Stirn geführten Handrücken, der angehobene Rocksaum zu dem O-la-la-Gesicht, dann wird das dünne Bein auf dem Brückengeländer abgestellt und mit obszöner Bereitwilligkeit seitlich weggeklappt, so dass die Dessous, die rotseiden gehaltenen Dessous, sichtbar werden zum Vibrieren der Brücke, zum Donnern des Verkehrs. Die beiden schmiegen sich jetzt an die Eisenpfeiler in Erinnerung an etwas, das nicht Sex ist, sondern eine Pin-Up-Reminiszenz. Sie frieren ihre Bewegungen ein, bis niemand mehr da ist, sie zu fotografieren. Dann kosen sie einander, wenden sich dem schwarzen Fluss zu und schauen stumm hinüber, wo die Stadt auf dem Bauch liegt und die Beine spreizt.

Alle haben ihre Nacht. Glauben Sie nicht, sie flirre nur in den Bars, da ist ihr Flirren Routine. Glauben Sie nicht, sie sei stumpf und tot auf den unbelebten Plätzen, wo sich zwischen den Kerzen nur ein paar Kniende mit Blumen am Denkmal von Rama V. verneigen. Der eine von ihnen ist ein Schwede, groß, rotgesichtig und korpulent, nicht unbezecht und im kanariengelben Trikothemd mit dem Namenszug von Henrik Larsen eine komische Figur.

»Aber«, erklärt er, »dieses Denkmal hier« – dankbar blickt er hinauf zu dem ehrenhaften Reiter im Nachtschatten – »ist die Wiege meines Glücks. Denn hierher bin ich heute«, er erhebt die Stimme, »fünfzehn Jahre später zurückgekehrt, aus Dankbarkeit.«

Ich sehe mir das Denkmal an, das eine Wiege sein soll, und verstehe nicht besser.

»Lon!«

Aus dem versprengten Häufchen der abseits bei den Kerzen Knienden erhebt sich eine auch für Thai-Verhältnisse klein gewachsene Frau. Sie reicht ihm nicht bis zur Brust, stellt sich aber sofort neben ihm auf, als würden gleich die Hymnen gespielt.

»Nicht wahr: Vor fünfzehn Jahren hat hier unser Glück begonnen.«

»Vor fünfzehn Jahren, hier«, bestätigt die Frau, aber das Glück ist nur bei ihm, und der Blick, den sie ihm zuwirft, während sie darauf besteht, jetzt zu den Betenden zurück zu müssen, verrät Fremdheit, fast Animosität. Der Schwede aber schwärmt trunken vor sich hin, seines Glückes gerade so sicher wie froh.

Glauben Sie nicht, die Nacht sei so exzentrisch wie die Katoys, die Vertreter des »Dritten Geschlechts«, es Ihnen am Rande der Sukhumvit Road mit flamboyantem Gebaren weismachen wollen. Das ist nur eine späte Blüte dieser Nacht, in der, wer in den Clubs und Bars leer ausgegangen ist, noch auf der Straße sein Glück suchen muss. Sein spätes Glück.

In der Nacht ragen die höchsten Repräsentationsbauten Bangkoks mit ihren schimmernden Spitzen als galaktische Morcheln in den Himmel. Ein parfümierter Mercedes fährt vorbei. Am heruntergekurbelten Fenster eine Lady mit Handschuh, nacktem Arm, einer Zigarette, die behutsam abgeascht wird, alles verzögert. So taucht ins Nachtleben manchmal sogar die Prinzessin, von der man raunt, dass sie sogar eine Tätowierung trage auf ihrer königlichen Haut.

Am tiefsten aber ist die Nacht, wo ihr Schlaf am tiefsten ist, wo sich die Schatten schwarz färben und wo nichts hörbar ist als der Atem der Schlafenden. Zu beiden Seiten der Wasserstraßen vielleicht, wo sich die Sandalen vor den Türen

häufen und man das Husten vernimmt, wie es durch die offenen Fenster bellt, wo sich die Hundekörper, an den Asphalt gedrückt, seufzend heben und senken. Manche der herumliegenden Sandalen sehen aus wie im eiligen Schritt zurückgelassen, und darüber baumeln die Nachthemden und nehmen den Geschmack der Nachtluft an. Es ist die Zeit, in der fiepende Ratten durch den Dunst der Abfälle an den Kanälen schnuppern und das Wasser unter den Barken schmatzt. Wenn man auszieht, um die Nacht zu suchen, wird man ihrer viele finden: Die junge Nacht ist voller angefangener Geschichten. Sie ist halbstark und will noch so viel. Die späte Nacht hat es hinter sich. Sie sucht nur noch eine Form zu erlöschen, dem Staub zuzusehen, wie er sich senkt. Sie hat keine Stimulanzien mehr für die schwindende Vitalität derer, die den Heimweg angetreten haben oder bloß einen Platz suchen, einen schattigen Winkel, um ihr Exil im Schlaf zu finden.

Alle tun jetzt überall das Gleiche. Erfasst vom selben Rhythmus legen die Marktleute Planen über ihre Wagen, stolpern die Tänzerinnen die Treppchen von ihrem Steg herab, legen sich die Straßenkinder in Rudeln in die Rabatten. Die Elefantenführer drehen ihre Tiere um und führen sie weg, die Hippies verdäm-

mern. Die einen sind Teil der Versprechen dieser Nacht, die Zweiten sind die, die sie suchen, die Dritten sind Gaffer, die Vierten Profiteure, die Nächsten Parasiten, Nutznießer, Mitschwimmer. Sie treiben als Plankton durch die Stadt, und alle ernähren sich voneinander.

Das letzte Pferderennen ist eben gelaufen, vor den Gittern des Lumpini Parks sammeln sich die Bodybuilder an ihren Geräten. Die Foto-Vernissage in der Keramikabteilung des Großkaufhauses wird gerade geschlossen, die Tanzgruppe am Erawan-Schrein tritt, jetzt wieder profan gewandet, vor die Tür ihrer Umkleidekabine und besteigt die Ladefläche eines Pick-ups, das Zimmermädchen hat den Kittel abgelegt und macht sich in Jeans auf den Weg zum Tanztraining. Überall drehen sich Schlüssel im Schloss. Überall fließt Kraft aus.

Doch haben nicht jene, die jetzt unterwegs sind, auf den Einbruch dieser Dunkelheit gewartet, auf die Versprechungen ihrer Nacht? Alle haben sie Pläne, wollen die Nacht fleddern und ihr ein Stück herausreißen, etwas als Trophäe mitbringen, das ihnen über den Tag hilft. Am Tag liegt Staub auf den Armen der Obstverkäuferinnen, in der Nacht weicht er parfümiertem Puder. Am Tag ist die Hitze Großmacht. In der Nacht schiebt sich ein Schatten über die Hitze, und darin blühen sie alle. Manche sind wie Rosen, bereit, am Tisch eines Restaurants, auf einem Hotelbett oder in einem Tempel zu enden.

Touristen strömen in die Stadt, die im Thai die eigene Vergangenheit bewundern und agieren, als wollten sie sagen: Wir waren auch mal klein und unterwürfig und ineffektiv. Dann sehen sie die Speisen überall und sagen: Wer soll das alles essen? Dann die Massagesalons: Wer soll so viele Verspannungen haben? Dann die Frauen: Wer soll das alles lieben? Und Männer blättern durch die Mädchengesichter wie durch Menükarten und bitten: Gib mir etwas, das ich fühlen kann. Nichts Perfektes also. Gib mir eine mit Vorbiss, eine Bittere, eine, die nur ich so sehe.

Noch um Mitternacht kommen die Fremden, »Falangs« genannt, mit den Flugzeugen an, noch nach Mitternacht warten die Mädchen dort, schlafend auf den Plastikschalensitzen, auf Männer, an die sie sich manchmal nur unvollkommen erinnern können. Monatelang hatten sie von diesen Freunden nichts als Ferienfotos mit ihren verrutschten Gesichtern und eine Stimme, die im Medium der Ferne telefonisch herandrang – aus dem Tag in die Nacht und umgekehrt. Die Mädchen sitzen in langen Reihen, kein Platz rings um das Arrival Gate ist unbesetzt. Sie blicken auf das Gate, alle einander ein wenig ähnlich, ähnlich im Alter, ähnlich in Herkunft und Schicksal. Es ist, als habe man gute Chancen, hier zu

Deutsche Bank

enden, auf einem Flughafen, auf der Stange, wenn man als Mädchen im Nordosten Thailands zur Welt kommt.

Nicht die angenehmsten Männer kommen. Manche nähern sich den Mädchen wie einem Fahrdienst, andere haben ein dünnes, strapaziertes Lächeln im Gesicht, wieder andere werden gleich körperlich, zu körperlich, und ziehen einen Flunsch, wenn sich das Mädchen schamvoll aus ihren Armen dreht. Da wenden sie sich zum ersten Mal ab, dem Ausgang zu, hinter dem die Tropennacht beginnt, in die der Fremde seinen ersten Seufzer entlässt. Das Warten, das sich nicht lohnt, vertreibt den Frauen die Zeit, und dann sehen sie aus, als setze sich ihr Warten über die Ankunft des Mannes hinweg und lasse sie ihre Bestimmung sehen: Warten – auf nichts Bestimmtes.

Bei Einbruch der Dunkelheit sieht man sie aus den Bürogebäuden strömen, die Erschöpften, die Ratlosen – erschöpft, denn seit vielen Stunden fließt ihre Vitalität nun schon aus, und eine eingeborene Vorstellung sagt ihnen, dass sie schlafen sollen; ratlos, denn mit dem Herunterkommen der Dunkelheit stellen sie fest, dass sie nicht mitschwingen, in diesem großen Moll der Nacht. Jetzt taumeln sie die Stufen herunter, jetzt stehen sie da, die Nachtarbeiter anstaunend, die zielstrebig laufen. Jetzt schauen sie nach den anderen aus, die so genau wissen, was sie zu tun haben, während sie selbst noch schwanken: »Ach, ich weiß nicht, was ich mit mir anfangen soll.« Bewusst ist ihnen nicht: Die Nacht wirbt nur um die Unentschlossenen.

Es brennt. Der Himmel kommt herunter. Seine Tiefe ist jetzt schwärzer. Seine Höhe nicht mehr hoch. Er lastet als ein wolkiges Massiv, nicht transparent, sondern dick und undurchdringlich. Die Blicke der Mädchen wenden sich fragend nach oben wie zu jemandem hin, der sich erst jetzt Gehör verschafft. Sie lassen ihn reden. Ist nicht jeden Tag irgendein Drama am Himmel? Noch ist da nichts.

Dann schiebt sich eine weiße Wolke seitlich an der Fassade entlang wie ein Luftgeist, der um die Ecke in die Gasse sieht. Der Rauch hat seinen Weg gefunden, ein bitterer Rauch, und die Mädchen setzen die Gläser ab. Gleich unter dem Schwarz der Wolkenwand schimmert es plötzlich wie Quarz, erst blass-, dann lachs-, dann feuerrot. Es sind Flammen, echte Flammen, die Mädchen springen auf, als könnten sie so besser sehen. Erst wenden sie einander ihre Gesichter mit den aufgerissenen Mündern zu, dann der Gasse, in der der Brand seine ersten Wolken abstellt. Es muss nah sein. Schon gellen die Sirenen der Feuerwehr aus der Nebenstraße herüber, die Silhouetten der Dächer sind nun schärfer geschnitten. Zwei, drei Blocks weiter – da muss es sein. Die Mädchen laufen los, angezogen von der Aussicht auf das Drama der Fassade.

Vor dem Haus in der dunklen Gasse warten zwei schnittige Feuerwehrwagen, Uniformierte, Behelmte, Maskierte fachsimpeln in einem Rudel vor den Schaulustigen, die nach oben zeigen. Jemand telefoniert, einer der Feuerwehrleute resigniert, er hat den Helm schon wieder abgelegt – zu kurz die Schläuche, zu schwach der Wasserdruck, zu fern das Objekt, zu oft das Gleiche? Noch immer stehen die Helfer ratlos, noch immer dringen Menschen aus den umliegenden Häusern – wie im Schlafanzug stehen sie da zwischen den fetten roten Schläuchen und staunen das lichterloh brennende Bauwerk an. Wird es nachgeben, kollabieren? An einem Nachbarhaus hat man die Feuerleiter gelöst und auf die Straße geklappt. Wasser spritzt, in welche Richtung kann keiner erkennen. Jedenfalls ist jetzt das Pflaster glitschig. Die Rauchwolke, die vor der Fassade flaniert, hat ein auberginefarbenes Kolorit angenommen, und sie dunkelt noch nach und gibt ihr beißendes Aroma ab.

Das Feuer spricht im Innern des Hauses, dann lärmt es und poltert. Alle ringsum scheinen dagegen anzuflüstern. Und es wird heller. Die Strahlkraft der Flammen hat jetzt etwas Transzendentes wie zur Vorwegnahme einer Erscheinung. Könnten die nun schneeweiß gleißenden Wolken nicht auseinandertreiben? Als sie es tun, baumelt ein Schild »Tailors and Alterations« über der Gasse. Die Balkons der umliegenden Häuser teilen sich die Anwohner mit den Feuerwehrmännern, aber nur diese sind maskiert. Sie diskutieren. Niemand verzweifelt. Niemand klagt. Als sei es ein Brand ohne Schaden und ohne Opfer. Unten streben in einem flachen Winkel drei Strahle aus den Schläuchen bis in den zweiten Stock. Die Wut der Feuersbrunst aber beginnt im dritten, vierten, wo nur Wolken lasten und nicht mal offene Flammen erscheinen. Auf dem Balkon nebenan sammelt die Mieterin noch seelenruhig die Leibchen von der Wäschespinne. Auch sie verschwindet gleich in einem Gemisch aus Sprühregen und Rauch, denn jetzt haben die Feuerwehrleute begonnen, die anliegenden Apartments mit Salven einzudecken.

Inzwischen malen vier Fontänen ein hochhackiges M in den Nachthimmel. Auf seinen Spitzen gleißt es so weiß, als habe jemand im Zimmer Flutlicht angezündet. Doch alles kommt von außen. Schon fließt das Wasser wieder in breiten Bahnen vom Balkon ab, ergießt sich auf den nächst unteren und von dort auf die Straße, wie in einem riesigen Wasserspiel, zu dessen Füßen die Schaulustigen erste Fotos machen, wobei sie dem Feuer anerkennende Blicke zuwerfen.

Der Feuerwehrmann neben mir richtet eine starke Taschenlampe auf die Fas-

sade. Das Licht, das sie spendet, ist nötig und wirkt doch theatralisch. Während er weiter seinen Lichtschein auf das Gebäude richtet, wird er auf den Feuerwehrwagen klettern und zur Menge reden. Die Wolke hat sich jetzt verdüstert. Mürrisch will sie sich ins Innere des Apartments zurückziehen. Noch immer reicht keine Leiter hoch genug. Die Schläuche kläffen die Wand an, sie pissen halbhoch gegen das Haus, das Feuer aber orgelt ungerührt weiter.

Auch aus den Nachbargassen dringen jetzt die Schaulustigen, wie Schattenrisse gegen eine Leinwand geworfen, vom rückwärtigen Licht der Hauptstraße beschienen. Immer mehr Fontänen peitschen gegen die Fassade. Das Feuer aber bauscht sich und winkt von oben herab, ehe es weiter wogt. Inzwischen hat sich wohl eine Hundertschaft von Polizisten versammelt. Doch legen die meisten nur den Kopf in den Nacken und betrachten das Flammenspiel wie eine Ausstellung. Was sollen sie auch anderes tun, als den Springbrunnen der Fontänen am Leben zu erhalten, während im Geisterhaus nebenan die Göttin beide Hände vor der Brust verschränkt.

Die Nachtschwärmer, schwärmen sie in die Nacht oder schwärmen sie die Nacht an? Zwei treten vor die Tür ihres Hotels, legen synchron die Köpfe in den Nacken, inhalieren Himmelsluft, senken die Köpfe, suchen das Blickfeld nach Angeboten ab, nicken sich zu und stechen in See.

Auf der Rückseite des Gebäudes arbeiten fünf bekittelte Angestellte und eine Frau in der großen Hotelwäscherei. Jede Nacht stehen die Tore, die von dort zur Unterführung hinausgehen, weit offen. Schwaden heißer Luft, gesättigt vom Aroma parfümierter Seife dringen in den Tunnel. Drinnen arbeitet man zwischen meterhohen Bergen weißer Laken. Dampf tritt aus den Rohren und schlägt sich auf den Laken nieder, Schweiß fällt in die Wäsche und wird eingemangelt.

Zwei Arbeiter treten auf die Straße, nichts kühlt sie. Der Blick in die Achatschichten des Himmels sucht die Höhe, weil es da oben, in hoher Höhe kühler werden muss? Sie stehen vor dem Rachen des Gangs, in dem sich der helle Quader der Wäscherei öffnet. Nichts bewegt sich, nur der Luftzug der Straße hebt ein paar Schnipsel auf und trägt sie vor den »Nirwana Massage Club«, wo die

Mädchen in ihren grünen Kitteln auf den roten Fliesen lagern und in den Verkehr starren. Selbst ihr Schnattern ist fast verstummt, und wenn einmal ein Lachen in Umlauf gebracht wird, verläppert es schnell.

»Kommt rein«, rufen sie. »Kommt bitte rein.«

»Kommt raus. Hier draußen ist es schöner.«

Sie schütteln die Köpfe, imitieren die Handgreiflichkeiten der Lust. Wir schütteln die Köpfe.

»Tu es mir zuliebe«, ruft eine. »Mir ist so langweilig. Vögeln ist immer noch besser als das dauernde Warten.«

Auf dem Schaufenster prangt als Halbkreis aus Großbuchstaben die Bezeichnung »Massage Therapy«. Dahinter steht der Tresen mit seinen Schautafeln, seinen vertrauenswürdigen Präparaten, seinen Diplomen, und am Ende des Flurs wartet schon die massige Fachkraft auf ihrem Stühlchen neben dem Bett und dem Handtuch darauf, samt der Aufschrift »Love me«. Sollte das zu viel verlangt sein, bliebe immer noch die Massage mit dem Namen »Happy Ending«. Sie kann auf Wunsch sogar von Hunden in Anspruch genommen werden.

Wenn man in einer europäischen Großstadt nachts durch die Straßen geht, liegt hinter jedem erleuchteten Fenster ein Versprechen. Diese Lichter sind »atmosphärisch« und suggestiv: Wie würde man wohl selbst in solchen Räumen leben, welche Geschichten würden sich dort entwickeln?

In Bangkok versprechen die Lichter so wenig wie die Innenräume. Kalt-weiße Orientierungsstrahler beleuchten die Utensilien des täglichen Gebrauchs, die Zimmer sind Orte bloß, an denen man den Körper ablegt, wenig mehr.

Als ich einmal von vier Barmädchen eingeladen wurde, sie in ihrem Zehn-Quadratmeter-Zimmer zu besuchen, das sie ihr »Apartment« nannten, war ich gespannt zu erfahren, welche Gegenwelt zum Leben an der Stange ich finden, wie die Wände dekoriert, der Privatraum gestaltet sein würde. Er war nicht gestaltet, und die Vorstellung, er müsse eine Gegenwelt bieten, war wohl nur meine.

Von der großflächig beschädigten, stellenweise desinteressiert dahinwelkenden, rot-blau-verschossenen Tapete regierte eine in brünstiger Geistesabwesenheit dämmernde Paris Hilton, die wiederum ihr schneeweißes Dekolleté regierte. Daneben hing auf einem Draht-Kleiderbügel ein gestreiftes Polohemd, links

davon ein Kalenderbild von der Trauung des Königspaars, rechts zwei nackte Frauen im Wasser, auf deren Brustspitzen weiße Sterne prangten, den Schein zu wahren. Der Werbeprospekt einer Bowlingbahn war teilweise vom Bild einer Schauspielerin verdeckt. Am größten aber war das schwarz-weiße Fünfzigerjahre-Paar, das sich am Strand küsste – er tätowiert und in Jeans, aber mit neckischer Hillbilly-Frisur, sie bloßbeinig und blond, den Blick abwesend über seine Schultern gerichtet. War das die Gegenwelt? Oder der Mönch daneben, die Ganesha-Statue samt Amulett? Oder die gerahmte Fotografie eines Herrn mit Strohhut, der aus der Kolonialzeit würdig, aber unternehmungslustig aus dem Bild sah? Voller in alle Himmelsrichtungen weisender Wünsche war das Zimmer, unterscheidbar, aber nicht individuell.

Das Wohnzimmer des Apartments, in dem ich wohne, schaut auf die Flanke eines Parkhauses, und dieses steht so nah, dass ich fast mit dem Arm hinüberlangen könnte. Nur vereinzelt werden hier Wagen abgestellt, aber ein Toyota

Pick-up und im Stockwerk darüber ein schwarzer Mazda rühren sich nicht von der Stelle. Auch einen Spülstein gibt es in der Ecke des Parkdecks, samt zweier ergrauter Lappen, einem gelben Schöpfeimer, einer Wurzelbürste, einem Stück Seife, einer Pappe und zwei Keramikschalen. Einmal habe ich in der Dämmerung einen Mann in dem Mazda sitzen sehen. Ganz still und reglos; erst als er die Zigarette anzündete, bemerkte ich ihn. Dann hat er wieder für Stunden nichts getan.

In der Nacht darauf entdeckte ich, dass auch der Toyota bewohnt war. Der Mann, der hier lebt, breitet manchmal sogar eine Decke auf der Ladefläche aus, auf der er schläft. Manchmal schlappt die Decke hinten aus dem Wagen heraus. Dann hat er es vor Müdigkeit nicht mehr geschafft, sein Bett zu machen. Stecke ich den Kopf aus dem Fenster, erfasst mich der Lärm der Straße und der umliegenden Baustellen als ein großes Crescendo.

Als ich einmal morgens heimkam, konnte ich beobachten, wie sich die beiden Männer wortlos am Spülstein wuschen. Sie legten ganz unauffällige Anzüge an, und der eine wählte sogar eine Krawatte. Aber offenbar trafen sie sich nur zum Waschen auf diesem Stockwerk.

Manchmal komme ich nachts in mein Zimmer. Dann steht er da, der Eine, steht an der Brüstung des Parkhauses im Stockfinstern und betrachtet die Häuserfront gegenüber, die meines Apartments. Manchmal schalte ich dann das Licht nicht an und betrachte ihn von hinter der Gardine aus, wie er mich betrachtet. Manchmal sehen wir uns direkt an, ohne uns zu sehen. Er kann lange an der Brüstung lehnen und nichts tun als uns betrachten. Manchmal flaniert er auch im Parkhaus auf und ab. Wenn an einer anderen Stelle unseres Hauses ein Licht aufflammt, schlendert er ruhig hinüber und stützt sich wieder mit seinen Unterarmen auf die Brüstung. Von meiner Seite aus wirkt es, als schaue er den Heimkehrern beim Heimkehren zu.

Es ist nicht viel an uns zu sehen. Es ist nicht viel an ihm zu sehen. Trotzdem kann ich mich oft nicht davon lösen, die Dramen der Nachbarzimmer in seinen Augen zu suchen. Einmal haben, während ich hinter der Gardine stand, um ihm zuzusehen, sogar die Vögel der Nacht begonnen, in diesem Parkhaus

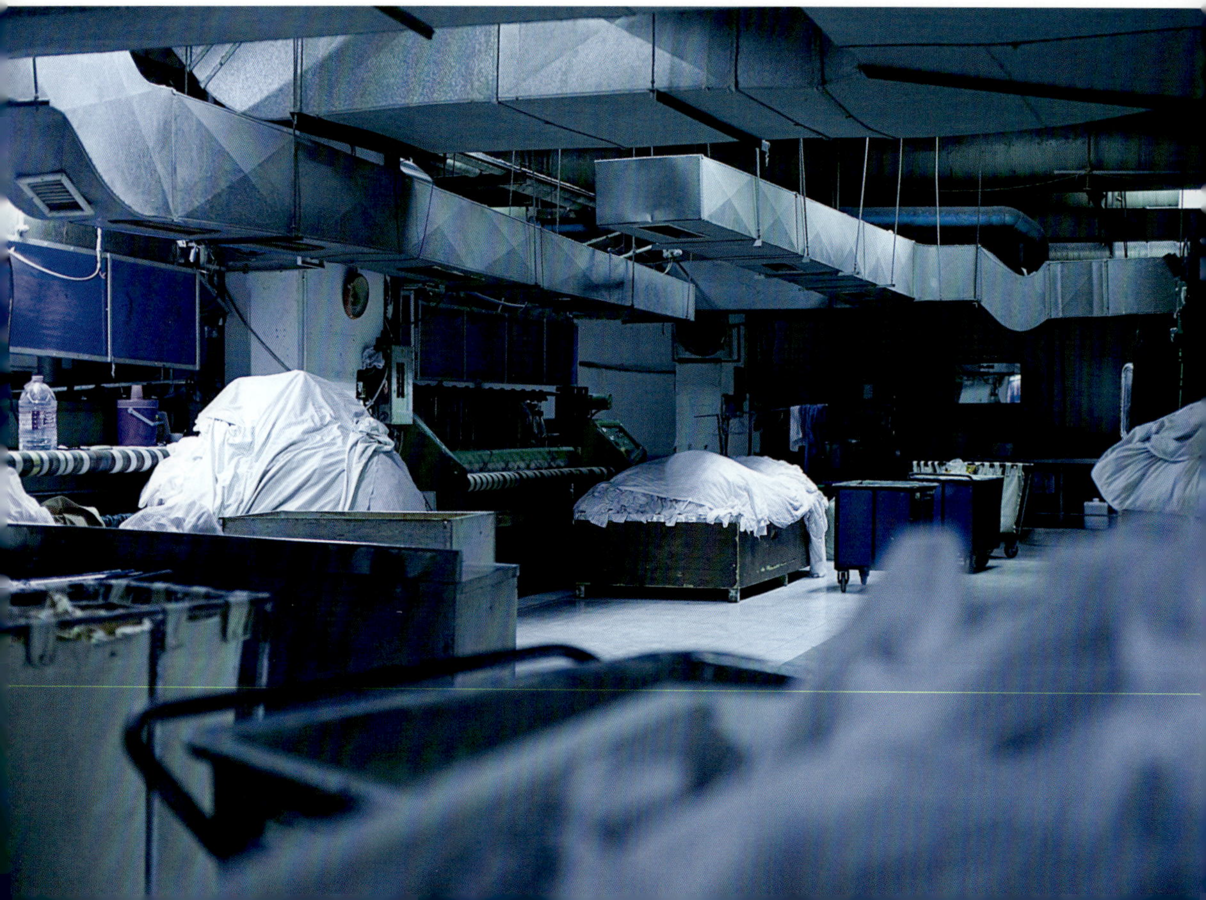

zu zwitschern. Das war ein feierlicher Augenblick, der uns beide glücklich machte, denn auch er lächelte – bis ich entdeckte, dass er nicht lächelte, sondern die Geräusche mit einem Zwitschermaschinchen im Mund selbst hervorbrachte.

Das schmale Boot gleitet durch das schwarze Wasser wie eine Natter. Mit dem Bug schneiden wir die Welle und lassen sie ihren Fächer öffnen, plissiert von Schaumgekräusel. Die Bürogebäude haben um diese Zeit leere Gesichter. Ihr Licht steht nur noch im Raum, es scheint nicht mehr. Läden, Clubs und Bars wenden uns den Rücken zu. Aber der farbige Widerschein der Neonschriften konturiert noch ihre Profile, und manchmal lugt ein Moulin-Rouge-Flügel, eine Las-Vegas-Attrappe um die Ecke.

Nur die Hüttchen wenden uns ihr müdes Gesicht zu, mit dem halb erloschenen Licht in den Fenstern, dem Fernsehblau oder dem Kerzenschein. Ein wenig frischer Atem hebt sich von den Wellen und streift die Schlafzimmerfenster. Die Latschen verteilen sich vor den Türen wie abgeworfen in plötzlicher Freiheit, die

Hunde haben sich platt wie ihre eigenen Scherenschnitte daneben gelegt. Dann tritt die Stadt zurück, öffnet den Raum ins Finstere, und hier, wo es ländlicher wird, schimmert nur noch Kerzenschein.

Heimkehrer springen von den Booten auf die Planken der Anlegestellen und verschwinden auf den Feldwegen, unter den Bäumen, zwischen den weiter entfernt liegenden Baracken. Die Wellen der urbanen Betriebsamkeit verlaufen sich. Die Fahrt wird langsamer. Wo wir ankommen, wird keine rechte Siedlung mehr sein und kaum Licht und allenfalls schlafendes Leben, und zurück wird auch niemand wollen. Jetzt ist die Stadt nur noch an ihrem Lichtschein erkennbar, diesem großen, wie in einer Schneekugel erleuchteten Himmel, der das Licht und das Geschrei in sich aufnimmt, mischt und schluckt.

Es kann passieren, dass ein Taxi den Fahrgast ablehnt, des Weges, der Staus, des Aussehens oder Akzents, einer Laune wegen. Es kann auch sein, dass der Fahrer den Fahrgast hinauswirft, weil er gerade Lust auf Jim-Joom-Suppe verspürt, viel-

leicht lässt er dich auch warten, isst, fährt weiter und spricht zwanzig Minuten später seinen ersten Satz: »Ich bin ganz zufrieden mit meinem Toyota.«

Wir rasen mit Motorrad-Taxis über eine Schnellstraße, dann über die Stadtautobahn auf ihren hohen Stelzen, immer in Augenhöhe mit den Billboards, auf denen die von innen erleuchteten Gliedmaßen westlicher Frauen sich an Produkte drücken, die hier kopiert und von den Kopien amerikanischer It-Girls ausgeführt werden. Bei Regen ziehen die Beifahrerinnen auf den Motorrädern Plastiktüten auf, reißen Löcher hinein und rasen vorbei wie Munchs »Schrei«.

Wo die Gegend zerfällt, wo die Villen Baracken weichen, wo verstrüppte Wiesen und Silos übernehmen, zweigen auch die Transparente für Luxusgüter ab und nehmen lieber den Weg zum Flughafen. Hier außen auf der Nebenstrecke aber mischen sich die Formen. Die durcheinander geflochtenen Brücken lassen unter ihren Pfeilern Räume entstehen wie Kathedralen, ambitionslos hingeklotzte Bürogebäude tragen verspiegelte Brillen. Die Mädchen vor den Bars sind bestiefelt, ein furzendes Tuc-Tuc verdrängt jeden anderen Lärm, und um die

Garküchen sammeln sich Mikrokulturen. Ein Mädchen springt vom Gepäckträger eines Motorrads und schwebt in halber Fahrt fast in die Suppenküche, wo die bleiche nackte Ente kopfüber in der Vitrine baumelt und in das Öl starrt, das ihr aus dem kahlen Kopf tropft.

Dann öffnet sich zwischen den verspiegelten Ladenzeilen ein Torbogen mit Blick auf die geschwungenen Terrassen und Balkons der Mittelmeerarchitektur des europäischen Fin de Siècle, die mit Säulchen und Erkern, mit Giebeln und Gesimsen protzt. Auch Kübel mit Palmen stehen davor, als blickten sie auf die Côte d'Azur. In den Fugen der Gesimse haben sich dramatische Schatten eingenistet, die Faltenwürfe der Architektur. Die streunenden Hunde aber, die in diese Schatten laufen, verschwinden und kehren nicht wieder.

Und mehr Mediterranes, Orientalisches: In einer Seitenstraße reihen sich die geschlossenen Prospekte sarazenisch inspirierter Fassadenarchitektur mit ziselierten Säulchen, geschwungenen Giebeln, morgenländischen Fensterordnungen. Eine Sackgasse voll Venedig, auf eine Backsteinmauer zulaufend, von Staub bedeckten Palmen beschattet, von Gaslicht befunzelt, und die vier Jungs, die hier eben noch über dem Motor eines Pick-ups konferierten, haben eine leere Colabüchse aus den Abfällen gefischt und spielen Zwei gegen Zwei. Von den edlen Fassaden scheppert es hin und her und zurück. Der Wachmann tritt aus dem Schatten mit Goldrand, der über dem Eingang des Zentralpalastes liegt, vor die vergitterten Fenster, unter die versenkten Lichter aus den Decken und Gesimsen, und mein Blick geht hoch über das Portal, wo in goldschimmernden Lettern der Name des Hauses prangt: »Utopia Jewellery«.

Aus dem schmutzigen Licht der Bürogebäude treten die Business-Men ins Kerzenlicht der Straße. Jetzt essen sie selbst in den Suppenküchen, auf die die Fenster ihrer Büros gehen. Der Wachmann schläft auf seinem Stuhl. Das Mädchen zieht den Freund an der Hand in den Unterstand und lacht wie eine Marionette, der man einen Faden kappt. Die eine Körperseite sackt einfach in sich zusammen, kaum dass das stumme Lachen eingesetzt hat. Eine Schwangere mit großen schwarzen Höfen um die Augen hat im Bademantel den Bus bestiegen und fährt dem Bumrungrad Hospital entgegen. X-beinig Wartende sitzen vor den Blumenbeeten.

Ein Händler schlurft vorbei, der nach Mitternacht an einer Haltestelle Kakteen verkauft, sie den Wartenden unter die müden Gesichter hält. Doch in diesen ist nichts als Duldung. Es gibt auch Thai-Männer, die ihre Mädchen abgeholt haben und nun den Ausdruck der Sorge nicht mehr aus dem Gesicht kriegen. Etwas Be-

schützerisches liegt darin, wie sie die Körper der kleinen Frauen decken. Doch wie leichtherzig die jungen Frauen unter ihren Blicken durch den Bus kommen! Der Wind bläst durchs offene Fenster die Haare der Leserin vor mir auf mein Buch.

Ihre Brille trägt die Schaffnerin an einer Kette, dazu einen Haarreif. Müde setzt sie sich auf einen freien Platz und starrt in den Verkehr, wo ein Junge unter der Treppe des Fußgängerüberwegs gerade ein Blatt Zeitung ausbreitet und eine Kollektion aus rosa Gürteln darauf drapiert. Da lächelt die Schaffnerin über die eigene Erschöpfung, die sie um diese Stunde nicht mehr kaschieren kann. Aber schon steht sie wieder, rasselt mit der Metallkassette voller Wechselgeld und mustert die Zugestiegenen. Von draußen dringt der Teergeruch der Straßenarbeiten herein, mischt sich mit Hähnchenduft, Bratfett, Kokos, Parfüm – der Eigengeruch der Nacht wabert in Schwaden zum Fenster herein.

Jetzt fährt der Busfahrer wütend, legt das alte grüne Vehikel in die Kurve, die Gänge hineinhauend und hart bremsend, fährt die Haltestellen nicht mehr

geschmeidig an, so dass die Wartenden – die sich immer schon Meter vor der Haltestelle aufstellen, aus Angst, man könne sie übersehen – aufspringen müssen. Ich blicke auf die Hinterköpfe der Mitfahrenden, blicke den Schlafenden über die Schulter – wo kommen sie an? Plötzlich teilen sich die Häuserfronten. Brachland streckt sich, dunkle Wiesen mit glitzernden Pfützen liegen in der Schwärze des offenen Feldes. Der Bus muss halten. Eine Polizeistreife zieht den Fahrer aus seinem Führerhäuschen. Wir stolpern hinaus. Niemand fragt, niemand klagt, in alle Himmelsrichtungen gehen die Fahrgäste auseinander, in die Nacht.

Eine schummrige Sackgasse, voll gestellt wie ein Kellerflur. Vor den verdreckten Arkadenfenstern spielen drei dicke Mädchen Federball. Sie folgen dem Schweben des Balls mit den Augen, als seien sie neidisch auf so viel Leichtigkeit. Die Balkons biegen sich nicht allein von den Lasten feuchter Wäsche, häuslicher Geräte, Klimaanlagen, sie bröckeln auch, und die Gitter sind in ihren Verankerungen

verrostet. Gute Nacht, Gasse, guten Schlaf, Schlafende! Doch »Moment«, sagt der Satay-Verkäufer, der seine Spießchen im hellen Wägelchen schaukelt, als seien sie sein Kind.

»Ihr müsst weiter gehen, tiefer in die Gasse, wir feiern.«

»Feiern?«

»Ihr müsst kommen. Wir feiern den dreißigsten Geburtstag dieser Gasse.«

»Sie soll leben!«

Als Gäste der Gasse, die wir jetzt sind, laufen wir tiefer hinein, an der Seite zweier schlurfender Alter, die ihre Hausschuhe tragen, an der Seite zweier geschobener Fahrräder, tiefer in die Gasse. Eine junge Frau sitzt da und singt in ihren Suppenteller. Ein Mann instruiert seine Frau, wie sie den Ventilator zu halten hat, damit ihn der Luftzug am günstigsten trifft. Sein Blick ist anderswo und der Blick des Mannes auf dem Motorrad, der jetzt mit laufender Maschine hält, um auch zu starren, ist ebenfalls anderswo. Die Singende blickt auf, auch sie lässt die Suppe jetzt im Stich, und selbst die Gattin, die noch den Ventilator justiert, hat Augen nicht mehr für diesen und nicht für den Gatten, sondern nur für die Mönche, die kämpfenden Mönche mit ihren Bambusstäben, ihrer luftakrobatischen Choreographie mit ihren den Himmel verdunkelnden Gewändern, die rauschend durch den Nachthimmel kommen, den Nachthimmel, den nichts so vibrieren lässt wie das Brummen des Projektors.

Drei Tage und Nächte lang feiern sie den runden Geburtstag der Gasse mit Filmen, über die von den Anwohnern abgestimmt wurde. Die Leinwand hat Schlieren, sie ist auch nur provisorisch zwischen zwei Balkons vertäut. Die Kinder sitzen im Fünf-Meter-Abstand davor, und auf der anderen Seite sitzen genauso viele, die den Film spiegelverkehrt lieber mögen. Zwei Freunde bleiben stehen und verfolgen mit offenen Mündern, wie der alte Mönch auf der Leinwand mit seiner schweren Ella-Fitzgerald-Brille zwei Blumenkinder ermahnt. Ihnen flößt die Brille mehr Respekt ein als der Greis, so scheint es.

Echte Matratzenlager haben sich die Liebhaber der spiegelverkehrten Cineastik gebaut. Ihre Frauen sind geschminkt zum Gassen-Geburtstag, und manchmal stehen sie auf, ziehen in kleinen Grüppchen vor das Geisterhaus im Schatten der hinteren Mauer, verbeugen sich vor dem Schrein und legen eine Gabe ab, eine Bananenstaude, eine Comicfigur, eine Rispe Orchidee.

Ein Banyan-Baum wölbt sich über das Geisterhaus. Sie haben das Plakat des Films zwischen seine Strünke geflochten, haben Wäsche zum Trocknen in seine Äste gehängt, haben Töpfe und Kessel in seinem Schatten gespült und aufgetürmt, bis ein Kind mit Fahrrad scheppernd alles über den Haufen fährt.

Ein abgearbeitetes Freudenmädchen tritt aus dem dunklen Hausflur, blickt zur Leinwand, auf der ein Liebespaar gerade einen Disput austrägt, einen Feldweg hinunterschlendernd. Dann fasst sie mich ins Auge:

»Where do you go?«

»Nowhere. I am staying.«

»Okay, I love you.«

Sie wendet den Blick nur kurz von der Leinwand, um meine Augen mit einem koketten Wimpernschlag kalt zu beflirten. Dann ist sie wieder bei dem Paar auf dem Feldweg. Es ist anders als wir. Ich antworte nicht, sie insistiert nicht. Wir nehmen Abkürzungen, sie den der Werbung, ich den der Absage. Nachdem das Paar auf dem Feldweg immer noch disputiert, falle ich der abgearbeiteten Frau wieder ein. Nun wohne der Geist schon dreißig Jahre in diesem Baum, lässt sie mich unvermittelt wissen.

»I know.«

Sie blickt den Stamm hoch. Fünftausend Baht pro Tag kostet das Fest. Alle haben zusammengelegt, damit sie heute gratis feiern können. Der Mann mit den Amuletten da drüben – sie zeigt auf einen von Kopf bis Fuß Behängten, der seine Devotionalien den Zuschauern anbietet und auch nicht bei der Sache scheint – hat alles organisiert. Ja, jetzt hebt er seinen Kopf und lässt ihn in den Nacken fallen, genießerisch die Nachtluft trinkend. Dann schweifen seine Augen über die dunklen Balkons, auf denen wirklich ein paar Alte, auch zwei in Rollstühlen Sitzende nach dem Spektakel Ausschau halten, eingefasst in den maurischen Schwung der verdreckten Fensterfassungen.

Auf der Leinwand lacht gerade jemand das Lachen des hässlichen Menschen. Die jungen Männer in den Tarnanzügen, die sich unter der Leinwand zusammengerottet haben, rauchen offensiv. Das Ablicht des Projektors färbt das Blau, das sie ausatmen. Allen sitzt das Lächeln locker, und als der Bildausschnitt verrutscht, sagt niemand ein Wort, auch wenn ein geschminkter Mund nun über dem Scheitel erscheint.

Das Ganze gehe bis Mitternacht, belehrt mich die von Berufs wegen Lüsterne und versucht sich an einem sachlichen Gespräch. Ich reagiere mit Geräuschen, die sich dem Schnarren und Prusten der Boxen gut einfügen.

»Das ist das alte Bangkok, wissen Sie«, sagt sie dann, »das verlorene Bangkok.«

Ein sentimentaler Moment, eine Anwandlung, als sei sie für kurze Zeit nicht in der Gegenwart, sondern blicke aus der Zukunft auf uns beide zurück. Ich schaue ihr in die müden Augen. Sie soll weiterreden. Und sie redet weiter:

»I love you.«

»I know.«

Da müssen wir beide lachen, gerührt über das Bangkok der Vergangenheit und uns mitten darin und unsere Unfähigkeit, darin auch anzukommen.

Manchmal eröffnen irgendwo am Stadtrand kleine Jahrmärkte für die Zuwanderer aus den Provinzen, auch für die Wanderarbeiter aus Laos, Myanmar, Kambodscha. Ärmliche Märkte sind das, sie halten sich drei Nächte und sind wieder weg. Aber die Armen sind unter sich, fahren Karussell, beten zu Buddha, machen ein paar Einsätze beim Glücksspiel und staunen, dass sie auch so etwas haben wie einen solchen Jahrmarkt, eine Fremdarbeiter-Kirmes. Es gibt einen riesigen Suppenkessel und einen Koch, der mit der Kelle herumfuhrwerkt. Man kann Plastikschüsseln über kleine Flaschen werfen, und wenn die Schüssel die Flasche ganz bedeckt, bekommt man eine Kelle voll Suppe in einen Napf. Man kann mit Dartpfeilen auf Ballons zielen und ein Ei gewinnen oder mit der Zwille schießen und selbst einen Flachmann voll Whiskey abräumen. Aber das ist noch nie geschehen.

Auch ein Polizist im T-Shirt der »Arizona Wild Cats« bewegt sich zwischen den Ständen. Er achtet nicht auf das Glücksspiel, bloß darauf, dass es nicht fotografiert wird. Schließlich fährt auch eine kleine Eisenbahn auf einem eingleisigen Oval durch den Dreck. Ein winziges Kind thront auf dem Kohlenwagen. Niemand jauchzt, in tiefem Ernst wird die Fahrt absolviert, mit festem Blick auf das Riesenrad daneben, das nur dreimal meine Körperhöhe besitzt und sich leer um seine Achse dreht, aber prächtig aus bunten Birnen strahlt. So langsam die Bahn auch ihre Kreise zieht, immer wieder springen Funken in die Pfützen. Alle Geräte sind ein bisschen schadhaft wie liebenswerte Antiquitäten. Der Riesenrad-Betreiber mit dem Megaphon muss lautstark werben für seine Attraktion. Doch ist die Flüstertüte so übersteuert, dass er kaum verstanden wird, und sich die Passanten lieber zu dem Bassin hinunterbücken, in dem man mit kleinen Eimern winzige Fische fangen und im Säckchen mit heim nehmen kann, Fische, kaum größer als Kaulquappen – zum Essen zu klein, als Zierde zu grau.

An der Stelle aber, wo drei Musiken ineinanderfließen, hat sich tatsächlich eine Schlange gebildet, und der Impresario auf seiner Brettertribüne agiert auch, als spräche er zur Menge. Die blickt stumpf zu ihm auf und steht.

»Im Innern hinter diesem Vorhang...« Sein Gesicht grimassiert auf den Gemütslagen Überraschung, dann Staunen, Ekel, Entsetzen in rascher Folge. Ein so wetterwendisches Gefühlswesen, wie er es spielt, kann man sich kaum vorstellen. Ja, auch die Wartenden lesen immer neu in seinem Gesicht, um noch besser vor-

bereitet zu sein, auf was immer sie erwartet. Dann wird der Vorhang zurückgeschlagen, und man steht in dieser Bretterbude.

Aufgebockt auf einer Planke eine Reihe von Einmachgläsern mit trüber Tümpelflüssigkeit, in der ein paar menschliche Fehlbildungen ihre letzte Ruhestätte gefunden haben: Homunkuli, Froschköpfe, Hominiden, scheeläugige Zwitterwesen, die schielend auf ihr Unglück blicken oder heraus aus dem Glas, an das die Kinder pochen. Einmal sind sogar winzige Finger zu erkennen, die sich wie schützend über die Augen gelegt haben, als ob sie sich selbst die Lider schließen wollten. Auch ein Kalk gewordenes Monstrum mit zwei Köpfen sitzt im Glas, blickt aber heraus wie aus einem Bahn-Schalter, während der Qualm der Räucherstäbchen das seine zur Benebelung beiträgt, und der Schrein mit dem Plastikrosen-Gebinde auf Spenden wartet, die jedoch ausbleiben. Diesen hier kann nicht mehr geholfen werden.

Hinter dem Vorhang aber … – »Moment«, noch einmal werden wir vom Impresario lauthals gewarnt, für schwache Nerven sei dies nichts, abwenden sollten

wir uns rechtzeitig, Schwangere sicherheitshalber zurücktreten. Dann greift er in das violette Tuch, schiebt es wirklich zurück, behutsam, als könne es sich ja immer noch, trotz aller Warnungen, als zu viel für uns erweisen. Hinter Maschendraht, einem Käfig verwandter als einer Vitrine, öffnet sich der Kubikmeter Installation mit Menschenkopf, ein mit Blumenkränzen ausgelegter Raum, in dessen Mitte sich eine aus grünem Tuch gefertigte Pflanze erhebt, samt Blütenblättern und Kelch. Auf diesem steckt der ernste Kopf eines lebenden Mädchens, steif und wortlos aus der Installation starrend, mit gelber Spange im kurzen Haar, bestrahlt von einer nackten Glühbirne. Ein Trick-Arrangement zweifellos, aber eines mit dem Charme alter Jahrmarkts-Monstrositäten, die mit modernen Augen nach uns sehen, die wir hier immer noch stehen, gebannt vom Geist der Erinnerung an etwas, das uns entfallen ist.

Die zweite, eine in Blau ertrinkende ähnliche Installation, wirkt im Halbdunkel noch märchenhafter, und noch geschickter scheint sie auf den Geisterglauben der Menschen abgestimmt. Wir treten hinaus, wenden uns der seitlichen Bühne

99

zu, wo rot gewandete Männer mit rot gewandeten Männern tanzen, wo die Musik übersteuert aus den vibrierenden Boxen dringt, wo sich alle wie im Kinosperrsitz unter der Szene versammeln, um der sinnlosen Bühnenchoreographie zu folgen, wo Einzelne im Dreck tanzen und andere im Dreck sitzen und die Bierflasche schwenken. Es steht auch ein versonnenes Pärchen da und starrt, hat aber offenbar die vorhergegangene Inszenierung der Rumpflosen noch nicht abgeschüttelt. Diese nostalgische Unterhaltung verklingt in einem Ernst, der aus dem Staunen stammt, dem Staunen über das Arrangement mehr als über die Kopffüßlerin im Blumenkelch oder im blauen Kasten. Poetisch an dieser zusammengezimmerten Attraktion ist, dass sie den Menschen wieder zum Rätsel macht. Hier draußen unter der Bühne ist er das nicht.

Unsere Städte sind voller geplanter Räume mit signalhaft markierter Funktion. Nur bestimmte Bewegungen sind hier vorgesehen: Warten, Anstehen, Dienstleistungen empfangen, Passieren. Dagegen ist ganz Bangkok voller Schwulst-

TRANSPORT

Räume – mal Zwischenzonen, die sich ergeben haben, mal ruinöse Flecken, die in ihrem Verfall nur aufgehalten wurden, weil sie sich in Lebensareale verwandelten: Unter einer Brücke, im Schatten einer Rolltreppe, im »totgesagten Park«, unter den Arkaden eines Busbahnhofs, bei der stillgelegten Gasse, überall kann ein Habitat entstehen. Es kristallisiert sich aus der Unordnung, einem Packen geschnürter Gegenstände, Utensilien, einem Stuhl, einem Kamm, zwei Lappen. Agrippa von Nettesheim glaubte noch, wenn man in eine Kiste Staub, Dreck und Lumpen packe, müssten Mäuse entstehen. In Bangkok formieren sich auf solche Weise großstädtische Biotope, die Folge des großen Geschehenlassens.

Überall auf der Welt spricht die Kultur der Straße eine andere Sprache als die des Museums. Manchmal ist diese Straße sogar ein Museum eigener Art, stellt die Lebensformen aus, die Dinge, die von der Berührung mit den täglichen Handgriffen abgenutzt wurden, die ungesehenen Requisiten. Die Straße hat einen schlechten Ruf, als sei sie im Wesen ordinär, elend, trivial. Doch ist sie das alles eben auch und darin nicht unzerstörbar. Zwar kann man sie nicht umwandeln wie die Bahnhöfe, kann sie nicht parfümieren, ihr den Dreck und die Gefahr nicht

nehmen, aber wenn sie sich am Ende in eine Shopping Avenue verwandelt, verschwindet ihre Anima, und ihr Leben zieht anderswohin.

Man geht an der Sukhumvit entlang, passiert die Stände: Rufe, die wie verstimmte Instrumente klingen, wie Tierquälerei, hoch gepitcht und eiernd, näselnd und zeternd. Und dann kommt eine Zone, in der es stiller wird: alles ein Deuten und Weisen, Anreichen und Zeigen. Das sind die Stände der Taubstummen, ein ganzes Spalier. Hier müssen sich Verkäufer und Käufer direkt in die Augen sehen, müssen wechselseitig ihre Körper lesen und entziffern, und der Tourist, der zugleich die Ware begehrt und in den Knacks des Verkäufers blickt, vollzieht im Kaufen den Gestus des karitativen Handelns mit. Die Überquerung des Gefühls ist mit dem Abwenden abgeschlossen. Einen Deutschen sah ich, der blickte dem kleinen Verkäufer im Gehen noch einmal ins Gesicht und sagte:

»Gelb sei Jesus Christus!«

Manche der Häuserwände in den nächtlichen Marktstraßen sind wie dem Centre Pompidou nachempfunden: Alle technischen Funktionen laufen über die Außen-

wand, Gaszähler, Transformatoren, die Kästen der Klimaanlagen, aus denen das Kondenswasser in die Tiefe tropft, alles verbunden durch die dicken Bündel der elektrischen Leitungen, die wie Schlingpflanzen über die Häuserwände kommen, unter- und übereinander tauchend, ein Geflecht von Kraftströmen in Kabeln und Drähten, manchmal aufgesplisst, manchmal einen abrupten Funkenregen ausspuckend, der zischend in die Pfützen fällt, wenn sich ein Gecko in den Leitungen verbissen oder eine Maus sich verlaufen hat. Die ganze Straße mit all ihren Garküchen und beleuchteten Wägelchen wird so elektrisch gespeist. Ein kompliziertes System aus Überbrückungen, Stützen und Umleitungen hält diese schummrige Beleuchtung am Leben: Vogelscheuchen, den Lichtgott tragend.

Wo man von den Straßen abgekommen ist und die Wege eingeschlagen hat, von den Wegen in die Gassen biegt, von wo man in die Pfade dringt, dunkle, mit Platten unregelmäßig geflieste Flure, die nur gebückt zu passieren sind, so tief hängen die Wellblechdächer, die Wäscheleinen, die Versorgungsinstallationen,

dort, wo die Musik aus einem einzigen Schuppen die Wohnungen und Läden im Umkreis von hundert Quadratmetern beschallt, auch da sitzen auf Barhockern Frauen vor den Türen.

Man kann einen Billardsalon betreten, dessen Tische nach ein Uhr nachts mit Holzplanken bedeckt werden, damit Mädchen darauf tanzen können, wild tanzen. Das hat jetzt nichts mehr mit Animation zu tun, eher mit Kataklysmen. Rohe, aggressive, einschüchternde Tänze sind das. Die Mädchen gestikulieren mit dem Unterleib, sie schieben ihr Schambein stoßartig vor, der Rumpf muss folgen. Offen der Schoß, die Arme ausgebreitet, als wollten sie einen Größeren umfassen, einen phallischen Götzen. So überlassen sie sich der Motorik. Jetzt lächeln die Münder nicht mehr, der Charme fällt ab, jetzt stehen sie offen, wie schmerzverzerrt. Dann wenden sie sich der auf dem zweiten Tisch Tanzenden zu, und der imaginäre priapische Gott in ihrer Mitte wird immer größer, und immer schmerzhafter wird, was er macht, ehe die Frauen lachend in sich zusammenfallen, und bekennen, dass alles ein Spaß war.

Vor ein Uhr aber ist dies nur ein Billardsalon, in dem ein melancholischer Brite ganz allein ein paar Kugeln stößt und keine trifft. Zwei Mädchen zeigen ihm mit dem Queue wie es geht, das Billardspielen und das andere. Ihr Spiel fällt immer wieder in die Pantomime des phallischen Drohens, des Tanzens an der Stange, des Oralverkehrs, und zugleich hat die Animierdame vom Eingang schon wieder einen Fremden untergehakt, einen alternden Langzeitreisenden vielleicht, denn wer verirrt sich schon um diese Zeit hierher?

Sie ist nicht mehr jung, ihr gestreiftes Röckchen aber ist es, und dass sie Falten im Gesicht hat und eine Stirnglatze darüber, kompensiert sie durch Schamlosigkeit und küsst ihn, den einsamen Hund. Man sieht ihre Zunge blitzen, während sie sein Mundinneres sucht, und er zuckt zurück und zuckt zum zweiten Mal, als sie sein Geschlecht in der Hose mit der Faust packt und es nicht lassen will. Sie lacht, er nicht. Er blickt gequält, aber das Bier lässt er sich doch einschenken, bis es über den Glasrand tritt. Ja, es ist alles zu viel, zu laut, zu dreist, und er weiß nicht, wie er die Freizügigkeit nehmen und in seinem Sinne nutzen soll.

Also forscht sie in seinen Zügen. Hat er keine Phantasie? Weckt dies alles keine Wünsche? Er solle keine Angst haben, sagt sie, sie habe ein Herz aus Gold, und sie legt seine Hand gleich an die Stelle, wo sie es vermutet. Er aber, mit der verlegen auf ihrer linken Brust arretierten Hand, kann gerade noch verhindern, dass sie diese Hand unter ihr Leibchen schiebt.

Im hinteren Raum hat jetzt eine fünfköpfige Coverband ihre Arbeit wieder aufgenommen. Erst spielen sie »Black Magic Woman« getreu den Noten, dann »Heart of Gold«, und wirklich singt schließlich die verraucht und scheppernd lachende Animierdame in einer phonetisch präzisen Nachbildung des Originaltextes »I am searching for a heart of gold, of go-hold«. Doch das ist für den Briten nun wirklich zu viel. Er schleicht sich und erreicht die Nacht der Gasse, ehe die Bretter auf die Billardtische gelegt und die Gogo-Tänzerinnen hereingeführt werden, ehe die Frau weiß, dass an diesem Abend ihr Suchen ein Ende gefunden hat und ihr nur noch das Abrechnen der paar Bons bleibt, auf denen die unter Einsatz all ihrer Mittel herbeianimierten Biere verzeichnet sind.

»Farang mai dee«, sagt sie.

Die Fremden taugen nichts.

Als die stummen Zeugen wachsenden Lebens stehen sie da, die Rohbauten, die in das Blade-Runner-Zeitalter hineinkonzipiert wurden, stehen in Lumpen da, mit sturmzerzausten, zerfetzten Planen, die sich losgerissen haben und nun vor der Fassade wehen, und jedes Mal, wenn sich so ein Segel hebt, dringt der Blick

bis ins Gerippe des inneren Baus, zu den Schattenrissen der Arbeiter, die immer noch da oben im Rohbau-Skelett agieren und sich gegen die Böen stemmen: ein Schattenspiel, besprüht vom Funkenregen der Schweißer. Bestrahlt von den schwachen Lichtern, die aus dem Innern dringen, werfen die Arbeiter die Schatten von Riesen, so dass sie (mit ihren Schutzbrillen und grell gelben und grünen Sicherheitswesten) unter der theatralischen Größe des Gebäudes, das sie erschaffen, und am Fuß ihrer gespenstischen Schatten, wie erdrückt scheinen. Dann schleudert der Sturm die Planen wieder vor die Fassade, und nur ein ganz schwacher Lichtschein, ein aufgehellter Schatten bloß, verrät die Anwesenheit von Menschen hier.

Über allem aber thront, hundert Meter hoch, auf dem obersten, fragmentarischen Stockwerk, ein Kran, untätig zwar, doch mit honiggelbem Lichtschein im Führerhäuschen. Noch einmal wischt der Wind eines dieser grünen Netze vor der Fassade beiseite und legt drei Etagen höher das Knochengerüst frei, die gebürstete Oberfläche aus hellgrauem Beton. Ein Büschel Armiereisen wuchert

heraus, und manchmal glimmt ganz oben plötzlich ein Licht auf, flackert kurz und erstickt: Aus dem Kreis der dort schlafenden Arbeiter erhebt sich einer, zündet sich eine Zigarette an und frönt dem kurzatmigen Ideal: Bewusst einatmen, bewusst ausatmen, froh, zu inhalieren, ebenso froh, den Rauch an die Nachtluft wieder abzugeben.

Unten aber stehen vor der Baugrube, beleuchtet vom kalten Schein der wenigen, senkrecht aufgerichteten Neonstrahler, die Bodentruppen in Reih und Glied, blicken hinab in den Schein, der aus dem Erdreich dringt, wo in der Tiefe andere arbeiten, während die ebenerdig Wartenden ihre Kippen in hohem Bogen in die Tiefe schnippen, von wo das Licht jetzt so intensiv heraufscheint, als sei dort soeben ein UFO gelandet.

Abseits haben sich ein paar Grüppchen von zweien und dreien daran gemacht, mit Meißel und Stemmeisen alte Stützpfeiler abzuschlagen. Es sind auch Frauen darunter, die die Haare zum Zopf zusammengefasst haben, der hinten unter dem Helm vorschaut. Überall erheben sich aus dieser Grabung die Garben der Eisen,

um die sich später einmal der Beton legen wird, und immer noch tappen ein paar Lohnsklaven in die Finsternis des Erdgeschosses nebenan, aus dem ein Knacken und Atmen zu hören ist.

Wenn das Bauwerk fertig ist, werden sich die hier Arbeitenden am weitesten von seiner Repräsentationswelt entfernt und doch die intimste Kenntnis von ihm haben. Ihre Arbeit gibt ihnen nur für kurze Zeit Souveränität: Jetzt, da die Umrisse erkennbar, die Ambition identifizierbar ist und nur diese Arbeiter hier die Brücke von der Illusion des Bauwerks in seine Wirklichkeit schlagen können. Kaum wird es vollendet sein, wird man sie vergessen wie das Gerät, mit dem es hergestellt wurde. Es ist fast, als verschwänden mit den Spuren der menschlichen Arbeit auch die des schlechten Gewissens denen gegenüber, die sie geleistet haben.

Zu Hunderten zwängen sie sich abends aus einem Spalt im Bretterzaun, besteigen die Ladeflächen kleiner Trucks und werden in ihre Sammelunterkünfte verbracht, mit den leeren Lunchboxen, den Gummistiefeln unter dem Arm. Offiziell zählt man hier fast drei Millionen Arbeiter, eigentlich aber sind ihrer viel mehr, zählt man die Illegalen, die ohne Aufenthalts- und Arbeitsgenehmigung dazu, die meisten Burmesen oder Laoten.

Eine Frau verdient hier etwa zwei Euro am Tag, ein Mann meist das Doppelte. Viele sind darunter, die ihr altes Leben aufgegeben haben für die Jahre in Bangkok. Sie sind Wanderarbeiter, wohnen auf dem Baugelände, haben keine feste Bleibe oder beziehen, manchmal mit der ganzen Familie, eine Wellblechhütte, oft ohne Strom. Die Sprache allein ist eine Hürde, die wenige nehmen, und auch die Kinder gehen oft nicht zur Schule, wenn die Eltern auf ihrer Wanderung von Baustelle zu Baustelle ziehen.

In einer geselligen Welt sind sie einsam. Sieht man sie in ihren Monturen aus Lumpen, Flicken, Tüchern, Vermummungen, Mützen, Brillen, so wirken sie wie eine phantastische Gesellschaft. Diese Arbeitskleidung, entstanden als Resteverwertung, bietet den illegal Eingewanderten Identitätsschutz. Sie hält darüber hinaus Staub, giftige Gase, starke Sonneneinstrahlung ab und ist praktisch. Zugleich aber verrät sie jenen spezifischen Sinn für eine Ästhetik der Stilmischungen, wie man sie auf den Laufstegen erwarten würde, aber nicht als Ausbruch aus der Uniformität von Overalls und zweckdienlicher Berufsbekleidung, erfunden von den Ärmsten unter den Arbeitern. In diesen regelrecht futuristischen Kleidungen und Verkleidungen erheben sich die Arbeiter über ihre Arbeit und werden zu Individuen – zugleich unkenntlich und doch persönlich.

Die meisten der thailändischen Arbeiter, der niederen Angestellten, der Dienstleister, kommen aus der Provinz Issan im Nordosten, wo infolge der Landflucht auf den Dörfern manchmal nur noch Alte und Kinder und ein paar betreuende Mütter zurückbleiben. In Issan rekrutiert man dieses Fußvolk der gemeinen Dienste. Man verspottet das derbe Aussehen dieser Landbevölkerung, den dunklen Teint, den Akzent, die dörfliche Sprache, die politische Naivität. Nur aus ihrer Küche bedient man sich – vor allem durch die Übernahme von Rezepten, allen voran für Tsom Tam, den scharfen Papayasalat. Man veralbert die Menschen aus Issan in Fernsehserien und verspottet ihren wunderlichen Musikgeschmack. Man ärgert sich über ihre Anhänglichkeit an Politiker wie Taksin, dessen Nachfolger Samak und dessen Nachfolger Somchai, die mit Geschenken an die ländlichen Gegenden ihre Gefolgschaft erkauften.

Viele der Arbeiter leben am Rande ihrer Baustellen in jenen Verhältnissen, die sie daheim hinter sich gelassen haben, in Familienverbänden, Sippen, Stammeskulturen in der Metropole, ausgesetzt im Brachland. Auf den Baustellen sind sie meist schlecht geschützt, stürzen, verletzen sich oder treten sich Nägel in die Füße.

Nach Dienstschluss stehen sie über einer Schüssel Wasser und bürsten sich den Tag herunter. Man setzt sich dazu, und sie machen weiter, es ist mythisches, ewiges Handeln. Gerade lachen sie über ein Plakat am Bauzaun. Es wirbt für ein Programm, adressiert an zu fette Polizisten. Abnehmen sollen sie, weil sie sonst keine Gangster mehr verfolgen können. Die meisten der Arbeiter waschen sich hier. In den Baracken werden sie manchmal wie Gefangene gehalten, angekettet, selbst mit dem Gummischlauch geprügelt wurden sie schon. Das Essen ist erbärmlich, Kaulquappen im Badewasser, Läuse im Bett.

Auf offenen Lastwagen werden sie, uniformiert in den Monturen ihrer Agenturen, zu ihren Schlafplätzen gebracht. Manchmal bereiten sie sich dort ihr Essen zwischen den Baracken selbst zu, werfen Maiskolben ins Feuer oder Gemüse in einen Topf mit Wasser. Im Fernsehen schauen sie am liebsten Seifenopern, und wenn sie lesen, dann sind es oft die Zusammenfassungen der Seifenopern. Abends rufen sie ihre Kinder an. Heimweh ist ein Gefühl, das in der Kultur von Issan eine große Rolle spielt.

Die jungen Frauen aus Issan können wählen: Entweder widmen sie sich der Landarbeit, starkknochig und von früh an gewohnt, die Felder zu bestellen, oder sie arbeiten in einem der kleinen Dorfbordelle, wo sie an den trunksüchtigen Kunden fast nichts verdienen und wenig Schutz genießen. Andere treten die Reise in die Hauptstadt an, wo sie, auf dem Olymp der Vermarktung des Sexlebens an-

www.biz-hub.net

gekommen, auf weichliche Falangs stoßen, die meist von schlechtem Gewissen und kompensatorischer Großzügigkeit geschüttelt, mit kleinen Scheinen großen Träumen nachjagen.

Die Frauen arbeiten ohne Zuhälter, die Kupplerinnen, *»Mamasan«* genannt, achten in den Clubs auf Hygiene, die Einhaltung der Arbeitszeiten, den Frieden unter den Mädchen, und einmal kam ich gerade rechtzeitig, um zu sehen, wie die Alte mit einem Baseballschläger die Schrittregion der Mädchen prüfte, um sicherzugehen, dass sich kein effeminierter Mann unter ihnen befinde. Die Mädchen agieren als Geschäftsfrauen in eigener Sache, regeln ihre Termine per Handy, unterhalten zu Hause manchmal noch kleine Betriebe oder sorgen dafür, dass sich dort jemand um Vieh und Familie kümmert. Doch immer verraten sie sich durch ein Detail, und sei es durch ihre Liebe zum Kleinen. Irgendwo haftet ihnen immer etwas Niedliches an, ein Kitsch: Noch die ernste Business Lady trägt vielleicht eine Haarspange mit einem Teddy darauf.

Der Taxifahrer fällt mir ein, der mich in Hamburg zum Flughafen brachte:

»Wohin geht's denn? Bangkok? Was wollen Sie denn da? Buddha und Bumsen. Lässt mich beides kalt.«

Seine Sprache war niedrig, sein moralischer Standpunkt war es nicht.

»Versteh ich nicht, wie man sich mit diesen Thai-Frauen einlassen kann, die versteht man doch nicht. Kein tieferes Kennenlernen, kein Austausch, nichts! Ich hab auch mal eine hier gehabt. Nach zwei Wochen ist sie zurück, wegen der Familie, sagt sie. Ich hab ja schon einiges hinter mir, aber Frauen, sag ich Ihnen, das ist mir zu hoch. Die kann keiner verstehen. Die haben so was Komisches im Kopf. Und dann gucken Sie sich das doch mal an: Bis sie dreißig sind, ist alles gut, dann kriegen sie Kinder, werden fett, und die Mentalität bricht durch.«

Bangkok scheint die Vorstellung mit einer Endlosschleife der immer gleichen Assoziationen zu besetzen. Dabei ist in vielen anderen Ländern der Pro-Kopf-Anteil der Bevölkerung an der Sex-Industrie weit höher, als es in Thailand der Fall ist, und überhaupt machen die ausländischen Kunden dieser Industrie gerade mal fünf Prozent aus. Der Rest genügt einheimischen, tradierten Bedürfnissen. Jeder kleine Ort hat seine Massageclubs, Karaoke-Bars und Bordelle, Stätten der

Geselligkeit vor allem, nicht notwendig der Prostitution. Dass gerade die thailändische Sex-Industrie solche Popularität gewonnen hat, mag auch damit zusammenhängen, dass sie den Träumen der Männer buddhistisch begegnet, mit dem Wunsch einer Steigerung des Gemeinschaftsgefühls. Sie produziert andere Bilder, interpretiert den Tausch auf eigene Weise, lässt den Markt vergessen und lebt im Bewusstsein der Männer anders fort.

Wer diese Frauen für unterwürfig hält, unterwirft sie der Herablassung der west-zentrischen Welt. Als wären sie nicht intelligent und mündig genug, die eigene Situation wie die ihrer westlichen Schwestern zu gestalten, wenn sie es wollten. Nein, das Skandalon dieser Kultur liegt darin, dass sie anders ist, auch auf diesem Felde anders, das Verhältnis zwischen Mann und Frau anders denkt und in einem Bereich des öffentlichen Lebens, dem des Sexuellen, andere Wichtigkeiten verteilt.

Die Mädchen aus Issan haben in den dörflichen Bars angefangen und wussten wohl kaum, was das ist: Traum eines Mannes zu sein. Was will er? Wonach verlangt er? Warum mag er sehen, was sie zeigt? Thais sind diskret und schamhaft.

Man küsst sich nicht in der Öffentlichkeit. Zur Schau gestellte Intimität gilt als deklassierend und abstoßend. Wenn man den Frauen erzählen würde, dass sie eine Sexualität besitzen, wüssten sie, was das sein soll? Eine persönliche? Und was sie da auf den Tresen machen, ist das für jemandes ganz persönliche Sexualität oder doch eher etwas für das erregbare Massen-Ich?

Sie treten jetzt vor ein großstädtisches, internationales Publikum. Man bringt ihnen bei, sich zu drehen, breitbeinig in die Hocke zu fallen, mit flügelschlagenden Beinen den Blicken der Männer zu winken. Sie lernen, mit dem ausgestreckten Arm an der Stange langsam und spiralförmig zu Boden zu gehen, sich dort ein bisschen zu wälzen, und dabei bedürftig auszusehen. Aber schon das ist zu viel Theater. Meistens schauen sie, als folgten sie mit dem Blick dem Pflug des heimischen Wasserbüffels oder als studierten sie den Schnitt eines T-Shirts, und manchmal stampfen sie auch nur so von einem Fuß auf den anderen, wenden kaum ihre Köpfe und konzentrieren sich offenbar darauf, auf nichts konzentriert vor sich hin zu dämmern. Dass die Zeit vergehe!

Mit Phantasien hat das nichts zu tun. Nicht bei ihnen und bei den Männern? »Phantasie« ist ein zu kostbarer Ausdruck. Sich eine nackte tanzende Frau als eine nackte Frau während des Beischlafs vorzustellen, ist das schon »Phantasie«? Diese Frauen animieren ohne anima, und die Vorstellungskraft des Mannes trägt die Frau selten über das Stadium der Animation hinaus. Man bringt den Mädchen bei, mehr zu machen, Exaltierteres, Outriertes. Noch mehr Leibesübungen, Aerobic, unerhörtes Zeug. Sie lassen sich in Öl baden, sie lecken einander die Scham, sie öffnen Flaschen mit ihrer Vagina oder zielen mit herausgepressten Ping-Pong-Bällen auf Körbe und Eimer. Nur die entsprechenden Gesichter führen sie dabei nicht mit. Sie blicken nicht erregt, denn das wäre nun wirklich zu viel verlangt, sie blicken werktätig.

Jemand hat ihnen gesagt, die Pantomime der Schamlosigkeit errege Lust, stattdessen weckt die Schamlosigkeit der Frauen allenfalls die jener Männer, die befreit werden wollen, und die sich selbst anstaunen, dafür, dass sie dem gewachsen sind. Johlend und anfeuernd bekräftigen die Freier ihre eigene Freizügigkeit und sta-

RITTA

geht hin und her, ihre Gesichter sind kaum zu erkennen. An der nächsten erleuchteten Straßenkreuzung bleiben wir gemeinsam stehen, fragen, was aus der Nacht werden soll.

»Wir sollten Suppe essen, gemeinsam. Ich weiß einen Stand, wo sie geng jeut dork makaam machen, Tamarindenblättersuppe.«

Es ist zwei Uhr, die Stunde der Ladyboys, die jetzt überall aus den Hauseingängen treten, flanieren, Freier suchen und ihnen die Hand ans Geschlecht legen. Wir setzen uns unter einer Plastikplane in einen Unterstand, wo vier Suppen angeboten werden. Jetzt sind die Gesichter erst richtig zu erkennen. Saranya ist lebendig, animiert und trotz der frühen Stunde unermüdlich. Sie spielt ihre Rede, revidiert sich, gesteht eine Schwindelei, lacht, hakt uns unter, doch das, sagt sie, müsste bei einem traditionsbewussten Mädchen, wie sie es sei, eigentlich gleich zur Heirat führen.

»Zehn Gramm Gold für die Sicherheit und die Heirat«, sagt sie. »Wir halten auf unsere Ehre. Wir sind eigentlich alle schüchtern, wir sind nur Maulhuren, aber dieses Nachtleben bringt uns dauernd in Konflikte.«

Sie selbst ist noch ohne Gold. Studentinnen der Wirtschaftswissenschaften seien sie, die ihre Ferien in Bangkok verbrächten, einen ganzen Monat lang. Manchmal kommen die Mädchen wirklich aus den Dörfern. Wo das Leben um sieben Uhr abends erlischt, kein Strom fließt, keine Unterhaltung zu finden ist, nutzen sie die Ferien zur Suche nach einem Mann und haben, während sie nebenher Geld verdienen, den Eindruck, für ihre Zukunft zu arbeiten.

»Gogo-Tänzerin zu werden, das wäre was«, sagt Saranya. »Dann würde ich ein Buch über die weißen Freier schreiben aus der Sicht einer Tänzerin. Da ließe sich was erzählen …«

Was immer sie ist oder zu sein vorgibt, dies sagt sie aus Erfahrung, und es macht ihr nichts aus, dass wir es merken.

Ihre Freundin Lek-Lek gähnt unverhohlen, legt ihren Kopf auf die Arme oder macht mir ein Zeichen, ihre Freundin rede zu viel. Aus Hat-jai im Süden sei Lek-Lek, doziert Saranya. Bei der Nennung des heimatlichen Namens schreckt diese freudig hoch. Ihr Vater sei Philippino, die Mutter Thai. Doch spreche Lek-Lek kaum Thai, sondern Chinesisch, denn die Mutter sei mit dem Kind nach China gegangen … Die Geschichte verheddert sich.

»Wir sind Engel und Teufel«, sagt Saranya und grimassiert so, wie sie sich den Teufel vorstellt, der in diesem Augenblick Ralf neuerlich unterhakt.

Lek-Lek sitzt eine Weile stumm. Das grüne Gewand, das sie bis zu den Knien bedeckt, und das die schwarze Jeans darunter fast verschwinden lässt, hat sie

HIM

um sich gerafft, als friere sie. Dabei tupft sie sich und mir von Zeit zu Zeit mit den kleinen rosa Papierservietten die Stirn. Sie hustet, muss sich abwenden, und hustet, bis es aus ihrer Kehle röhrt.

»Last room, too many smoke«, keucht sie, mit der Linken fächelnd, dann die Geste des Rauchens andeutend, die aber gleich wieder in das Wegscheuchen der nächsten Attacke übergeht. Ihr Lächeln ist dünn, ihre Lippen sind es, ein beigefarbener Schminke-Film liegt über ihren Zügen, die fein sind und doch herb und nicht ohne Melancholie. Ein goldenes Armband – fünf Gramm schwer – mit einem eingearbeiteten Herzen trägt sie, doch was es sagen sollte, gilt nicht mehr. Sie muss ins Bett, jetzt. Doch die Autofahrt zu den Freunden, bei denen sie untergekommen sind, dauert eine Stunde, und zu allem Überfluss schließt jetzt selbst die kleine Suppenküche. Die Hunde schnüffeln über den Boden, ein Betrunkener reißt einen Tisch um, und wir finden uns wieder auf der Straße. Es ist halb vier.

»Ich mag die Sonne nicht sehen«, sagt Saranya, mit theatralischer Besorgnis aus den Häuserschluchten heraus nach dem Himmel blickend, an dem die Sterne heute gut sichtbar sind und der noch gar keine Anzeichen von Aufhellung zeigt. Sie nöhlt. Jetzt ist die Nacht nur noch kurz, und der Weg ist weit, und die Freunde sind irgendwo.

»Dann schlaft bei uns. Wir haben einen freien Schlafplatz. Er einen, ich einen.«

Das Angebot ist unschuldiger, als es klingt, vielleicht sogar unschuldiger, als es den beiden recht ist. Saranya wäre geneigt, wägt aber ab, als seien wir Kunden. Für Lek-Lek dagegen kommt so etwas gar nicht in Frage, so sehr wir auch die Selbstlosigkeit unseres Angebots betonen.

»Zu dem?«, sagt sie, mit dem Finger auf mich zeigend, ihre Mimik sagt, was ihr verlegen lächelnder Mund nicht herausbringt: Auf keinen Fall! Also verabschieden wir uns, und für einen Augenblick lässt die Erleichterung auf allen Seiten diesen Abschied herzlich ausfallen.

Wir ziehen also zu zweit weiter. Die Suppenköche packen ein. Die »Freelancer« werden offensiv, es ist eine »last-order«-Stimmung auf der Straße, und man bildet sich ein, alles würde noch einmal kurz vitaler, ehe es im Dämmerlicht zusammenfällt.

Wir befinden uns bereits auf dem Heimweg, als uns die beiden Mädchen neuerlich begegnen. Jetzt sind sie es, die uns festhalten, offenbar haben sie es sich überlegt. Und jetzt sind wir es, die überzeugt werden müssen. Saranya insistiert für beide, Lek-Lek gähnt und hustet abwechselnd. Dann wird eine Übereinkunft erzielt, und wir besteigen gemeinsam ein Taxi. Somnambul schleicht Lek-Lek neben mir durch die Halle des Apartment Buildings, würdigt den Nachtwächter keines Blicks, so wenig wie mich, presst ihren schmalen Körper in die Ecke des Aufzugs und bewegt sich Schritt für Schritt zum Schafott.

Im Zimmer angekommen, nickt sie anerkennend, findet alles »nice« und setzt sich auf das Sofa mit übereinandergeschlagenen Beinen, als müsse sie noch Konversation machen. Ich zeige ihr Bett und Bad, gebe ihr Zahnpasta, denn sie bringt aus ihrer Tasche nur eine strapazierte Bürste hervor, und drossele das Licht. Sie quält sich in voller Montur ins Bett. Wenigstens ihre Jeans solle sie ablegen. Da taucht sie noch einmal heraus aus dem Bett, im Halblicht kann ich sehen, wie ihre dünnen Beine rasch unter der Decke verschwinden, die sie hochzieht bis zum Hals. Selbst ihr Husten hat jetzt etwas Defensives.

Ich glaube, die meiste Zeit haben wir beide in den restlichen Stunden dieser Nacht wach gelegen. Der Schulbus ist gekommen, zweimal hat ein Krankenwagen gleich vor dem Fenster die Sirene eingeschaltet, auch muss eine Motorradkolonne ihren Weg durch unser Zimmer genommen haben, aber das war es nicht, was den Schlaf auf Abstand hielt. Wir lagen da, sie hustend, zu müde zum

Schlafen, vielleicht immer noch ängstlich, ich groß, weiß, monströs und unfähig, eine Einstellung zur Situation zu finden. Doppelt und dreifach verächtlich kam mir meine Rolle vor, ist doch die einzig unglaubwürdige Haltung in dieser Lage die hilfsbereite. Manchmal öffnete ich die Augen, dann sah ich sie im Profil mit dem dünnen Arm das Laken über der Brust raffen, hörte sie unregelmäßig atmen oder beobachtete ihre Versuche, abgewandt in die Decke zu husten.

Um halb sieben klingelte ihr Handy mit einem anschwellenden Orchesterton, den sie erst abwürgte, als er das Zimmer schon ganz füllte. Beim Zurückschlüpfen unter die Decke war der pudrige Jasminduft so stark, als habe sie sich neuerlich parfümiert. Als das Handy um zehn zum zweiten Mal klingelte, gaben wir es beide auf, und ich entkam ins Bad. Sie war, als ich herauskam, schon wieder vollständig bekleidet und sagte auf jede Frage, dass es gut sei, dass alles gut gewesen sei. Dabei klang sie so müde wie am Vorabend. Nur als sie meine Adresse und Telefonnummer haben, eine Verabredung treffen, ein Wiedersehen zwischen uns vieren arrangieren wollte, schien sie kurz zu blühen. Aber das war vielleicht schon der Vorgeschmack der Erleichterung.

Ich gab ihr etwas Taxi-Geld, dann schlüpfte sie aus der Tür. Dass sie sich auf dem Flur doch noch einmal umdrehte, um mir einen deplatziert schwärmerischen Luftkuss zuzublasen, war von so missglückter Professionalität, dass ich ihr zu keinem Zeitpunkt ihre Arglosigkeit mehr abnahm wie in dem Moment, da sie wie alle agieren wollte, um zu machen, was man macht, auf dem schwach erleuchteten Flur, in dem grünen Fetzen, in dem sie geschlafen hatte und in der Wolke aus Jasminduft, die sie mit sich führte, und in die ich wieder zurücktrat, als ihr Husten auf dem Gang noch immer zu hören war.

Ich legte mich wieder auf das Bett, das ihren Duft ausatmete, es auch immer noch tun sollte, als es längst neu bezogen war, und stellte angewidert fest, dass ich aus Befangenheit ihr Gesicht so selten angesehen hatte, dass es sich im Gedächtnis bereits zu verflüchtigen begann.

Im Schatten der Dunkelheit treffen sich die Jungen am Pier, um sich die Touristinnen anzusehen, die keinen BH tragen. Sie stellen sich seitlich zwischen die

Getränkeständer und die Alten, die mit Körben, Kescher und Reusen in der Hafenbrühe fischen, und verständigen sich mit Fingerzeichen. Manchmal werden sie für Diebe gehalten, denn auf einigen Booten ist eine Tafel angebracht, die vor »pickpockets« warnt. Aber ihnen geht es nur um die Touristinnen, die einzigen, die ohne BH herumlaufen, selbst die Alten und Korpulenten. Die einheimischen Frauen haben vielleicht die ausdrucksvolleren Gesichter, aber an Brüsten nur eine halbe Handvoll, sagen die Jungs. Selbst die Sojamilch und der Vita Lemon Tea werben mit den Körpern westlicher Frauen, glatten, polierten Körpern, großen Profilen mit Siegerlächeln, die in einem Rosenstrauß verschwinden.

An ihren einheimischen Frauen gab es für die Jungen nicht viel zu sehen. In diesem Sommer verlange die Mode Bangkoks breite Schultern mit Achselklappen, »hautsympathische Krempelhosen« oder Wickelröcke mit Webgummiband. Man richtete sich nach der Vergangenheit Europas. Die ersten »Nostalgietypen« kamen in Apfelgrün und Orange heraus. Von den Designern ließen sich die jungen Frauen belehren: »Die neue erogene Zone liegt im Schritt«.

Über dem Wasser verwirbelt ein leichter Nebel die Reste von Tageslicht in den elektrischen Widerschein aus Booten und Hochhäusern. Jedenfalls wirkt es so vom gemächlich dümpelnden Langboot aus. Ja, die kleineren Boote, die können hier auf dem Wasser herumlungern, mal einen Stand, mal eine kleine Einkehr ansteuern, wenn man abends noch einen Mekong-Whiskey kippen will, ehe es in die Nacht geht. Aber zwischen den Wohnsiedlungen der Arbeitenden, da fahren die Boote hart und geradlinig aneinander vorbei. Alles sieht hinüber und herüber, keiner hebt die Hand. Bei Regen werden die grünen durchsichtigen Planen herabgelassen, und man schaut durch den Pointilismus der Tropfen und ihrer Schatten auf dem Segeltuch. Die meisten Leute beginnen zu dösen.

Vom Zentrum zu den Außenstationen kann so eine Fahrt gut eine halbe Stunde dauern. Um ein Transistorradio schart sich auf den Planken eine Clique in Schuluniformen und breitet ein Kartenspiel aus. Man erkennt die Musik sofort, und auch der Discjockey-Ton ist der gleiche wie überall auf der Welt. Die gute Laune, das ist die erogene Zone im Zeitgeist. Schließlich müssen alle stimuliert werden, geneckt, gefrotzelt, man denke nur an die gekitzelten Gesichter,

mit denen sich die Fotomodelle zu Hause den Produkten hingeben, und das gutturale Gelächter, das die Menschen der Reklame anstimmen, wollen sie begehrt werden.

Das Boot rammt die Reifenpuffer des Anlegers. Ich fliege fast über den Steg. Ein kleiner Mann mit schiefem Lachen über dem Kittelhemd lungert herum.

»Hier schenke ich Ihnen einen kleinen Buddha«, sagt er. »Der ist gut für kräftiges Sperma.« Man sieht es ihm nicht an. »Dann habe ich hier noch die Asche meines Vaters ...« Wirklich zieht er ein Säckchen aus der Brusttasche. »Fassen Sie es an!«

Ich möchte lieber nicht.

»Fass das an, es ist Knochenmehl drin, fass es an! Jetzt gib es zurück. Ich kann ohne es nicht schlafen, sonst kommen die Geister aus dem Wasser.«

Wir lassen uns in die Polster des nächsten Bootes sinken. Der Mann kann nicht aufhören zu erzählen:

»Ich kämpfte in Vietnam, tötete viele Kommunisten, aber nur um mich zu schützen. Das ist buddhistisches Gesetz. Heute gehe ich in den Tempel und

spende einen Buddha für meine Schwester. Dann kann sie auf der Straße so schnell fahren, wie sie will.«

Er grüßt die im schmutzigen Wasser schwimmenden Kinder wie ein Politiker. Eines aber wirft ihm höhnisch eine Zitrone hinterher.

»No problem.«

Er passt eine Gelegenheit ab, küsst meinen Arm, legt den seinen um mich, bis ich mich löse. Gleich darauf droht er ein paar Ladenbesitzern neckisch mit den Fingern und ist in kürzester Zeit alles gewesen: gescheiterter Ehemann, Soldat, Beamter, Buddhist, Bruder, Schwuler, Galan, Akademiker. Manchmal fällt sein Kopf auf meine Schulter, dann wieder rafft er sich auf, streicht die fette Strähne aus der glatten Stirn, seine Augen wieseln so schnell, dass man seine Blicke kaum nachverfolgen kann. Jetzt erklärt er die große Schönheit und gute Erziehung seiner Schwester.

Doch mit »Ich scheiße auf die Frauen« schließt er überraschend seine Ausführungen, und jetzt, als habe sich das Parlament schon entrüstet erhoben, wiederholt er: »Ja, ich scheiße.«

Dabei operiert er sich mit dem Zahnstocher ein paar Ananasfasern aus den Zähnen, nimmt meinen Kopf und dreht ihn ins Profil:

»Gut, lange Ohren. Lange Ohren, langes Leben. Kurze Ohren, kurzes Leben.«

Er spricht jetzt in heilloser Euphorie, angestachelt von sich selbst. »Trinker«, ruft ihm eine Frau zu. »Bitch«, schreit er zurück. Dann zu mir: »Man muss Verantwortungsbewusstsein zeigen.«

Wir sind am Ziel, betreten den Tempel, er legt die Schuhe ab, verneigt sich mehrfach tief, streckt, noch gebückt, die Hand aus, damit ich ihm einen Tausender für unser gemeinsames Opfer gebe. Ich tue es, er rutscht in den Hintergrund und ist nicht wieder zurückgekommen. Welch ein Aufwand.

Klong Toey Market: Das Lebendige trifft das Tote. Das Huhn beäugt seinen gerupften Bruder, der Fisch stiert aus dem Bassin auf seinesgleichen, alles war Kreatur und muss Lebensmittel werden. Krabben und Garnelen steigen übereinander, Enten nehmen mit gereckten Hälsen von Käfig zu Käfig Kontakt auf, Freiluftmetzger vierteilen ganze Ochsen. In alle Himmelsrichtungen werden sie davon geschleppt. Chilischoten in allen Größen und Farben liegen auf Tüchern, Zitrusfrüchte, Durian, Kokosnuss, alles wird hier umgeschlagen. Aber nebenher werden auch Autos, Waschmaschinen, Hausgeräte repariert, und wenn man durch die Lagerhallen hindurchgegangen und auf der Rückseite herausgekommen ist, öffnet sich das Labyrinth der Lehmpfade oder spärlich mit Platten belegten Gehwege, die Hütten, Baracken, Kabinen, Container verbinden und stufenlos in einen Slum übergehen.

Die hier lebenden gut 100000 Menschen siedeln auf Gebiet, das der Hafenbehörde untersteht. Ganz gleich also, vor wie vielen Jahrzehnten sie hier eintrafen, ihre Hütten werden ihnen nie gehören. Wer hier wohnt, hat oft keine Papiere, die Kinder können nicht zur Schule, das Gebiet entwickelt sich zum Umschlagplatz für Drogen. Wenn irgendwo, dann finden hier die großen Polizeirazzien statt. In den Hinterhöfen gibt es Glücksspiel und Hahnenkämpfe, und auch die Kriege der Gangs werden dort ausgefochten. Dies ist das Arbeitsgebiet von Father Joe, der sich hier seit 1971 der Kinder annimmt, auch »Vater Teresa« wird er genannt, weil er über 60000 Kinder in Schulen und Kindergärten, auf Aids-Stationen oder in Hospize gebracht hat.

Der eigentliche Hafen ist nicht weit. Mancher Wanderarbeiter, der hier wohnt, hilft Ladung zu löschen oder die Ware auf Pick-ups, Motorrädern oder Bollerwagen zum Markt zu bringen. Zum Hafen hin fransen die Verkehrswege aus. Die Straßen ergießen sich ins Delta des Busbahnhofs, wo Gassen und breite Straßen gleichermaßen ihren Ausgang nehmen und eingelagerte Inseln den Fernreisenden Asyl geben im Verkehr, wo sie zwischen ihren Kisten und Koffern, Paketen und Taschen lagern und Schlaf suchen.

Wir schreiten die Businsel ab und die nächste. Irgendwann stehen die Kisten allein, und dahinter sitzen die Wartenden an langen Tischen, verzehren etwas wie Wassersuppe. Die wenigen Streunenden wirken obdachlos oder wie Putzerfische, die in Symbiose mit den Reisenden von dem leben, was diese zurücklassen. Eine Greisin kommt, ein kleines Mädchen an der Hand. Die Alte mit ihrem zerarbeiteten Gesicht, ihren zerschlissenen, aus Flicken zusammengesetzten Textilien ist eine geschlossene Erscheinung: alles wird dem Verfall übereignet, wendet sich zum Scheiden. Ihr Leibchen mit den rosa abgesetzten Ärmeln ist schon ganz fadenscheinig, über der Brust steht auf gestreiftem Grund: »Super Star«.

Das indianische Gesicht der Alten nimmt einen stolzen Ausdruck an, als sie die Enkelin auf den Arm hebt. Dieses Mädchen aber ist, gerade vierjährig, ganz Aufbruch, lässt sich, die Hand in den »Super Star« gekrampft, rasch wieder abwärts gleiten, leiert den Arm der Alten aus, an dem es hängt wie an einer Leine. Immer wieder beschreibt es einen Radius um die Greisin, die nicht nachkommt und plötzlich traurig aussieht, eben weil sie nicht nachkommt. Die Kleine aber in ihrer simplen braunen Kutte mit abgesetztem Saum, sie stapft jauchzend voran, mal zu nah am Straßenrand, mal von einem Schatten verschluckt. In die hohe Stirn fällt ein zerzauster Pony, die Augen darunter wissen noch nicht von ihrer

Wirkung. Sie haben so eine schöne Art, den Begriff »Leben« zu interpretieren. Für keinen Moment weicht der Stolz aus den Augen der Alten, die die Enkelin betrachtet. Die Frau bleibt vor uns stehen, den Kopf in den Nacken legend wie eine Touristin vor der Tempelfassade. Wie wir in den Hafen gelangen könnten, wollen wir von ihr wissen.

»Mit mir, nur mit mir!«

Der Hafen ist Sperrgebiet, aber sie wohnt dort drüben, in der Ansammlung der Baracken rechts vom Schlagbaum und schon auf dem Gelände. Wir passieren die Durchfahrt unbehelligt, eine Greisin, zwei Männer, ein Kind. Nein, wir wollen nicht zu ihr nach Hause, dort, wo hinter dem stockfleckigen Vorhang nur zu sehen ist, dass dort kaum noch etwas zu sehen sein wird. Wir gehen lieber mit ihr weiter, dem breiten Flussarm zu, an die Mole, wo jetzt wie im Kerzenschimmer die Konturen der schwarzen Schlepper, der Ölfilm im Wasser um sie herum, die Lichtergirlanden der gegenüberliegenden Ufer zu sehen sind.

Das kleine Mädchen hat sich inzwischen meine Hand geangelt und breitet

mit einer der unwiderstehlichen Gebärden der Welt von da unten seine beiden Ärmchen aus, so weit, dass ich zweimal dazwischen passen würde, und ich folge, fasse sie unter die Achseln und hebe sie erst hoch über den Kopf, »bis sie jauchzt« – aber sie jauchzt nicht, lässt mich nur machen –, um sie dann auf meinen Schultern niederzulassen. Ihre Hände liegen auf meinem Kopf, kaum schwanke ich, packt sie mein Haar in einer Faust, aber meist sitzt sie einfach nur, schwankt mit meinen Schultern und schreitet mit mir die Boote ab.

Es liegen Schlafende auf dem Dach des vertäuten Schiffs zur Rechten. Zwei Matrosen mit Bechern in beiden Händen sehen uns zu. Die Alte ist mit Ralf erst zurückgeblieben, dann verschwunden. Das Kind auf meinen Schultern dirigiert mich weiter: vom Ende der Mole an die Kante des Hafenbeckens, von dem Fuß eines Lastkrans in Gelb zur Flanke eines Containers in Blau, von einer funktionslosen Behelfsbrücke zu einem Haufen gestrandeter Rettungsringe. Es jauchzt jetzt. Ich mache, was man zur Freude von Kindern so macht, springen, bocken, laufen, warten. Es jauchzt, es kräht den immer gleichen Satz.

Ich warte auf die Großmutter. Sie nähert sich sorgenvoll. Das Mädchen kräht noch immer seinen Satz.

»Was heißt das?«, frage ich beunruhigt.

Die Alte lacht: »Und wohin jetzt? Und wohin jetzt?«

Es klingt, als meine sie beides, Weg und Lebensweg. Und während wir abermals die Großmutter zurücklassen und abermals in das milchige Gelb der Hafenbeleuchtung hineinlaufen, zwischen die Lagerhäuser und die Kräne, die angeleinten Kähne und das abgelegte Stückgut am Kai, ruft das Mädchen immer noch und immer weiter: »Und wohin jetzt? Und wohin jetzt?« Wir kommen an kein Ende, mit der Frage nicht und nicht mit unserem Weg. Wir werden uns verabschieden und die Alte und die Enkelin im Finstern der Hafensiedlung verschwinden sehen. Unser Weg wird uns in dieser Nacht noch in das Innere eines Schleppers führen, wo wir mit der Besatzung zechen, Geschichten und Geständnisse tauschen werden. Aber als wir schon fast im Frühlicht wieder auf den Kai taumeln, ist die helle Kinderstimme immer noch in der Luft: »Und wohin jetzt? Und wohin jetzt?«

Wohin? Wenn zwischen den Pfützen unter der großen Brücke die Buden aufgestellt werden, wenn die Busse unter den Autobahntrassen stranden und ihre Lichter löschen wie auf einem großen Autofriedhof, wenn die Frösche ihre Signalcodes herausstottern, die Wartenden an den Haltestellen im Stehen schlafen, wenn die Hunde rhythmisch bellen und die Ladenjalousien scheppern, wenn ein furzendes Motorrad die Busschaffnerin an der Endhaltestelle aufliest, wenn sich die Trinker in der großen Pfütze vor der Bar betrachten, dann wieder ihr unendliches Selbstgespräch aufnehmen … Wohin?

An manchen Stellen ist der Stadtrand zwar unverändert geblieben, hat sich aber ins Zentrum treiben lassen: Wo die Schneisen für die Stadtautobahn, den Skytrain, die kommenden Wohnbauten geschlagen wurden oder wo einfach das Bauland brachliegt, da blicken plötzlich die glanzlosen Mietblocks mit ihren engen Wohnwaben auf freie Flächen, ja, auf die Profile der Stadt. In diesen Batterien staut sich die Arbeitskraft der Metropole. Hier wohnt die Schicht, die der Unbehaustheit entkommen ist, das Elend hinter sich und die Armut erreicht hat.

Sie wohnen auch mit Blick auf die Allee der Versprechen, die von Billboards gesäumte Autobahn. Die Produkte auf den Werbetafeln, viel schöner ausgeleuchtet als die eigenen Behausungen, leben auf einem anderen Niveau von Würde als die Betrachter es tun, sie mit ihren verdreckten Treppenhäusern, offe-

TAXI-METER
TAXI-METER
TAXI-METER
TAXI-METER
1827
ทม 4931
12139

nen Sicherungskästen, Ratten unter den Treppenaufgängen, mit den Drähten, die über die Außenfassaden laufen, und in denen der Regen surrt.

Ein mit Graffiti bedeckter, mit den Bildern des Königs beklebter Aufzug. Schlurfende Schritte im offenen Treppenhaus. Das Klirren einer Hundeleine, Zögern, der Hund kratzt sich stoisch. Unter diesen Kreaturen stehen nur noch die Straßenhunde: fast kahl, von Insekten befallen, räudig, oft phlegmatisch und hässlich. Erst nach ein Uhr nachts werden sie lebendig, kläffen, nehmen Verbindung zueinander auf und versammeln sich zum Streunen. Am schlechtesten geht es ihnen über die Feiertage, wenn die Stadt leer ist und niemand sein Karma verbessern will, indem er sie füttert.

Jemand kehrt mit dem Besen durch eine große Pfütze, die der waagerecht fallende Regen hier ausgeschüttet hat, durchs offene Treppenhaus abwärts. Auch die Matratzen auf den ungeschützten, dem Wetter ausgesetzten Fluren sind faulig und nass, und je höher man im Haus steigt, desto verwahrloster die Außenräume der Gänge und Flure mit ihren Blumenkübeln, einem aufgeschlitzten Sofa, abgestellten Schuhen, Baumaterialien, kleinen Flaggen, Kakteen, Terrakottakübeln,

alles wie von Anarchisten aufgehäuft. An einer Wäscheleine baumelt ein Bündel BHs, daneben tropft das Regenwasser aus zwei Männerunterhemden, und da noch dazu ein Kinderbettchen die Wohnung verlassen musste, ist die Familie in ihren Requisiten komplett, samt Spielzeug im Bett, samt Plastikgießkanne, samt einem kleinen Glockenspiel, das auch an der Leine hängt und im Wind ein hilfloses Zimbeln von sich gibt.

Inzwischen kommen die Regenschauer so dicht, dass schon die Billboards nicht mehr zu erkennen sind. In einem Schwarm aus Dunst und Gelblicht stehen sie da. Vom Blitzeflackern erhellt, vom Sprühregen besprengt, dämmert all das hier nicht dem Verbrauch, sondern dem Verfall entgegen, und wenn mal irgendwo ein Fenster offen steht, dann sitzt da eine kleine Familie im Neonlicht, am Boden essend. Das Fernsehen sediert sie alle. Sie stieren, an einer Illusion von Ferne, von Drama, von Handlung hängend, das Eintreffen eines Ereignisses erwartend, in den blau schimmernden Apparat und erlöschen dabei. Ein Treppenhaus weiter sind sie an einem trockenen Fleck zusammengekommen, um für ein paar Baht Karten zu spielen.

Sie werden nicht bleiben, diese Häuser, so wenig wie die Hütten da unter den Palmen, wie der ganze Mischwald aus Garküchen, Kiosken, kleinen Werkstätten und einer Karaoke-Bar. Ja, man kann die trüben Lichter der Häuser jenseits der Autobahn erkennen, aber sie zittern wie Lebenslichter, die erlöschen wollen vor den Scheinwerfern auf den Straßen, dem Flutlicht der Reklamen. Diese aufgegebenen Existenzen hier, sie leben wie der Lichtschimmer im fauligen Holz, und ihre Lebensäußerungen werden schon deshalb nicht vernommen, weil das Donnern der nahen Autobahn nie nachlässt, und weil die Großbauten das Himmelslicht schlucken.

Und doch: hier entstehen Träume. Sie entstehen mit Blick auf die Skyline der wuchernden Stadt und ihre Versprechen. Die Wirklichkeit dieser Siedlungen aber ist von allem Träumen unberührt, wo der Abfall sich unter und manchmal selbst in den Bäumen sammelt, wo unter der Plane zwischen den Stämmen vier muntere Trinkerinnen sitzen und sich durch die Nacht zechen, wo die Hunde so dicht liegen, dass man darauf achten muss, wohin man die Füße stellt. Selbst das kleine Lädchen im Erdgeschoss wird von einem zusammengesunkenen Mann bewacht,

der sich minutenlang gedankenschwer am Ohr kratzt. Ein Mann im Schlafanzug mit Schirm tritt ins Freie. Er könnte ein Schlafwandler sein. »Wohlsein!«, prosten ihm die Frauen mit ihren Flaschen zu. Aber er sieht sie nicht, sieht die Frösche nicht hüpfen, sieht das lappige Fladenbrot nicht, mit dem man ihm winkt. Mitten in einer Pfütze wacht er auf, dreht sich mechanisch um die eigene Achse und verschwindet in einer Wohnung, die aufgegeben schien. Unter der nächsten Markise warten die gebratenen Hähnchen heute vergeblich, aber eine tätowierte Frauenhand wendet sie mit geistesabwesender Zärtlichkeit.

Sie biegen um die Ecke wie eine Formation russischer Jungsoldaten, die langen, dünnen, in Seidenstrümpfe gepackten Beine (bei 30 Grad in der Nacht!) wie zum Stechschritt ausholend, doch mit absichtsloser Grazie. Dieses Selbstbewusstsein im Bein, diese Gewissheit, schön zu sein, vor allem schön, auch rasant, verschärft, atemberaubend und all das noch viel mehr, übertrieben, grell schön, mit Flutlicht in den Augen und fluoreszierenden Wimpern, mit denen man Rad schlagen

kann. Der Blick, der sie trifft, ist immer der gleiche: Bewunderung, Abwehr, Angst.

Die schönsten Frauen Thailands sind Männer, hatte mir ein Reisender vor meinem ersten Besuch Bangkoks verschwörerisch gesagt, und an den Katoys, den Ladyboys, stellt sich das unterdrückte Verlangen der Fremden aus. Wie isoliert man die Wahrnehmung leiblicher Schönheit vom geschlechtlichen Begehren? Und was macht man mit einem Begehren, das erst geweckt, dann in die Heimatlosigkeit entlassen wird?

Sie kommen um die Ecke. Gerd schwadroniert immer noch von dem Mädchen, das er zweimal mit zu sich nahm, das er sogar gern »gerettet« hätte, aber dann war da ein Thai mit einem Messer in der Gasse und warnte ihn in untypischer Drastik, seine »beschissene Fresse« nie wieder in der Nähe der Frau zu zeigen … Er erzählt das, waidwund im Gesicht und so sehr im Stich gelassen wie nur irgendein Liebender.

Aber da die Katoys um die Ecke kommen, dreimal Pastell, dreimal mit strassbesetzten Litzen an den tief ausgeschnittenen Kleidern, bleibt sein Blick zwischen diesen Königinnen hängen, und seine Erzählung ebbt ab. Auch die Katois bremsen ab, binden ihn mit Blicken, einer hakt sich unter, der Zweite sucht die andere Seite. Gerd wird wehrlos, er lässt sich führen wie ein Delinquent oder ein Gebrechlicher, und erst, als er die Hand des einen in seiner Hosentasche fühlt, schreit er auf und klammert die Hand fest wie ein Beweisstück. In den Gesichtern aber inszeniert sich statt Schrecken Amüsement und eine neue Koketterie, jetzt theatralisch schamhaft wie die von Kindern, die beim Naschen erwischt wurden. Sind wir jetzt Freunde, Komplizen?, schmollen und werben die Königinnen. Gerd reißt die Faust des einen aus der Tasche, und sie öffnet sich in der Luft wie die Taube in der Pekingoper ihre Flügel. Den Flügelschlag eines Vögelchens imitierend, demonstrieren die Hände ihre Unschuld. Darauf schwirren die Drei schnatternd auf, finden anschließend diszipliniert in ihren Stechschritt zurück, umrunden elegant einen Blumenkübel und sind verschwunden.

Die Stadt kennt viele Reifezustände: Da sind die Wohnmaschinen, Shoppingcenter, Malls, Bürotürme, verbunden durch die Hochbahn des Skytrain, aus dessen Fenstern man verspiegelte Fassaden abfährt und den Blick senkt in das schwärmende Gewusel der Küchen und Händler, der kleinen Geschäfte und ihrer Überlebenskünstler, Koberer, Prozente-Ritter, die Kunden in Schneidereien, Sauna-Parlours, Bars verschleppen. Da sind die Durchgangsorte, die Aufbewahrungsstätten für Wartende, die fast unsichtbar gewordenen Baukomplexe der ambitionslosen Siebzigerjahre. Da sind bauchige Gebäude, die wie Flaschen in den Boden gesteckt wurden. Da sind die Kolossal-, die Repräsentations- und die spirituellen Bauten in ihrem Goldglanz, ihrer Ornamentik. Die Hochleistungsmaschinen der Bürogebäude wechseln ab mit dem Wildwuchs des Unterholzes aus Hütten, Ständen, Baracken, Kabinen, mobilen Küchen. Die Funktionalität der Geschäftsgebäude ergänzt die überbordende Verspieltheit der Tempel und Geisterhäuser. Die Massagesalons wechseln ab mit den Oasen der Schulen voller livrierter Kinder, und wenn die Schule aus ist, verlaufen sich die Uniformen in der Stadt und verflüchtigen sich wie ein Aroma, das die Luft nur speist, nicht sättigt.

Die Fußgänger müssen sich diesem Lebensraum erst assimilieren, sie müssen die Öffnungen im Trottoir, die Umleitungen, Überführungen, Abwege, samt den unwahrscheinlichsten Hindernissen vorausahnen können: Dreirad-Taxen, einen Mann mit zwei schweren Körben auf der Schulter, einen Elefanten, eine Markise ohne Bezug, aber mit in den Luftraum kragenden rostigen Stangen, offene Kanalisation, verschobene Platten auf dem Gehweg, Menschen unter Zeitungen und

in Rabatten, Ratten, Mutilierte, Schwerstversehrte, die als Bündel im Schatten der Fußgängerbrücken lagern oder flach auf dem Trottoir.

Viele der Verkehrswege waren früher Klongs. Die meisten von ihnen sind den manchmal achtspurigen Straßen gewichen. Darüber rattert der Skytrain, und an manchen Stellen kreuzt über ihm noch eine Stadtautobahn und über dieser eine zweite. Im Flechtwerk der Straßen überschreitet man dauernd die Grenzen von Kulturräumen. Ein echtes Stadtzentrum gibt es nicht, nicht einmal die Banker haben ihre City, aber es gibt Subzentren: die Sukhumvit Road für die Reisenden, die Khaosan für die Traveller, die Patpong für die Sünder. Plötzlich ist man in Pahurat und damit in Klein-Indien, in der Sukhumvit Soi 8 siedeln die Koreaner, in der Soi 33 vor allem Japaner, der Mittlere Osten konzentriert sich rund um das Nana-Viertel.

Alles muss sich mischen, das Gemeinschaftsleben ist wirklich ein solches, und mehr noch: Auch Arbeit, Schlafen, Essen haben keine klar definierten Grenzen. Die Lebensräume, die sozialen Schichten fließen ineinander. Zonen des Drecks

wechseln ab mit solchen von penibler Sauberkeit; im Schatten der Stadtautobahn liegen die idyllischen Plätze mit Lauben und Hainen für Liebende. Doch darüber wölbt sich das große Ineinander der architektonischen Formen; die Lichtstimmungen mischen sich, die Gerüche wabern durcheinander, und Religion überwölbt die wirtschaftliche Effizienz. Nein, die Stadt zeigt kein Interesse an den Reinheitsgeboten urbaner Effektivität.

Und weiter: Es finden sich Näh-Studios auf offenen Bauplätzen, direkt hinter der ärmlichsten Baracke öffnen sich die ausladenden Perspektiven des Chao Phraya-Flusses; die intimste Wahrsagerei gibt es gleich an der Schnellstraße; unter den U-Bahn-Treppen liegen die Scheuern der Garküchen, in den Baustellen der Ladenzeilen die Depots der DVD-Händler. Die große Flut, Ramsch genannt, schickt von den Nachtbasaren aus ihre Woge über die Stadt, oder sie bedient sich der Fliegenden Händler, der Agenten für alles. Immer fahren sie die gleichen Routen, meist spezialisiert auf eine Ware, ein Gericht und ein Gebiet, markieren mit Hupen oder Klingeln ihr Territorium und zahlen oft ein kleines Schutzgeld.

Die Großbauten sind Zugewanderte, gerade Angekommene, staunende Zeugen einer Stadt, die sich von ihrer Gegenwart nicht einschüchtern lässt, die offenbar nichts dagegen hat, so urban wie dörflich zu wirken und in ihren Mischungen alle Haltungen zu provozieren: Abscheu und Verehrung, Herablassung und Bewunderung, Gereiztheit und Kontemplation, Rührung und Anbetung. Niemand, der wirklich hier war, ist nicht schon durch all diese Zustände gegangen, und niemanden lässt der Geist des Buddhismus unberührt, der sich überall selbst in den Hochspannungszentren der Metropole durchsetzt und ihr immer wieder etwas Unpraktisches, Wider-Vernünftiges, auch Schwärmerisches gibt.

Die Roof-Bar im 34. Stock des Hilton ist so dunkel gehalten, als sei sie nur durch Reflexe, durch den Widerschein der Stadt, durch sanftes Licht auf dunklem Stein oder in den antikisierenden Spiegelflächen ringsum beleuchtet. Manchmal ist das Licht so indirekt, dass man es für eine Abstrahlung des Nachthimmels halten könnte, getragen vom Flüstern der Gäste, dem gedämpft gespielten Klavier.

»We are lost«, setzt die schwarze Sängerin ein, doch »lost« wie die Gäste sind,

haben sie kein Ohr dafür und kaum einen Blick für die Boote auf dem Strom, die wie steuerlos kreiseln zwischen den erratischen Neubauwracks. Wie dunkel die Siedlungen von hier aus wirken! Nur die Lichterketten der großen Straßen und Stadtautobahnen funkeln herüber, und manchmal öffnet sich zwischen den schlafenden Mietshauskomplexen der Durchblick wie ein Lichtschacht.

Die kleine Thailänderin mit dem dreiteiligen Handtaschenset drückt ihren Kopf – wohl, weil sie denkt, sie muss – an die massive Schulter des amerikanischen Athleten an ihrer Seite. Der liest die Vedute wie ein Billboard.

»Will you still love me tomorrow?«, säuselt die Sängerin schmachtend.

»Or today?«, ergänzt die Thailänderin mit Augenaufschlag Richtung Mann.

»Today what?«

»Oh nothing, dear«, lächelt die Kleine, entsagend.

Der Blick ist erschütternd. Man kann nicht anders, als sich den Stadtraum auch metaphorisch zu erschließen: den Verkehr, das Wimmeln, die Betriebsamkeiten der Signale, Effekte, Leuchtspuren, die Blutbahnen, Knoten, Entzündungen des Stadtkörpers. Doch andererseits schaukeln da unten, am Fuß der Hochhäuser,

nicht mehr als ein paar farbige Glühbirnen an einem durchhängenden Draht über dem Trottoir.

Und wieder mit gehobenem Blick: Wie viele Menschen sind hier gestrandet, wie viele hängengeblieben, wie viele hier in den Ort ihrer Sehnsucht eingetreten? Zwei junge, weltläufige Thailänderinnen in traditionellen Kostümen haben sich eine Flasche Champagner bestellt. Sie könnte die Erste ihres Lebens sein und wird auch so getrunken, unter Zwitschern und Prusten. Diese Flasche haben sie sich selbst gekauft. Eines der Mädchen lacht, es strömt aus ihr heraus wie aus einem Ventil, aber im nächsten Augenblick ist sie offenbar wieder ergriffen vom Pathos der Situation. Das ist schön wie das Wolken-Sfumato über dem Fluss…

Aber als sich die Mädchen zu gehen entschließen, müssen sie sich schon nach ein paar Schritten an den Glasschrägen abstützen. Woher in Europa wir beide kämen, wollen sie im Vorbeigehen wissen. Sie hören es mit Ernst.

»Von Europa kenne ich nur Paris und Sylt«, sagt die eine.

»Und was ist schöner?«, fragt die andere.

»Das kann ich nicht sagen«, zögert die Erste, als gäbe es die richtige Antwort. »Ich glaube Sylt.«

»Und dorthin kamst du der Liebe wegen?«, frage ich.

Sie lacht, meint es nicht böse, sagt aber:

»Liebe kann ich mir gar nicht vorstellen mit solchen wie euch.«

Ja, wir fühlen selbst mit Akzent.

Ein Mann hält mich am Arm fest. In Deutschland hätte er ein Kunstlederhütchen auf. Hier trägt er ein Kunstfaserhemd, in das er hinein schwitzt, in seiner Hand ein Leporello mit briefmarkengroßen Abbildungen von Mädchen, die aus Schaumkronen tauchen und lachen.

»You want, Sir?«

Beim ersten Vorbeigehen habe ich ihn gegrüßt, den Kopf geschüttelt, am zweiten Tag nur noch gegrüßt, ihn dann ignoriert. Nichts hat sich in seinem Auftreten verändert. Ich bin der Mann, der ohne weiteres ein Taxi, einen Koffer, eine Mango oder siebzehn Mädchen im Schaumbad ordern könnte. Heute bleibe ich stehen, nehme das Faltblatt aus seiner Hand. Der Schaum des Fotos trägt den grauen Film seines Handschweißes.

»Beautiful«, sage ich.

Er nickt enthusiastisch, legt mir die Hand auf den Unterarm.

»Too beautiful«, sage ich.

Er sieht mich fragend an.

»Too beautiful for me.«
Er hakt mich unter:
»I have ugly, too.«

Poh ist klein, stämmig, von tief wurzelnder Freundlichkeit. Sie besitzt das Gesicht einer Fünfundzwanzigjährigen, ist aber fünfunddreißig. Zu ihrem blauen Schuluniformrock trägt sie weiße Kniestrümpfe, dazu eine weiße Bluse mit einem Matrosenkragen. Ihre Aufgabe in der Bar besteht erstens im Anweisen der Plätze, zweitens in der Verteilung der Drinks und drittens in der Ausgabe von gelben Tischtennisbällen, die sie aus einem Eimer fischt, für hundert Baht drei an die Kunden verkauft, die sie dann auf die Bühne werfen, um sich an den jetzt schreiend unter- und übereinandertauchenden Tänzerinnen zu freuen, die in kuriosen Posen und ungewollten Entblößungen nach den Bällen fischen. Jeder erbeutete wird den Mädchen vom Haus mit zehn Baht berechnet, und manchmal beulen gleich drei solcher Bälle die halbhohen Strümpfe der Mädchen aus.

Poh stammt wie die meisten hier aus Issan. Sie hat einen vierzehnjährigen Sohn, den sie aufs Gymnasium schicken kann, aber nur zweimal im Jahr sieht – zu weit ist die Reise nach Hause und zu teuer auch. Früher hat sie hier auch auf diesem Steg getanzt, drei Jahre lang.

»Dann wurde ich zu fett«, sagt sie und streicht sich über den unter der Bluse kaum gewölbten Bauch, »auch meine Knie haben der Arbeit nicht mehr standgehalten. Ich wurde krank, zu kalt war die Air Condition, und so arbeite ich nun seit Jahren hier unten im Saal. Einen Mann hatte ich auch mal. Aber ihn habe ich drei Wochen nach der Hochzeit verlassen. Er hing an der Nadel. Seinen Sohn hat er nie gesehen.«

Jeden Morgen, wenn die Bar schließt, besteigt Poh einen Nachtbus und fährt eine halbe Stunde bis in einen Außenbezirk, wo sie sich mit drei Mädchen ein Zimmer und ein Bett teilt. Sie nennt dies ein »gutes Leben«, und wenn ich etwas Gutes tun wolle, sagt sie noch, »dann nimm die da mit«. Sie zeigt auf eine finster dreinblickende, wenig bewegliche Räuberhauptmannsfrau auf der Bühne, die in diesem Augenblick düster zu uns herabsieht.

»Warum die? Glaubst du, wir passen zusammen?«

»Sie wird nie mitgenommen. Ihr Englisch ist zu schlecht«, erwidert Poh, die auch nie mitgenommen wird. Ihres Bauches wegen, sagt sie.

Intim. Was soll das sein? Dass die Bühnentänzerin den Gaffer da unten an seinen Haaren heranzieht, bis sein Gesicht zur Decke gerichtet stehen bleibt, dass sie

dann mit einem theatralischen Ausholen ihr Bein darüber zieht, bis sein Kopf unter dem Röckchen ganz verschwunden ist, und dass sie nun ihr Becken behutsam auf seinem Gesicht absetzt, bis ihre Scham seine brabbelnden Lippen berührt – das ist akrobatisch.

Intim ist das nicht, eher sportlich und ebenso schamlos, und es gibt Freier, die staunend wahrnehmen, wie sich diese Schamlosigkeit verflüchtigt, wo sich Frauen und Männer im Bett begegnen, und dieselben Frauen nur weniges von dem »am lebenden Mann« beherrschen, was sie auf der Bühne ohne Mann simulieren. Dann klagen die Männer über die Mädchen, ihre Verlegenheit vor der männlichen Blöße. Die wissen doch gar nicht, wie man mit ihr umgeht und schrecken zurück vor dem Rückhaltlosen, selbst dem Kuss.

Das Intime aber, das ist zum Beispiel der Riechkuss, eine Form der Berührung, die der Fremde in ihrer Intimität nicht erkennt, weiß er doch nicht, wie schlecht er in den feinen Nasen der Frauen hier riecht. Einmal sah ich ein Pärchen im nächtlichen Schatten hinter einem Restaurantpissoir stehen, sie beschnüffelten

einander. Was wie die humane Version animalischen Verhaltens aussieht, hat für die hiesigen Frauen etwas Offenbarendes. Der Mann hinter dem Klo wirkte ratlos, als ihn die Frau so absuchte nach seinen Aromastoffen, nicht abließ, ihn mit den Lippen zu bereisen, während sie schweratmend alles einsog, was er ausdünstete. Manche Liebesgeschichte beginnt in Thailand ganz unscheinbar, nämlich mit dieser Geste.

Wir nähern uns der Bar. Es ist »Suzy Wong«, und noch ist die Nacht jung, die tiefgekühlte Tanzgrotte fast leer. Wir schlagen die dicken Vorhänge rasch zurück und sehen das Erwartete: Die Mädchen langweilen sich auf ihrem Steg und winden sich halbwach an den Stangen. Erst wenige Schritte haben wir in den Raum getan, da geht eines von ihnen in die Hocke und streckt die Arme aus, wie man sie einem spielenden Kind gegenüber ausstreckt: Komm her, komm hier herein, meint ihre Geste, und Dah meint es überschwänglich, springt tollkühn heran, zieht mir den Kopf mit beiden Händen abwärts, und gleich landen meine Lippen

auf ihren Schultern, wo es nach Puder riecht, und wo ich bleiben würde, um mich nicht hinsetzen, nicht trinken, nicht reden und später nicht durch die Nacht streunen zu müssen.

Ich mache mich los, und wir setzen uns ihr gegenüber. Ihre Bewegungen in dem hellblauen Tanzbikini sind jetzt nicht allein müde, sondern verlegen, sie windet sich nicht gerne so unter unseren Augen, rutscht auch an der Stange nicht mehr hinab, sondern torkelt eher hin und her. Nichts an ihr ist jetzt aufregend, und jetzt, da sie nackt sein soll, wirkt sie doch bloß ausgezogen, noch dazu hat sie sich den Schalen-BH, man weiß nicht warum, in den Bund ihres schwarzen Slips geklemmt, wo er baumelt wie das Handwerkszeug eines Tischlers oder Dachdeckers. Rund um ihre Brüste aber hat er Drucklinien hinterlassen.

Einen Zehn-Minuten-Rave später – keine der Frauen weiß die elektronischen Beats in Körperschwingungen zu übersetzen – hat sie sich in einem Hinterzimmer ein T-Shirt angezogen und schlängelt sich durch die Bank an meine Seite, begrüßt mich noch mütterlicher und zitternd wie vor Wonne. Sie legt sich meine Hände auf, als traue ich mich nicht, es selbst zu tun, sie legt sich, ja drückt sich, in diese Hände hinein, als wolle sie einen Abdruck hinterlassen. Dann flüstere ich ihr ins Ohr, dass ich um Mitternacht nach Deutschland fliegen werde, und sie, die kaum ein Wort Englisch spricht, sagt wie in gebundener Rede:

»I will miss you. I will miss you every minute, every hour, every day and every week.«

Hängengebliebene Rede, die Hinterlassenschaft einer verflossenen Geschichte. Das ist der Stoff, aus dem die sentimentalen Romanzen gemacht werden. Es sind die Abschiedssätze, abgeschossen, um einen großen Bogen bis zu unserem Wiedersehen zu schlagen, die Freude, das Nicht-Lassen-Können zweier, die einander wenig waren und sich durch den Abschied alles wurden. In solchen Scharnieren drehen sich die meisten dieser Geschichten, und es sind die Sätze, an denen sich die Freier den Kopf stoßen – sie führen direkt zu den Quellen des Liebeskummers. Dann küsst sie mich wie auf Vorrat, und als wir aufbrechen, begleitet sie mich wirklich wie einen ihr Zugelaufenen bis zum Vorhang, öffnet ihn mit einem Bein und entlässt mich wie einen Angezählten, der jetzt zwischen den lungernden Bikini-Mädchen, den tanzenden Neon-Piktogrammen, den notgeilen Streunern, fühlen soll, dass er etwas Wirklicheres mit in die Ferne trägt.

Wenn die Bars das Geschlecht der Stadt sind, dann ist der Nachtmarkt der Magen, ein von den schwachen Lichtern an den Ständen wie mit Kerzenlicht erleuchteter Komplex, auf den Schotterstraßen und kleine Wege, Brücken, Überführungen, Verkehrsadern zulaufen, und der nicht schläft.

Eine Obsession unterhalten die Menschen Thailands mit dem Essen. Hier eröffnet man eine Konversation nicht mit dem Befinden, sondern mit der Frage: »Schon gegessen?« oder »Schon Reis gehabt?«, und diese Begrüßung ist selbst für den Smalltalk ergiebiger als das Wetter, von dem sich auch jeder unabhängiger findet als von der Qualität der Speisen, die er an einem Tag kaut, nagt, schlürft, zermalmt, einsaugt, leckt, lutscht.

Immerhin wird den Disziplinen des Kauens durch die maschinelle Zerkleinerung bereits vorgearbeitet, die Lebensmittel werden gerupft, gezupft, geschnitten, geschreddert, zerstampft, zusammengeschüttet oder geraspelt. Mit dem Stößel im Mörser werden Vogelaugen-Chilis, Zitronengras, Kurkuma, Ingwer, Schalotten, Knoblauch, Korianderwurzel, Kaffirlimettenschale, Garnelenpaste, Palmzucker bearbeitet, werden Garnelen und Fisch zerstoßen, und das so virtuos, dass man in Thailand sagt, an der Benutzung des Mörsers erkenne man den Menschen. Ein intimer Akt ist er, der die Prozedur des Kochens begleitende Akt des

Zerstoßens und Zermalmens, der die Aromen befreit, bis sich ihr Bukett über dem Tiegel entfaltet. Fast Food ist im Unterschied hierzu Essen ohne Koch.

Doch mundgerecht muss es sein, in Stücken und Fetzen angeboten, auf Spieße gesteckt, auf Fäden gezogen, zu Krümeln zerstoßen und kombiniert. Es wird in Blätter eingewickelt oder aus zu Trichtern gerollten Blättern gegessen, es wird in Tüten gekippt und direkt aus der Tüte wieder herausgepickt, und so sieht man hier Millionen von durchsichtigen Plastiktüten, in denen Mägen, Leber, Nierchen schillern, die schmatzend ausgegossen, geprüft und wieder neu portioniert werden. Allein das saftige Glänzen eines offenen Sacks frisch verladener Geflügelherzen wirkt wie ein Effekt, und man wandert durch lauter Stillleben, in denen man die bizarren Kombinationen aller dieser Lebensmittel sieht.

Tatsächlich scheint in Bangkok kein Lebensraum resistent gegen die Brandung der Nahrungsmittel. Das meiste davon lässt sich auf Spieße ziehen, Leber, Hoden, Geflügelfleisch, Fischbällchen, Früchte – überall türmen sich die Sticks, bunt wie Zuckerstangen, glasiert, knusprig, fettig, fahl wie Raufasertapete, knallig wie Pop-Art. Handlich soll dies Essen sein, gut zu bedienen, keine echte und schon gar

keine schwere Mahlzeit – »Spielzeugessen« wird es auch genannt, damit man es bloß nicht ernst nehme, und omnipräsent ist es schon, weil Thais die Freude, die damit verbunden ist, das Spielerische, Bunte und Vergnügliche so lieben, dass sie es nirgends missen möchten.

Diese so volkstümliche Küche, die in ihrer Verfeinerung gegen Ende des 19. Jahrhunderts ihren Höhepunkt erreichte, entwickelte sich ursprünglich als eine Küche der Oberschicht, und es waren die hochgestellten Frauen, die zu dieser Zeit auch mit dem Verfassen der ersten Kochbücher begannen. Man konnte sie ebenso gut als Geschichtsbücher lesen, als Gedenkbücher für Rezepte. Sie verfeinerten sich vor allem bei Hof, wo man am meisten Zeit und Sorgfalt auf die Zeremonie des Kochens verwendete, und noch heute hängen die Thai an ihrer Küche mit ähnlicher Beharrlichkeit wie an ihrer Monarchie. Wie immer das Land sich wandelte, welche Regimes, Soldaten, Touristen, Geschäftemacher auch durch das Land zogen, am Essen wurde festgehalten. Zwar integrierte man der Kochkunst viele fremde Einflüsse, aber die Tradition dieser Küche blieb ungebrochen.

Weil es tagsüber tropisch heiß ist, wurden die richtigen Gelage immer schon

erst nach Einbruch der Dunkelheit angesetzt. Am Spätnachmittag reichte man Kokosküchlein mit verschiedenen Belägen, nach Sonnenuntergang folgten die roten und grünen Currys, Suppen, Relishs, später trumpfte man dann mit gepökeltem Huhn mit Zuckerrohr auf, mit exotischem Fisch, frittierten Herzmuscheln, rotem Rindfleischcurry, grünem Pfefferkorn-Curry, gefolgt von Desserts aus Kokoscreme, Pudding, geeisten oder frittierten Früchten, parfümiert mit Jasmin, Rosen, Ylang-Ylang, Aloe, Sandelholz.

In den auch nur ein wenig besser situierten Schichten Thailands wird der Hunger nicht bekämpft und nicht unterdrückt. Er hat gar keine Zeit, sich überhaupt einzustellen, so verfügbar wie das Essen, so essenziell wie das Reden darüber ist, und offenbar werden die Mahlzeiten angesichts der öffentlichen Opulenz auch weniger daheim zelebriert als auf der Straße, am Gehweg, in den Parks, unter den Torwegen, vor den Versammlungsstätten und eben auch auf dem Markt, wo immer Menschen zusammenkommen, und sei es bloß, um zu warten.

So haben sich an den Einfallswegen in den Nachtmarkt, wo die Speisen eintreffen und noch lange nach Mitternacht verarbeitet, gereinigt oder miteinander

kombiniert werden, die Stände der Kleinküchen und mobilen Suppenwagen aufgepflanzt, und es hat seine Richtigkeit, dass man hier manches von dem, was sich auf der riesigen Fläche des Marktes türmt, schon in seiner zubereiteten Form probieren kann.

Die Nase ist das einsamste Organ, wird sie doch als einziges nicht von einer Kunst bewirtet. Die Stadt aber ist ein Odorama, sie souffliert dem Begehren mit Geruchsschwaden, es gelingt ihr selbst, einen Hundeanus mit zwei regennassen Aktentaschen zu synchronisieren, und das auf einem Fond von Palmöl, Diesel, Knoblauch, Curry, Jasmin, Raumspray, Bratfett. Hinein schwelgen die Gerüche aus den Beauty Parlours, den Frisiersalons mit ihren Schwaden aromatisierter Luft, ihren Sprays und zartpudrigen Obertönen. Sie alle sättigen den Atem der Nacht, und reiht man sich in das Gefolge einer Gruppe von Katoys, dann sind da ganz neue Wolken, wie aus den schweren Düften von Nachtschattengewächsen gewonnen.

Früchte in Körben, Muscheln in Tüten und Bechern, zerfetzte Tintenfische, hängender Dörrfisch über öligen Bottichen, auseinandergezerrte und platt geschlagene Enten, Innereien, Kutteln, in Netzen zappelnde, sich in den Maschen erdrosselnde Frösche, in Käfige gezwängte Hühner und zappelnde Plastiktüten häufen und türmen sich, befrachten den Raum. In der toten Entenhaut sitzt der Abdruck von Verpackungsschnüren und Siegeln, in der Pfütze verläuft die Milch, aus jedem Abfall dampfen Schwaden von Speiseresten, und der Niederschlag würziger Kadaver liegt auf der Haut. Wie verschmolzen mit den Lebensmitteln hocken die Alten da, den Steiß vier Zentimeter über dem Boden. Daneben erhebt sich aus dem Stillleben eine Stimme, kräht einen Preis, immer wieder einen Preis, wie zum Existenzbeweis.

Doch vor allem der Märchenduft von »Gesottenem und Gebratenem« umgibt diesen Markt. Ist man durch den Kordon der Garungsdüfte hindurch, verdünnen sie sich zu Gerüchen. Man könnte sich ganz von der Nase leiten lassen: Selbst Eierschale lässt sich riechen, wie sehr erst Kardamom, Chili, Blut, Fisch, Ingwer, Knoblauch. Innereien atmen etwas aus, Muscheln tun es, ebenso wie Gekröse oder das Gewölle frischen Fetts. Aus dem Gestrüpp von Algen dringen sanfte Schwaden eines salzigen Parfums, verdichtet in der beißenden Präsenz geräucherter, eingelegter, in Lake konservierter Fischchen aller Art.

Der Verwesungsgeruch der Durian ist so stark, dass man sie in manchen Hotels nicht verzehren darf; die Jackfruits, Mangos, Papayas, Limonen, Mandarinen, Ananas, die frisch aufgeschlagenen Baby-Kokosnüsse und Bananen, sie alle steuern dezente oder aufdringliche Noten zu dem großen Parfüm des Marktes

bei. Was immer es ist, das hier in den Nachthimmel dampft oder schwebt, immer setzt es sich schließlich gegen den Geruch von Dieselmotoren durch, von Öl und Benzin.

Denn natürlich bewegen sich zwischen den Händlern, die zwei Schalen an den Enden einer elastischen Stange tragen, zwischen Fahrrädern, Schubkarren, Sackkarren und mit Rollen versehenen geflochtenen Körben oder Tonnen auch Pick-ups, die manchmal so überladen sind, dass sie aussehen wie künstlerische Objekte, wie Mobiles, von innen animiert vom Zucken und Schlängeln der Fische, vom Flattern des Geflügels, vom Sacken des geschredderten Eises, vom Stürzen der Früchte, im Kataklysma aller ausgeschütteten, aus Reusen und Tonnen in neue Behältnisse und Wiegemaße verbrachten Klafter tierischer oder vegetarischer Lebensmittel.

Doch nicht allein die strategische Drehscheibe für all die Güter, die aus der Provinz hier ankommen und umgeschlagen werden, ist dieser Markt. Dem Auge ein Fest ist er, bunt von den Nahrungsmitteln, die ihre Farbe im gelben Schein

der Lampen glühen lassen, bunt von den alten Schriftzügen und Reklameschildern, bunt von den bemalten Fahrzeugen und der phantastischen Couture der Arbeiterinnen. In weißen Gummistiefeln stehen sie da, unter den transparenten, abwaschbaren Capes tragen sie geblümte Röcke, Pepitastoffe, Schürzen, Umhängetücher. Diese Frauen wohnen meist in einer Siedlung an der Rückseite des Marktes, und manche von ihnen sind in ihrem Leben nie bis in ein anderes Viertel von Bangkok gelangt.

Ihr Lebensraum ist eng, die Gewinnspannen sind minimal, die Arbeitswege sind alles, was sie an Entfernung gewöhnlich zurücklegen. Kaum eine Vorstellung haben sie wahrscheinlich, was »Soy Cowboy« oder »Patpong« sind, und noch weniger ahnen sie, was dort passiert, aber wenn man sie stehen sieht in ihren bizarren Kleidern, aufgereiht zu beiden Seiten eines langen Tisches, auf dem Geflügelfett in Stückchen geschnitten und vom Abfall getrennt wird, dann assoziiert man unwillkürlich die an der Stange aufgereihten Nachtarbeiterinnen auf der anderen Seite der Stadt.

Am Ende, im ersten Schein der Dämmerung, fallen sie dann oft rücklings in die Ware, schlafen ein oder schleppen sich nach hinten in ihre Fuchsbauten. Eine Wand ist zusammengebrochen, in einem kochenden Kessel zerfällt ein Fisch im Schaumkranz der Blasen, ein Transistor schickt zirpend forsche Rhythmen in den Raum, und aus der Mitte eines Müllberges ragt eine westliche Schaufensterpuppe, viel zu groß und für andere Zwecke gemacht, wie die Columbia-Picture-Göttin des Filmverleihs in ihrem Strahlenkranz. Schlafende überall, aus den wenigen geöffneten Augenpaaren ein paar eindringliche Blicke, aber ohne Reflex.

Dann treten die Fronten auseinander, Bürgersteige säumen die Straße, die Abwässer versickern in Gullis, Reklamen steigen die Fassaden herunter, schrumpfen zu Schildern, entfärben und ordnen sich, gebändigt vom Glanz der Blendarkaden, der Doppelfenster und Sicherheitsschlösser an den Portalen. In diesen toten Glast eintretend, hat man die Ästhetik des Warenmarktes hinter sich und tritt ins Strahlungsfeld des Geldmarktes ein.

Die Ausstellung der westlichen Überlegenheitsattitüde ist heute nur subtiler als ehemals. Man erkennt sie in Bangkok auch daran, dass viele Fremde sämtliche Dienstleistungen behandeln wie die der Rotlichtzonen, dass sie alle Frauen wie Käufliche ansehen und ihnen die Psychologie zuschreiben, die sie selbst ihr eigen nennen.

Wir sitzen in einem Gartenrestaurant am Fluss. Ralfs Assistentin Tipp geht an den Nebentisch und bittet zwei amerikanische Touristinnen um Feuer. Die eine reagiert gar nicht, die andere blickt sie nicht an, schnippt ihr nur die Zündhölzer hin, als sei sie es nicht wert, die Atemluft ihres Heimatlandes zu verbrauchen. Weil sie unser Freudenmädchen ist? Tipp hat zwei Jahre lang auf einem Berg an der burmesischen Grenze Kinder alphabetisiert und in Thai unterrichtet. Verbindung zur Außenwelt gab es nicht. Die eigene Mutter dachte schon, sie sei tot. Dann kehrte sie in die Stadt zurück. Sie verneigt sich vor der Amerikanerin freundlich. Die Milde ist ihr geblieben. Manche Situationen werden solche erst, wenn sie misslingen.

»Ihr seid komisch«, hatte vor Jahren eine Thai-Frau zu mir gesagt. »Für euch geht es immer um Sex, das ist euer Größtes. Für mich ist es nicht so intim, mit wem ich im Bett liege, als wer für mich sorgt, wer mich ernährt, wer bei mir bleibt …«

Die westlichen Männer unterstellen gern eine globale Psychologie. Für sie ist die Freundlichkeit der Thai-Frauen Naivität, Geld kompensiert, so glauben sie, die Unterwerfung. Das bin ich mir wert, sagt sich der Weiße mit dem Bewusstsein eines Weißen. Für die Thais sind diese Männer alles andere als überlegen. Auch sind die Frauen so wenig würdelos oder naiv, wie es die westlichen Frauen in verwandten Lebensbereichen sind, und gegen die Treulosigkeit ihrer Männer wehren sich die Frauen so martialisch, dass Thailand die höchste Rate an Kastrationen durch Frauen in der Welt verzeichnet.

Die Falangs führen gemeinsam mit den Thailänderinnen ein Stück auf mit dem Titel »Lieben ohne Sprache«. Das ist neu, denn plötzlich werden die Männer an ihren Handlungen gemessen, können durch nichts imponieren, das zu Hause imponiert. Doch die Frauen? Die Übersetzung ihrer Verhaltensweisen in westliche Psychologie führt dauernd in die Irre.

Vieles behalten sie für sich, finden ritualisierte Ausdrucksformen, Gesten, hinter denen sie verschwinden, und so erscheinen sie oft nur in den Momenten, in denen sie ganz für sich sind. Bevor Dah um drei Uhr früh die Bar verlässt, wendet sie sich zum Raum mit tiefer Verneigung und vor der Brust zusammengelegten Händen. Wenn Tom seine Freundin, die er vor zwei Jahren erstmals küsste, in ihrem Büro besucht, darf er sie nicht berühren. Wenn May nach einer Nacht von einem Falang bezahlt wird, kontrolliert sie die Scheine nie. Das wäre niedrig. Es gibt Frauen, die vor einem Jahr noch Anfängerinnen aus Issan waren und ein Jahr später abgekochte Professionelle sind, die sich von fünf Männern gleichzeitig aushalten lassen. Immer sieht man sie aus irgendeiner dunklen Ecke heraus in eine Zeitzone auf der anderen Seite der Welt telefonieren und sagen:

»I am home, always home, always alone, miss you, dear.«

Dann legen sie auf und fahren wie Ben Hur sechsspännig durch das Nachtleben. Manchmal finden sich eben auch unter den Skrupellosen die Ebenbürtigen.

Der Mann, den man vor dem blühenden Primelfeld kauern fand, wo er die Wonnen verflossener Liebe beschwor, band sein Lamento ab mit dem Satz:

»Ich habe mein Leben auf einer Reise verlernt.«

Wenn man sie so daherkommen sieht, die gewaltigen weißen Männer, tapsig in ihren beschrifteten T-Shirts, immer noch arbeitend, nur auf Sleep-Modus gestellt, und an ihrer Seite die kleinen braunen Thai-Frauen in ihrer schmeichlerischen

Entschiedenheit, dann könnte man denken, die Männer würden heimgeleitet. Sie sind die Kinder, die mit sanfter Hand zu ihrem Glück geführt werden, quer durch den großen Süßigkeitenladen ins Bett.

Doch vergessen wir aber auch die Waidwunden nicht, die unglücklich Verliebten, die eines Tages in eine dieser Bars traten, nicht wussten, wie ihnen geschah, und plötzlich war alles, was ihnen zu Hause schwierig und beladen schien, einfach und berührend, und nur, weil sie eine dieser Frauen einfach zu sich auf die Bank holten, in einfachen Sätzen ein flüssiges Stammeln begannen, das Mädchen einfach mit sich ins Hotelzimmer nahmen, und da war es immer noch einfach, denn nichts, als das Wohlsein zählte. Und dann hat sich der Mann allmählich verliebt, hat jeden Abend die Ablöse, »Barfine« genannt, bezahlt, jeden Abend das Mädchen mitgenommen, hat begonnen, sich am Tag mit ihr zu verabreden, und sie sind im Lumpini Park spazieren gegangen, haben einen Wahrsager besucht und vor einem Schrein gekniet. Und nun sitzen diese Männer in den Bars und sehen ihren Freundinnen beim Arbeiten zu, sehen, wie sie auf professionelle Weise ihre Blöße ins rechte Licht rücken und in den Shows das simulieren, was eben verlangt wird: Lesbe, Schülerin, Krankenschwester, mannstoll, kokett oder nimmersatt.

Jeden Abend sitzen solche Männer im Raum. Zwar schicken ihnen die Frauen von der Bühne aus kleine Zeichen, halten sich auch bei den anderen Männern zurück, aber die Pantomime der zur Verfügung Stehenden aufrechtzuerhalten, das ist nun einmal ihr Metier. Manchmal sind die Frauen auch übervölkert von diesen Rettern, die immer hundeäugig glotzen, aus der Ferne schreiben, auch Geld schicken, auch argwöhnisch sind. Und die Männer werden wiederkommen, sich von der Treue ihrer Geliebten überzeugen wollen, und die Mädchen werden wirklich treu sein, solange ihr »Sponsor«, wie sie das nennen, in der Stadt ist. Aber nie werden die Männer wissen, was gilt, solange sie fern sind, und allmählich werden sie in den Augen der Mädchen selber Mädchen werden, während diese den Pragmatismus der Machos walten lassen.

Und dann werden die Männer irgendwann erfahren, dass sie Schwärmer waren, Romantiker, die keinen Schimmer haben vom Leben der Frauen und den Härten der Stadt, und dennoch werden sie weiter in die Bars kommen und mit einem Blick, über dem die Patina vielschichtiger Verzweiflung liegt, den Freundinnen zusehen, wie sie tanzen und von anderen Männern lukrativere, aber auch schamlosere Angebote erhalten.

Sie haben es immer geahnt. Aber dennoch steht in diesen Bars immer einer in der Ecke und schmachtet nach der einen Übersehenen, die fromm und treu und ohne eigenes Verschulden auf die schiefe Bahn gelangt ist. Die anderen aber suchen in der Erregung etwas, das Brücken spannen, Kulturräume zueinander bringen, die Illusion von Identität herstellen könnte. Die Frauen dagegen fühlen: Du bist mir ein Rätsel, aber sobald du erregt bist, kenne ich dich. Ja, sie kennen die Nervosität vorher, die Desillusion danach, die Dankbarkeit später.

Der Fremde sucht sich in diesen Strom der Gesten einzufädeln. Aber wie? Nun muss er irgendeine Phantasie aus sich herauspressen. Doch diese Frauen sind ja all das nicht, was sie spielen, und sie spielen es in der Regel als Kasperletheater. Wo wäre die Phantasie, die sie bei sich sein ließe? Dieser Weg ist zu weit. Also bleiben beide Seiten uneigentlich. Sie meinen es nicht. Den Frauen genügt es, ein Gemeinschaftsgefühl zu produzieren, den Männern, angefasst und mit kleinen spitzen Küssen gezeichnet zu werden.

Zum Beweis ihrer Anhänglichkeit fasst das Mädchen dem Mann in den Schritt, bricht unter Lachsalven zusammen, tut versessen. Ja, sie bemüht sich, ein bisschen Porno zu sein, weil sie davon hat reden hören, und weil die Männer, wenn man auf Porno macht, immer Reaktionen zeigen. Die Frauen halten das für Ge-

fühl, doch die sentimentalen Männer finden, Liebe dürfe nicht so schamlos sein, und während sie ihn zum Obszönen liebherzig anblickt, reagiert er sterilisiert.

Doch manchmal kommen die Liebenden wirklich zusammen. Das Barmädchen nimmt am Hinterausgang den eigenen, persönlichen Falang in Empfang, um das Schwierigste zu schaffen: Sie will ihm seine Liebe beweisen, will das Idol seiner Liebe sein. Er will sie gewähren lassen. So romantisieren sie sich gegenseitig: Die Frau erkennt in dem Mann sein gutes Herz, »falang jaidi«. Er ist nicht jung, und er sieht auch nicht gut aus, sagt sie, aber er wird mich versorgen und mein Kind. Der Mann wiederum denkt: Sie wird mich erkennen, besser als ich mich selbst erkenne. Sie wird die Liebe in mein Leben bringen. Ihm ist ganz innig zumute. Kann sein, dass es gelingt, kann aber auch sein, dass sie sich bis auf den Grund ihrer Existenz desillusionieren, ohne sich je gekannt zu haben.

König Chulalongkorn, der wohl einflussreichste Regent in der neueren Geschichte Thailands, zeigte sich nach der Rückkehr aus Europa beeindruckt von seinen Reisen mit der Preußischen Staatsbahn. Für sein Land wünschte er sich etwas

Entsprechendes und engagierte einen deutschen Direktor. Durch ihn wurde die Thailändische Staatsbahn das älteste, bis heute zugleich das zuverlässigste öffentliche Verkehrsmittel des Landes. Das zuerst gebaute Stück war die Verbindung zur 135 Kilometer nördlich gelegenen alten Hauptstadt Ayuthaya. Hua Lamphong, der Hauptbahnhof Bangkoks, liegt am Rande von Chinatown. Von hier aus fahren Züge in alle vier Himmelsrichtungen.

In der Nacht wird der Bahnhof zum Sakralbau. Der Boden mit seinen Intarsien aus verschiedenfarbigen Steinen liegt frisch gebadet da, Kühle ausatmend. Auf den Bänken die Kauernden, wie erloschen, die Hände im Schlaf wie gelöst und abgelegt, die Köpfe auf den Taschen. Niemand lärmt. In den Tabernakeln zu beiden Seiten der Halle historische Personenwaagen, Fotomaschinen, Spielgeräte, Schalter. Manchmal springt im Becken ein kurzatmiger Wasserstrahl, manchmal mahnt ein Glockenspiel die Versunkenen zur Aufmerksamkeit, manchmal wird die Andacht der Wartenden zerrissen vom Schrei einer Lokomotive. Dann dampft Rauch auf den Bahnsteig, das Zeremoniell des Abschieds wird abgeschlossen, die Umarmungen lösen sich, die Flagge des Schaffners malt einen

Halbkreis in die Luft, und allmählich setzt sich der Koloss seufzend und prustend in Bewegung.

Jetzt liegt nur noch eine einzige von innen erleuchtete Raupe im Mittelschiff, der Nachtzug nach Norden, an die Grenze von Burma, Laos, China. Als ich vor Jahren diesen Zug bestieg, überreichte man mir einen Zettel: »Nehmen Sie keine Getränke von Fremden.« Narkotika könnten darin sein, im Tiefschlaf ausgeraubt könnten Sie werden! Ich faltete mich in eine Koje und wachte erst wieder auf, als die Regenwälder des Nordens aus der Nacht auftauchten. Da war plötzlich eine Frische im Abteil, der Duft des regennassen Grüns drang herein, Vorhänge wurden beiseitegeschoben, Scheiben heruntergelassen, und auf den örtlichen Bahnsteigen drängten die Obstverkäufer an die Scheiben, auf dem erhobenen Handteller in Bananenblätter gepackten Sticky Rice mit Mango, Kokoswasser, Spießchen, Kokos-Schiffchen. Ja, das war dieser Zug.

Das Zittern des großen Zeigers der Bahnhofsuhr ist am Gleis zu hören, so still ist es. Er passiert gerade die Abfahrtszeit, der Zug steht. Die Reisenden haben mit

den Köpfen auf den Armen, an der Scheibe oder in den Polstern schon die Position gefunden, die sie nun über Stunden zu halten versuchen werden, und nur im Speisewagen haben sich zwei Wachsoldaten, zwei Schaffner, die Bedienungen und eine Frau aus der Küche zusammengefunden, spielen Karten und inszenieren spontan das Drama des herzzerreißenden Abschieds unter Liebenden. Die Schaffnerin vor allem wäre noch heute Nacht bereit, hier und jetzt, vom Fleck weg, auf und davon … Sie beschreibt die eigenen Vorzüge, und zu jedem Punkt auf der langen Liste nickt der angetrunkene Wachsoldat, erhebt sich und salutiert. Sie fällt vor Lachen in meinen Arm, dreht sich hinein und lässt mich erst aussteigen, als der Zug schon schnauft. Ihre Seemannsbraut soll ich sein, warten, während sie in jedem Bahnhof ihren Freier hat? Sie sagt:

»Ich denke es in meiner Sprache, und die anderen verstehen es nicht. Aber ich weiß sehr wohl, was ich sage, und es ist nicht sinnlos.«

Nein, das Stück soll nicht enden, und so lasse ich die winkende Hand durch die Nachtluft wischen, bis die Lichter des Zuges die Halle verlassen haben.

Die Nacht verschiebt auch das Gleichgewicht der Kulturen, jener offiziellen, die sich auf Traditionen und Monumente, auf moderne Einkaufsensembles und folkloristische Inszenierungen stützt, und der inoffiziellen, die aus Heimlichem, Verbotenem, Unvernünftigem besteht. Zu dieser gehört der Sex, das Glücksspiel, der Aberglaube, die Angst, und die empfinden gerade die Mädchen vom Lande ohnehin dauernd. Ist auf einem Foto nur der Hintergrund scharf, im Vordergrund aber die schwammige Kontur einer Vorbeihastenden zu sehen: Ein Geist! Stöhnt im Regen das Gebälk eines Treppenhauses: Ein Untoter! Zieht der Spüler in der Küche zur Unzeit eine Klinge aus dem Messerblock: Ein Amokläufer, ein Besessener. Zu schweigen von der Angst vor der »Kambodian Black Magic«, der großen Verfluchung. Ist sie einmal ausgestoßen, können einen nur noch die Mönche schützen.

In der Nacht dringen die verbotenen Geister durch die Fugen: Die Glücksspieler bauen an den großen Straßen ihre Stände auf, Wahrsagerinnen sitzen mit Kindern und Gatten unter einer schmutzigen Plane, von Karten mit fremden Symbolen umgeben. In den Bars führen Frauen, die am Tag zu schüchtern sind,

einem erwachsenen Mann die Hand zu geben, eine Genitalakrobatik vor, die denselben Mann beschämt, und durch all dies geht man hindurch und bewahrt sein Gesicht. Das ist der Grundwert. Denn dies Gesicht hat man nicht für den anderen, man hat es für sich, als Spiegel der verdienten Selbstachtung.

Das nächtliche Leben ist umstellt von Symbolen, die aus der Alltagsroutine stammen. Sie markieren etwas wie den privaten Raum im öffentlichen, ein Arrangement, das dem Fremden undurchsichtig und undurchlässig erscheinen muss. Gerade die Mittelschicht ist es, die die Axt an diese Kultur legt, kommt sie ihr doch unzivilisiert oder bäurisch vor, sollte sie ihrer Ansicht nach doch längst überwunden sein. Die Tendenz dieser Mittelschicht geht zum »american way of life« – Konsum, Optimismus, Fernsehen, Ruhm und Aufgehen im Himmel der Statussymbole, im Kleinen: der Marken.

Aber in einem so zentralisierten Land wie Thailand setzen sich die bäuerlichen Impulse aus dem Leben der Landflüchtigen auch in der Großstadt durch. Die Frau, die die Suppenküche auf ihrem Karren durch die Nacht zieht, um an der Sukhumvit Road exakt jene aus Kohlblättern, Glasnudeln, Kokos, Fisch, Geflügel,

Shrimps und Leber zubereitete Suppe anzubieten, tut es genau nach den Regeln, die sie in ihrem Dorf lernte, mit einem Karren, der von dort stammt. Nur ihre Kleidung ist eher die der Großstadt, und ihre massige Tochter, die die roten Tontöpfe füllt, an jedem Tisch die Glut prüft und schließlich von Gast zu Gast schwankend die Portionen aus dem Topf fischt, sie hat zwar eine bombastische goldene Paillettenschrift auf dem Busen, aber sicher fühlt sie sich nur, wo sie die Zubereitung und Verteilung der Suppe organisiert für die Schlingenden und Schlürfenden, die in einer Pose Erstarrten, die heimatlich ist.

Der Tempel: kein Gebäude, ein Schrein. Im Inneren: kein Schrein, ein Leuchtkörper. Sein Gold ist das Medium, in dem sich die Aura fängt, und sie gibt ab. Selbst im Dunkeln gibt sie noch ab wie eine sich selbst erzeugende Energie, ein glühendes, in sich bewegtes Perpetuum mobile, und die Gläubigen kommen, angezogen vom Flimmern des Goldes, des Widerscheins, der sie nicht mit Blut und Schmerz, nicht mit Leichenhaut und Knochen schreckt.

»Der Geist der Poesie ist zusammengesetzt aus dem Tiefsinn der Philosophen und der Freude der Kinder an bunten Bildern«, schrieb Franz Grillparzer. In diesem Geist nähern sich die Betenden. Wir legen die Schuhe ab. Wir ergreifen eine Blüte, dann ein Stück Wurzelholz. Wir steigen die steile Treppe aufwärts und lassen uns vom Blick einnehmen. Wir deponieren die Blüte in einem Korb, legen ein Almosen dazu, schreiten das Spalier der in Mattgold schimmernden Buddha-Statuen ab, dann die Galerie der Glocken. Jede auf der Brüstung wird mit dem Wurzelholz einmal geschlagen und gibt ihren Klang preis. Dem folgen wir in die Nacht, bis er verklungen ist, wie der Blick, der in den fernen Schatten endet.

Wir gelangen ins Innere des Tempels. Buddha wartet. Wir rutschen auf Knien heran, schütteln im Köcher die Orakelstäbchen bis eines herausfällt. Es trägt die Botschaft:

»Du bist gemeint. Was du wünschst, es wird wahr. Behütet wirst du sein und glücklich, es sei denn, du bist ungestüm. Ehrlichkeit wird dir Glück bringen und

PRODUCE OF CHINA

die dir Anvertrauten vor Schaden bewahren. Sei ohne Sorge angesichts des Unglücks, das dir auch bevorsteht, es wird bald ausgestanden sein. In naher Zukunft wirst du Schuldner treffen und lang verschollen geglaubte Cousinen. Von Zeit zu Zeit wirst du immer mal wieder Glück haben. Solltest du heiraten wollen, wirst du bald ein gutes Exemplar finden, sei es Mann oder Frau.«

Tief verwurzelt, so nennt man das, sind in Thailand der Aber-, der Geister- und Gespensterglaube, auch die chinesische Numerologie ist beliebt, lauter Nachtschattengewächse der Vernunft. Der Himmel ist wechselhaft, Wind und Wetter sind schwankend, da soll das Schicksal des Menschen beständig sein? Er trägt seine Wolken innen.

In Einklang mit der Natur zu leben, heißt also auch: mit ihren Wechselfällen, denn auch die Natur ist ein Medium geisterhaften Sprechens, und diese beeinflusst man durch die Einhaltung von Regeln: Bezeige vor dem Schlafengehen Sonne und Mond deinen Respekt. Pflanze den Banyan-Baum, die bengalische Feige, lieber nicht in der Nähe deines Hauses, sondern lieber bei Tempeln, denn unter einem solchen Baum empfing Buddha seine Erleuchtung. Sein Stamm wird mit gelben Tüchern umwickelt, um an seinen heiligen Status zu erinnern. Gelb ist die Farbe des Glücks, Buddhas und des Königs.

Hibiskus pflanze man nicht in Gärten, denn die roten Blüten erinnern an Huren. Verurteilten steckte man die Blüten zum Zeichen ihrer Vergehen hinters Ohr, wenn sie zur Hinrichtung geführt wurden. Dem Kobold im Bananenbaum kann man während der Blütezeit das Geheimnis entlocken, wer die eigene Ehefrau wird, aber dazu müssen die Männer mit dem Baum flirten. Schnitzen sie schließlich aus Wurzelholz eine kleine Frau, dann wird ihnen in der Nacht die Gattin im Traum erscheinen.

Auch das Alltagsleben wird von solchen Regeln geordnet: Am Mittwoch die Haare zu schneiden, bringt Unglück. Haarewaschen am Samstag verhindert Katastrophen, am Sonntag aber verhilft es zu langem Leben. Shampoo am Montag bringt Geld ins Haus, doch wenn man nachts die Fingernägel schneidet, ist das, als würde man den Ahnen die Knochen brechen. Wer dagegen ein nach rechts geschlungenes Lendentuch trägt, dem droht nichts von den Klauen und Zähnen des Krokodils. Auch braucht, wer beim Essen nach Osten blickt, zukünftig nichts zu fürchten, die Küche dagegen sollte nach Norden ausgerichtet sein.

Betritt man ein Haus, so setze man seinen Fuß nicht auf die Schwelle, denn das beleidigt den Hausgeist. Geschieht es doch, kann man ihn mit Orangen und Ritualen besänftigen. Falangs dürfen einfach ein zweites Mal durch die Tür gehen.

Es gibt aber auch viele ruhelose Geister, etwa die Seelen gestorbener Kinder, nicht verbrannter Toter, vor der Beichte Gestorbener oder Selbstmörder, die irren herum, und jeder bemühe sich, sie nicht zu provozieren. Betelnüsse und ein gedämpftes Fischcurry tun ihnen gut.

Doch nicht durch die nächtlichen Gassen und Häuser allein gehen Geister. Allen Dingen wohnt ein Khwan inne, ein Geist. Hat man ihn verschreckt oder geärgert, macht er sich auf und davon, und Krankheit und Schwäche ziehen ein. Die Jungen und die Gebrechlichen sind besonders gefährdet, deshalb opfert man den Geistern schon um ihre Existenz anzuerkennen. Bei Menschen lebt der Khwan im höchsten Teil des Körpers. Das Kopfneigen ist also nicht zuletzt eine Respektsbezeugung vor dem Khwan des anderen.

Auch der Reis hat eine Seele, einen Khwan. Da sich Erde und Wasser im Reis verbinden, ist er so männlich wie weiblich. Wenn er anschwillt, sagt man, er sei schwanger und opfert ihm die gleichen Gaben, die man der schwangeren Frau darbringt. Dann kämmt man das Haar der Reispflanze und wünscht ihr Glück.

Wird er geerntet, verbirgt man das Messer in der hohlen Hand, damit die Pflanze nicht erschrecke.

Die Seelen der Tiere und Pflanzen sprechen durch Zeichen. Auch manche Menschen sind eingehüllt in Zeichen: Sie tragen Male am Körper, Tätowierungen auf dem Handrücken, auf den Armen, über dem Herzen, auf Höhe der Nieren. Es gibt keinen ästhetischen Zusammenhang zwischen diesen Emblemen, nur einen inneren. Die Botschaften von Gottheiten, Versen, Tugenden, Mantren versiegeln den Körper vor dem Unglück.

Sie tun ein Nämliches für die Fahrzeuge. Auf dem Armaturenbrett sammeln sich die Fotos von Mönchen, gerahmte Gottheiten, Mini-Altäre, Plastikgötzen. Dazu kommen Gebetsketten über dem Rückspiegel, Embleme und Siegel auf der Windschutzscheibe. Manchmal ist sogar der Schaltknüppel mit Schnitzereien versehen, trägt eine Grimasse oder wurde beklebt. Und in der Außenbemalung der Tuk-Tuks, die ursprünglich aus Japan stammen, kehren selbst die fabelhaften Designs und Zauberzeichen der traditionellen thailändischen Fischerboote wieder.

Um all dies, Schreine, Altäre, Autos, Häuser und Geisterhäuser, Bars und Büros windet sich symbolisch Phuangmalai, die Kette aus Mali-Blüten oder Arabischem Jasmin, eigentlich ein Gebinde aus zwei Ketten, die von einer Bananenblatt-Spange zusammengehalten werden, durch ihre gelbe Farbe an das Gute erinnern und ihren narkotischen Duft dem Geruch der Stadt einspeisen. Da der Mensch nach buddhistischer Überzeugung zu Hause sicherer ist, braucht er den Kranz vor allem unterwegs, und so werden Phuangmalai gerne an Straßenkreuzungen verkauft.

Und dann kommen die Tage, an denen Glaube und Aberglaube kapitalisiert werden wollen: Wenn die Staatslotterie am 1. und 16. jeden Monats die neuen Zahlen herausbringt, hält das Land den Atem an. Unmittelbar zuvor werden alle Möglichkeiten des Zeichendeutens angewandt: Traumdeutungsbücher helfen, Träume in Zahlen zu übersetzen. Andere suchen Ziffern in der Maserung der Fischhaut oder der des Geckos. Mönche gießen heißes Wachs in kaltes Wasser und interpretieren die Formen, und da die guten Geister von alters her in Bäumen wohnen, kann es passieren, dass Thais, die eine traditionell gewandete Frau in einem Baum erkannt haben, die Rinde schaben, bis etwas erscheint, das einer Zahl ähnelt, der Glückszahl.

Den Respekt vor den spirituellen Kräften dokumentieren nicht zuletzt die Geisterhäuser, besser »spirit houses«, jene Schreine, die man den Seelen baut, die von einem Gebäude vertrieben wurden. Man gibt ihnen im Zweifelsfall nach. Als vor einiger Zeit ein Kaufhaus an einer Stelle errichtet wurde, wo zuvor ein Schrein gestanden hatte, stürzten mehrere Arbeiter vom Gerüst in den Tod. Da gab man dem Schrein seinen Platz zurück und verrückte das Kaufhaus.

Solche spirituellen Verrichtungen werden ebenso akribisch wie spielerisch betrieben. Buddhistisch ist auch die Ambitionslosigkeit, die Bereitschaft, nichts anderes werden zu wollen, als das, was man ist. Weder kapituliert oder resigniert man, noch kämpft man sich empor. Einverstanden mit dem Fleck, auf den man gestellt ist, verharrt man in der vollendeten Gegenwart. Man sage nicht, wer man war, nicht, wie man wurde, was man ist, und man strebe nicht in eine fiktive Zukunft – nein, jeder vollende sich im Augenblick.

Für alle ist dies wichtig, denn jeder Augenblick des Einzelnen färbt den des Ganzen, und so lebt richtig nur, wer wenigstens zu einem Teil auch für andere lebt. Mit Tam Boon, dem Almosen-Sammeln, beginnt der Tag der Mönche. Das erste Geräusch des jungen Morgens, ist das Schlurfen ihrer Schritte. Sie tun dies nicht als Folklore, es ist ihre Tageswirklichkeit, denn bis mittags muss erbettelt sein, was am Tag gegessen werden darf.

Fast jeder Thai buddhistischen Glaubens praktiziert eine Wohltätigkeit, unterstützt Waisenhäuser, schützt Tiere, spendet für Bedürftige, unterrichtet Straßenkinder, leistet irgendeine Arbeit für die Gemeinschaft. Und manchmal, wie während der Vogelgrippe-Periode 2004, verordnet selbst die Regierung kollektives Gut-Tun, um die öffentliche Schuld zu lindern, die man allein durch das Keulen der Vögel auf sich lud.

Wenn die Bars geschlossen und die Mädchen Gelegenheit haben, die Bilanz des Tages noch zu verbessern, dann ziehen die einen in die »Thermae« oder einen benachbarten Amüsierschuppen. Die anderen schwärmen aus zu den Tempeln, um Buddha zu opfern, die Geister zu versöhnen, den Mönchen zu spenden, Blumen zu binden, Räucherstäbchen zu verbrennen.

Bis in die frühen Morgenstunden hinein umschwärmen die Mädchen den Tempel der Ruamkatanyu Foundation. Am Zusammenfluss gleich mehrerer Schnellstraßen gelegen, mit einer vorgelagerten Verkehrsinsel samt Imbiss, von Bäumen überwölbt und von einem Klosterbau eingefasst, gliedert sich der Komplex in drei Trakte: In der Eingangshalle reihen sich die Schalter für die Spendenden. Hier kann man für einen geringen Betrag einen Sarg spenden, in dem Obdachlose auf ihre letzte Reise geschickt werden. Alle die auf der Straße Aufgegriffenen, die ohne Angehörige Verstorbenen, erhalten so am Ende doch ein würdiges Begräbnis.

Hat man gespendet und die Quittung erhalten, so kann man im hinteren Saal Bitten und Gebete auf kleinen rosa Zetteln notieren. Abschließend pinselt man die Rückseite mit Klebstoff ein und befestigt die Fürbitte an einer Stellwand, von wo sie später entfernt und in einer Zeremonie den Flammen übergeben wird, die den Wunsch sicher in den Himmel tragen. Schließlich kann man zur Linken vor dem Ausgang seinen Gottesdienst verrichten, Buddha Gaben bringen und die Laster der Nacht kompensieren.

Wir spenden zwei Särge, erhalten eine Quittung und die Erlaubnis, heute Nacht das Rettungskommando der Organisation zu begleiten. Der Einsatzleiter, Marko Cunningham, als Brite in Neuseeland zu Hause, lebt seit vier Jahren in Bangkok und besitzt diese Mischung aus nicht nachlassendem Enthusiasmus in der Sache und dem Fatalismus der Erfahrung. Warum mache ich das?, ist die Frage, die er nicht laut stellt, an der er sich aber dauernd den Kopf stößt. Für seine Organisation, die Ruamkatanyu Foundation, ist er in Bangkok der einzige Falang, der dieser Freiwilligentätigkeit nachgeht. Er investiert die Hälfte des schmalen Salärs, das er als Englischlehrer an der Universität erhält, in den humanitären Aufwand. Auf ihn wurde schon von rivalisierenden Rettergruppen – die manchmal auch für Geld Leichen in die Provinz überführen – geschossen, selbst ein Polizist hat ihn mit der Waffe bedroht. Er erzählt von einem Einsatz, bei dem sechs Freiwillige auf Motorrädern zu einer Unfallstelle kommen, erst den Verletzten, dann sein Motorrad bergen, als mit hoher Geschwindigkeit ein Laster in die Gruppe bricht, einen Helfer tötet, zwei schwer verletzt und einen vierten auf Lebenszeit in den Rollstuhl bringt. Marko half früher, indem er Dörfer mit Medizin versorgte, arbeitete rastlos für die Tsunami-Opfer des Jahres 2004, erhielt auch eine Medaille für seine Arbeit. Aber der Anblick der Leichen hatte ihn so tief verstört, dass er nie wieder eine ähnliche Arbeit aufnehmen wollte.

Stattdessen ließ er sich in Bangkok medizinisch ausbilden, wurde Emergency Medical Technician Officer, weil er hier Leben retten, nicht Tote bergen musste. Tagsüber unterrichtet er amerikanische Literatur, nachts schlägt er sich mit Betrunkenen, Verletzten, aggressiven Polizisten und Konkurrenten herum. Alle diese Unfallhelfer sind ohne staatliche Lizenz, ihr Einsatz von Funk, Sirenen und Lichtsignalen ist ungesetzlich, und immer wieder werden sie deshalb von der Polizei mit Arrest bedroht. Dabei sind sie bei fast allen Unfällen zur Stelle.

Solche privatisierte Wohlfahrt stützt sich auf zwei große Organisationen, die den Norden und den Süden der Stadt unter sich aufgeteilt haben, und drei kleinere, die nach Mafia-Methode wildern und sich auch mal Schießereien liefern, etwa als Marko einen Verletzten abtransportierte, von dem andere meinten, er gehöre ihnen. Gleich schossen sie auf die Ambulanz, und Marko wurde getroffen. Drei Freiwillige wurden im letzten Jahr auf diese Weise getötet, zahllose krankenhausreif geschlagen, manche blieben mit gebrochenen Beinen liegen. Die Begründung ist einfach: Für jeden eingelieferten Verletzten bezahlen die Privatkrankenhäuser Geld, Geld, das Ruamkatanyu nicht annimmt und verurteilt, Geld, mit dem zugleich die kleinen Organisationen die Polizei bestechen können, um sich ihren Schutz zu sichern. Die zwölf Ambulanzwagen der Foundation und die sechzig weiteren Einsatzfahrzeuge werden dagegen sämtlich aus den Taschen ihrer Halter bezahlt, und kaum steigen die Benzinpreise, können sich die ärmeren Helfer solche humanitäre Unterstützung nicht mehr leisten.

Während er erzählt, verfolgt Marko nebenbei drei Funkstationen. Manchmal löst sich aus den Schallwellen ein Signal- oder Kommandofetzen, dann hält er kurz inne, ist aber gleich wieder bei der Sache. Diese Sache ist Leben Retten. Und da ist sie schon. Ein Geräusch bloß schnarrt aus einem der Lautsprecher, schon macht ein Kommando die Runde. Jetzt springen die Motorradfahrer auf, die Wagen werden mit weiteren Decken und Nothilfe-Koffern bestückt. Einsatz! Auf die Ladefläche gesprungen, neben die zwei Schwesternschülerinnen, die sich mit erschreckt geweiteten Augen ins Innere des Kastens kauern. Der Fahrer spricht immer noch in sein Funkgerät, während er einhändig zurücksetzt und in den Verkehrsfluss stößt, das heulende Signal, das Blaulicht einschaltend, dessen Licht wie ein Stroboskop über die Fahrspuren fällt.

Die hohen Bogenlampen der Schnellstraße schütten ihr goldenes Licht über Tuk-Tuks und Limousinen, überladene Pick-ups, PKWs und LKWs, Motorräder, selbst Fahrräder und ein Pferdegespann. Alle diese Vehikel weichen nur müde aus. Als wir also an einer Gabelung die Standspur der entgegenkommenden Fahrbahn leer finden, weichen wir auf diese aus, in Höchstgeschwindigkeit, vorgebeugt, als müssten wir mit den Köpfen den Fahrtwind teilen. Einmal hängen wir hinter einem störrischen Tuk-Tuk, das nicht Platz machen will, da packt sich unser Fahrer eine Handsirene, hält sie aus dem Fenster und lärmt sich den Weg frei.

Am Horizont liegt eine Aureole, darunter eine Szenerie voller Lichtreflexe, blauer Funken, roter Warnblinker, gelber Standlichter, gegen die sich die Schat-

tenrisse der Schaulustigen abhebt. Die Menschen stehen in Gruppen, bewegt wie ein Teig, der noch arbeitet. Die meisten Frauen weichen lieber zur Leitplanke zurück, an der sie sich abstützen, denn etwas dort hinten im Zentrum der Menge hat ihnen die Knie weich gemacht. Andere haben ihr Handy im Meterabstand vor dem Auge, um in einer raffinierten Rückwärtsfahrt die Totale der Unfallstelle filmisch ins Bild zu bringen. An der Leitplanke angekommen, setzen sie ihre Geräte zufrieden ab. Dann schleicht sich die Erschütterung in ihre Züge.

Wir teilen die Menge im Heck des Sanitätertrosses. Dann lassen wir abreißen. Von allen Seiten strömen Helfer und Gaffer hinzu, die von der einen Seite Decken, eine Trage, ein Atemgerät herbeischaffen, von der anderen Perspektiven suchen, künstlerisch gestalten, zwischen den Beinen der Umstehenden durchschwenken, mit Blick auf einen Klumpen Mensch, gewandet in Grün-Braun. Teile seiner Montur liegen abseits, den Kopf mit den flehenden Augen hat man ihm in den Nacken geknickt, er liegt in seinem Blut. Doch hat er gerade, wie im Kindergebet, achtzehn Englein um sich stehen, zur Rechten, zur Linken, zu Kopf

und zu Füßen … Ist er leblos? Sind die Knochen gebrochen? Sind die Augen stumpf?

Die Befunde werden nach hinten weitergegeben, sie kommen an den Leitplanken an, wo Mädchen sitzen und beten. Auch die beiden Krankenhelferinnen aus dem Wagen trauen sich nicht bis zu den Verunglückten. Weh, oh weh, sie klagen, sie schütteln den Kopf. Während der Verkehr auf der gegenüberliegenden Fahrbahn weiter donnert, strahlt das Geschehen vom Zentrum der Katastrophe weg: Ganz dicht dran ist alles still und starr, nach hinten hin wird der Schock expressiver – es wird geweint. Doch niemand geht, niemand verlässt den Ort der Katastrophe.

Nur der Verletzte selbst trägt nichts bei. Er rührt sich nicht, er spricht nicht, er stöhnt nicht mal. Seine Lippen stehen offen, als sei er bloß zu erschöpft, sie zu schließen. Andere werden sich seiner bemächtigen. Jetzt haben ihn die Hände der Retter erfasst, seinen Kopf festgestellt, seinen versehrten Körper auf die Trage geschnallt, sein Blut gestillt, seine Sachen eingesammelt und in Tüten gesteckt,

Mann und Hab und Gut ins Innere des zweiten Rettungswagens geschoben, und nun rasen wir in Kolonne dem nächsten Krankenhaus zu, wo man ihn eher wütend als mitleidig an allen Wartenden vorbei in den Notambulanz-Trakt schiebt, bis sich die Milchglasscheiben hinter ihm schließen.

Männer im Bademantel, Frauen mit Krücken sitzen aufgereiht da, warten auf jemanden, einen Boten wenigstens, der aus den Medizinaltrakten käme und sie vor vollendete Tatsachen stellte. Wir dagegen sitzen auf der Ladefläche unseres Rettungswagens, im fahlen Licht, das aus dem nächtlichen Krankenhaus dringt. Formalitäten sind zu erledigen, ein paar Habseligkeiten des Verletzten wandern von Hand zu Hand.

»Ein Betrunkener, ein Motorradfahrer, das Übliche«, sagt Marko noch, ehe wir die Türen schließen und zum Tempel zurückkehren. Da steht er dann gleich wieder bei der staubigen Rabatte am alten Ort, weiß nicht, ob der Geborgene leben, ob er den Namen seiner Retter kennen wird und raucht mit schmerzverzerrtem Gesicht.

Von der Rama Road abgerückt, gegenüber der Schlangenfarm, liegt der Galaxy Entertainment Komplex mit dem »Versailles Massage Parlour«, der »Inter Karaoke«-Bar, in der zu »finest selected songs« selbst internationale Entertainer auftreten, und dem »Boss Café«, wo sich in »eleganter Atmosphäre« schöne Sängerinnen auf der Bühne wiegen und »Sanuk« verbreiten, Lebensfreude. Sanuk, dieser Leitbegriff des thailändischen Gemeinwesens, bezeichnet ein Wohlbefinden im Gemeinschaftsgefühl, das uns in dieser Form unvertraut ist. In Thailand heißt das: Man isoliert sich nicht, geht nicht allein spazieren, um nachzudenken, schließt sich nicht abends im Zimmer ein und ist für sich. Nur geteilte Freude ist ganze Freude. Deshalb arbeitet man hier gern in überfüllten Räumen, beschäftigt gern zu viele Mitarbeiter, wohnt in Gruppen, treibt in Gemeinschaften durchs Leben.

»Sanuk«, darum geht es im »No Hand«, das dem Gast die Mühen des selbstständigen Essens abnimmt – eines jener zahlreichen Restaurants für die Einsamen und Amüsierwilligen, eines, das die Geselligkeit zum Essen gleich dazu verkauft.

Wir werden im ersten Stock in einen Gang geführt, der den Charme eines

Schlafwagens hat. Helles Furnier zu beiden Seiten, durch Aluminiumrahmen gefasste Kabinen mit Sichtschlitzen an der Oberkante der Tür. Dahinter ein quadratischer Raum von etwa sechs Quadratmetern Fläche, in der Mitte der in den Boden eingelassene runde Tisch, herumlaufend eine Sitzbank.

Wir legen die Schuhe ab, rutschen auf unsere Kissen und lassen uns zu den ersten Getränken die Tarifordnung erklären. Zwei Gesellschaftsdamen können wir wählen, sie werden uns in einem der Speise-Séparées unterhalten und füttern. Sollten wir sie anschließend in die hinteren Kammern mitnehmen wollen, wird ein Aufpreis fällig. Sollten wir sie aber für den ganzen Abend in die Stadt mitnehmen wollen, kostet das noch ein bisschen mehr. Wir schlurfen in Hausschuhen durch den Flur. Im rechten Winkel warten auf einer Bank zehn junge Frauen in schreiend roten Roben, jede durch ihr Lächeln konkurrierend. Die Prozedur ist peinlich, und dass dem Geselligkeitsaspekt der der Verfügbarkeit zugeordnet ist, macht die Wahl noch peinlicher.

Die junge Frau, die ich zur Tischdame wähle, dreht sich zweimal nach ihrer Nachbarin um, so wenig kann sie glauben, gemeint zu sein. Offenbar wird sie

割烹Bar
おばんざい屋
越前若狭
直送
浜値
JCB CARDS
Floor 4
ATA Club
あなた
クラブ
Tel. 0-2632-7775
VIPルームと巨大スクリーンでカラオ
ATESSA
アテッサ
6th Floor
Tel : 0-2632-7772~5
ขั้น 3
ฮันนี่ คลับ
Honey Club
02-233-3822, 02-233-2828
3rd Floor
CLUB ATELIER
くらぶ
アトリエ
0-2235-6670 คลับ อะเตเลีย
ステーキ 洋食
サン
TEL : 0-2234
THANIYA SPIRIT CO., LTD.
THANIYA
CURRENCY EXCHANGE
CHIVAS REGAL

nicht oft gewählt, wahrscheinlich, wie sie später sagen wird, ihrer Figur wegen, die für Thai-Verhältnisse massiv sei. Während sie das sagt, legt sie meine Hand auf ihren Bauch. Mir ist sie vor allem sympathisch, außerdem spricht sie Englisch, und ihr Name ist »Oh«, was sie in mehreren Tonlagen westlich intoniert, mal als Ausruf des Erschreckens, mal als einer der Lust. Sie hat Erfahrung.

Ralfs Tischdame dagegen, zierlich und schüchterner, bringt wenige Worte hervor, die sie auf den letzten Silben zusammenknüllt. Dezenter und im Umgang mit Fremden offenbar unerfahren, liest sie von Oh ab, was zu tun ist, wiederholt deren Gesten, lacht mit gesenktem Kopf über ihre Derbheiten. Als Studentin der Wirtschaftswissenschaften säße sie lieber in einer anderen Funktion mit uns am Tisch, das gibt sie zu. Aber Geselligkeit ist ein Leitwert, er gilt auch jetzt und hier.

Oh legt ihre Hand in meinen Schritt und lacht vorauseilend, der Pointe schon sicher: »Falang Banana!« Generationen von Männern müssen darüber gelacht haben, und die Frauen haben gelernt, diesem Lachen zuvorzukommen. Ihre Vulgarität ist Ausdruck von Assimilation. Falangs verirren sich nicht oft in dieses Restaurant. Burmesen und Japaner kommen, sagen die Frauen, das ja, aber die Burmesen sind grob und die Japaner pervers. Die kultivieren ihre Frauenverachtung als Potenzhilfe. Darauf läuft hinaus, was Oh mit ihnen erlebt hat. Aber Falangs? Die sind höflicher und ein wenig scheu, sie meint von Skrupeln angefressen, und abgesehen davon nicht gewöhnt, Frauen aus der Hand zu essen.

Wir sitzen da wie im heimatlichen Schlafwagenabteil, und die Speisen sind ziemlich Mitropa. Aber es liegen Orchideenblüten auf dem Tisch und kühle parfümierte Frotteetüchlein werden gereicht. Dann und wann steckt eine Bedienung den Kopf herein und schlägt vor, wir sollten mehr essen, mehr trinken. Auch die *Mamasan* mit ihrem lustigen Kupplerinnengesicht und ihrer abgefeimten Mimik setzt sich zwischendurch auf unsere Bank, tätschelt wahllos, was ihr unter die Hand kommt, trinkt ein bisschen und bietet sich zuletzt sogar selbst zum Liebesspiel an:

»Erfahrung ist es, was ihr Jungs braucht.«

Nicht ihre, deshalb trollt sie sich im Moment, da sie erkannt hat, wie ahnungslos wir bleiben möchten.

Oh lächelt überlegen.

»Kennt ihr den Witz von der Hure und dem Riesen?«

Wir tun ihr den Gefallen und kennen keinen Riesen-Witz mit Huren.

»Kommt eine Hure zu einem Riesen und sagt: Wenn du mich willst, zeig mir erst deine Kraft. Hebe diesen Palast. Er tut es. Wirf diese Bäume um. Nichts einfacher als das. Da reißt sich die Frau ein Haar aus dem Schritt und befiehlt:

Zerreiß dieses Schamhaar! Der Riese schaut es nur an und sagt: Okay, du hast gewonnen.«

Oh lacht über diesen Witz wie Papagenos Glockenspiel, auf und ab perlend. Sie nimmt uns unser Lachen ab, wir müssen nur noch einstimmen und ihr Lachen mitlachen. In die auslaufende Heiterkeit hinein klopft sie sich dann mit der flachen Hand auf den eigenen Venushügel und kräht:

»Hier ist die Kraft, mein Schatz.«

Ich bin sicher. Aber die Hand, die da auf die Scham klopft, gehört zu einem Unterarm, der von Schnittnarben entstellt ist, zehn gleich langen, regelmäßig angeordneten Signaturen der Selbstverstümmelung. Oh bemerkt meinen Blick, und da lächelt sie ein schräges, innen verebbendes Lächeln. Es wird das einzige nichtprofessionelle Lächeln sein, das ihr an diesem Abend entwischt.

Drei Stunden später torkeln wir glücklich auf die Straße, denn nun ist alles perfekt, sind wir doch so satt wie hungrig.

Da sitzen sie noch einmal in »ihrem Restaurant«: die Thailänderin mit ihrem vollbärtigen Spanier, die am Abend abfliegen werden, um gemeinsam an der See zu leben. Sie sitzen schweigsam im Hotelgarten, er trinkt, sie gabelt Mango-Schiffe von seinem Teller. In das Schweigen hinein formt sie aus zwei Händen vor dem eigenen Herzen ein gestisches Herz.

Ach, da ist es wieder, das Herz, das gute, das glückliche, das kleine, das furchtsame, das goldene, das schwache, das weiche, das offene, das schwere, reine, sinkende, verschwendete, tapfere, tollkühne, das Löwenherz-Herz … Alles verläuft über diese Schlüsselmetapher. Wie das Wetter ist dieses Herz, jede Stimmung, jede Mischung, jede Atmosphäre nimmt es auf, alles spiegelt sich in ihm, auf dem »Grund des Herzens«, »aus vollem Herzen«. Das Herz beheimatet die gefühlte Seite der Vernunft, aber nicht im Gegensatz zur Rationalität, sondern diese leitend. In Thailand ist offenbar alles erst im Gefühl und findet von da aus seinen Weg in den Verstand.

Mit müden Augen blickt der Spanier auf die Herzens-Pantomime seiner Frau.

atm
currency

Sie sehen beide aus, als wollten sie gleich in Tränen ausbrechen, er aus Sentimentalität, sie aus vorweggenommenem Heimweh. Dabei blickt sie über zwei Milkshakes auf das Paar am Nachbartisch, auf den blonden, sommersprossigen Arm des Mannes dort mit seinem dichten Flaum im kurzärmeligen Hemd, auf die Frau, die sich jetzt streckt, zweimal gähnt und herübersieht. Sie berühren sich im Wünschen, die Gehenden, die Bleibenden.

In der Unterhaltung mit den Menschen hier spielt das Werden eine geringere Rolle als das Sein. Die davon besessen sind, etwas zu schaffen und im Geschaffenen sich selbst zu erkennen, sind immer Fremde, »Expats« oder Heimkehrer aus der westlichen Welt. Vom Morbus des Ehrgeizes befallen, zeigen sie den Mädchen ihre Visitenkarten, Fotos ihrer Häuser, sogar ihre Internetseiten, und die Frauen sehen sich das an und kennen kein richtiges Verhalten dazu. Sie sehen vielleicht nicht einmal, dass die Männer hier von *sich* reden, von der Innenausstattung ihres Lebens.

Die Mädchen dagegen suchen wahrscheinlich den Mann nur in dem, was jetzt, hier, für sie ist und zählen, am eigenen Körper mit dem Finger abwärts wandernd, gerne auf: das Top zwei Euro, der Nagellack drei, dieser Rock einer, der Slip fünf… Und nimmt sie der Mann dann in ein feines Restaurant mit, in dem das Essen edel, aber fremd schmeckt, dann gestehen sie ihm, dass sie das beste Tsom Tam ihres Lebens an einer Tankstelle aßen.

Der Mann hört es und wird noch sprachloser, fühlt er sich doch in eine Welt entlassen, in der er keinen Eindruck machen kann.

Auf dem Zenit der Nacht nur das Gewusel der Witternden. Alle durcheinander, bereit, hoch hängende Träume mit niedrigen Instinkten zu vereinbaren, der Kakophonie der Nacht einen Einklang abzuringen, einen Vorteil zu suchen, eine Chance, einen Stich. Oder etwas, aus dem man ein Leben machen könnte. Wie viele laufen hier herum, die bereit wären, für die Erfüllung eines Wunsches alles an den Nagel zu hängen? Jetzt. Subito.

Die Einsätze sind gemacht. Die Männer treten an, als wollten sie die Bank sprengen. Sie sind fokussiert, wissen aber nicht, worauf genau und begegnen ihren Wünschen mit Barhopping. Die Thai dagegen vergleichen sich gern mit dem Bambus. Sie biegen sich im Wind, ohne zu brechen. So eröffnen sie Möglichkeiten, Gedankenspiele. Wenig später, da bilden sich die Männer schon ein: Wir spielen um alles, bereit, unsere reich orchestrierten Vorstellungen von der glücklichen Liebe mit einer kleinen braunen Frau zu synchronisieren, die unsere

Sprache nicht spricht, und die wenigen Brocken, die sie dennoch produziert, aus der Konkursmasse der Fäkalsprache früherer Freier gerettet hat.

Wenn es solche Wesen hier gibt, wer will den Europa-Müden verdenken, dass sie schwärmen? Den ganzen Tag, ein ganzes Leben lang überbevölkert von den Bildern des glücklichen Paars, der verfügbaren Frau, öffentlichen Bildern, von denen sie zu Zuschauern degradiert werden, und nun kommen sie hierher, und die Frauen treten aus den Bildern, und die Versprechen sollen erfüllt werden. Ist denn, rechtfertigen sie sich, nicht auch das Lächeln der *Air Hostess* ein prostituiertes? Hier bereisen wir das Gesicht, das sich im Lächeln wirklich öffnet und sagen will: Ich meine nur dich. Reist man in die Ehe etwa mit anderem Gepäck? Und wenn die Verkäuferin, die Kellnerin, die Stewardess so lächeln, mit diesem »Ich-meine-nur-dich-Lächeln«, wie tief lächeln sie dann in diesen Mann hinein, und wie viele Filialen hat dies Lächeln?

Auf dem Weg zum Aufzug ein massiger Deutscher, gefolgt von einem spindeldürren Mädchen, das er auf sein Zimmer bringt als sei es sein Horst. Kaum ruckt die Kabine aufwärts, beginnt das Mädchen zu weinen.

»Entschuldigen Sie«, sagt es, während der Deutsche peinlich berührt die Maserung im Laminat der Verschalung begutachtet, »ich denke nur an etwas, das mich traurig macht.«

Dem Deutschen ist die Frau in diesem Augenblick fremd.

»Sie meint, sie denkt an die Männer, die ohne Frauen aufs Zimmer gehen«, erläutert der Deutsche anzüglich.

Verstehe: sie bedauert mich, ich bedauere sie, und er bedauert sich selbst.

Rund um die Touristen ändern sich die Charaktere. Wenn sich auf der Patpong die großen Leiber der Shopper, gekleidet in beschriftete T-Shirts, behängt mit Kameras, bereit, aus der ironischen Distanz in die Vergnügungen zu blicken, durch die engen Wege zwischen den Ständen schieben, dann werden alle Verkäufer Aufreißer, Marktschreier. Nein, dieses sind keine Thai-Gesten mehr, diese ausladenden Gebärden, mit denen die Schlendernden an den Stand gebeten werden, das Aufspringen des Händlers von seinem Schemel mit anschließendem Aufblättern und Ausstellen der Waren, das Fortziehen des möglichen Kunden in einen Hinterhof, wo die illegal kopierten DVDs jetzt auch durch pornographische ergänzt werden, und im Halblicht die Blicke blätternder Männer über die nackten Frontansichten aus der Art geschlagener Thai-Mädchen schweifen.

Die Masse der hier vollzogenen Händlergesten geht an den Schlendernden vorbei, wird in die Nacht geschleudert und verflattert. Aber auch die Touristen

werden härter, blicken den Verkäufern nicht mehr in die Augen, bleiben nicht mehr arglos stehen, um nur zu reden, und die Verkäufer werden lauter, drastischer, schlanker in ihren Botschaften:

»Want Girl? Want sexy DVD? Want Porno X?«

Jeder hat seine Bilder. Alle treffen sich auf einem Feld, auf dem niemand heimisch ist und begegnen einander wie Schaulustige, die sich um einen Unfall versammeln. Doch der Unfall ist das Lustversprechen.

Wenn man die Einheimischen in ihrem Straßenimbiss beobachtet, so sind sie immer da, die Schlürfenden, die mit einem angewinkelten Arm über dem Teller hängen und Suppe aufnehmen. Danach erheben sie sich und werden die Schlurfenden, die das Schlürfen auf den Asphalt bringen.

Ich höre zwei Deutsche, der eine beklagt sich über diese Thai-Art des Gehens.

»Lieber Willi«, sagt der andere, »lass die Thailänder in ihrem Land doch laufen, wie es ihnen gefällt.«

Während sie weiterreden, setzt sich der Junge, der hier bedient, kurz an ihren

Tisch. In einer Gesprächspause ergreift er Willis Hand und legt sie an die seine, dann den Unterarm dazu und vergleicht ihn mit dem eigenen: Ah, der schöne, helle Teint, sagt seine Mimik, und schau dagegen hier, sein Unterarm ist braun. Jetzt bleibt auch das bedienende Mädchen stehen und fällt ein: Aber schau erst mal hier, meine hässliche, tief und breit hineinreichende Nasenwurzel, auf der keine Brille halten will. Sie haben nichts gegen die Schöpfung, aber bei ein paar Kleinigkeiten hätte sie sich mehr Mühe geben können.

Willi hat auch das beobachtet und setzt sein Lamentieren über den Nationalcharakter fort. Immer wenn die erfahrenen Fremden ausholen, um zu sagen, wie »die Thais« sind, verraten sie: Sie haben sich in die immer gleiche Situation gebracht und sich in ihr den Kopf an der immer gleichen Stelle gestoßen. Das nennen sie nun eine Eigenschaft des Schranks, dass er ihnen den Kopf stößt.

Die andere Seite der Nacht, sie liegt auch auf der anderen Seite des Stroms. In der Flussschleife streckt sich Phrapa Deng, immer noch eine Siedlung, anders als alle. In diese eigentlich mitten in der Stadt gelegene, vom Fluss fast völlig einge-

schlossene, ganz ländliche Gegend, zogen sich ehemals die Flüchtlinge aus Kambodscha zurück, bebauten Felder, pflegten ihre Kultur, befuhren die Straßen mit Pferdegespannen und Rikschas und fühlten sich sicher. Denn Zugang gab es auf dem Landweg nur über das Nadelöhr der Flussschlaufe oder eben per Boot.

Obwohl vor ein paar Jahren eine Brücke gebaut wurde, die Phrapa Deng an die Metropole bindet, ist der Charakter des Dorfes in der Stadt fast unverändert. Die Wege sind noch teilweise unbefestigt, Zikadenlärm erfüllt die Nachtluft über der Siedlung. Man fährt durch Bananenplantagen, passiert Hüttchen, in denen um den Esstisch Familien unter farbigen Glühbirnen sitzen. Tropfende Enten hängen in den Vitrinen in der Schale, und die Dorfjugend fährt frisierte Mopeds. Das ganze Jahr über spannt sich eine deutsch beschriftete Weihnachtsgirlande über die Straße. Warum? Sie ist so schön rot-gold. Jenseits der Uferböschung streckt sich der Autofriedhof, aus dem zum Kai hinauf Verwesungsgeruch dringt. Es treiben Bananenblätter auf dem trüben Strom, und zum offenen Fenster hinaus dringt das Stöhnen und Seufzen der Schlafenden.

Doch wie bunt und prunkvoll, wie kostbar und schimmernd in all der Armut ringsum liegt der Tempel mit dem Gold des Schreins und der Statuen. Alles Licht aus dem Ort kommt an, um sich auf der Oberfläche Buddhas zu finden. Diese Schreine sind dem Stufenweg der Erleuchtung entsprechend konzipiert. Am Boden Gaben auf Tüchern, dann ein Tablett, ein Bänkchen, ein Sockel, eine Treppe, ein Schrein mit Öffnungen, ein aufragendes Tabernakel, die Glorie, ewiges Licht.

Und die Opfergaben sind reich. Unangetastet liegen Obst und gekochte Speisen. Man feiert den Geburtstag des Elefantenkönigs. Noch in der Nacht kommen die gebückt Anbetenden in die kleine Tempelanlage, brennen Stäbchen, sprechen Gebete und wenden sich vom chinesischen zum buddhistischen zum indischen Altar, behaucht vom Ausatmen des Jasmins, vom Qualm der Duftkerzen, verfolgt von der Redseligkeit des Mönches, der zu Mandarinen rät, Mandarinen für den Elefantenkönig. Zu seinen Füßen häufen sie sich schon und strahlen in die Nacht. Mitten in der Tristesse der Armut das Leuchten der Opfergaben. Ein Vogel singt.

»Die Thais hätten auch die Nachtigall erfunden«, sagt Ralf. »Einfach, weil es Freude macht, dies Singen in der Nacht.«

Wir schlendern zum Fluss. An der Fährstation, wo der Chao Praya um die Pfosten schmatzt, lungern ein paar Jungen, warten, dass jemand ankommt, dass etwas passiert, dass einer einschreitet. Der Bettler schläft. Der Fährmann fischt eine blaue Plastiktüte aus dem milchig gelben Strom. Als das Fährboot anlegt, um eine Krankenschwester abzuliefern, schwankt der Steg, so dass die müde Schwester fast ins Wasser stürzt.

Ein anderes Mädchen, stark parfümiert, übernimmt nach schneidend geführten Verhandlungen mit den beiden Bootsführern den Platz der Schwester und lässt sich übersetzen. Ihre Arbeitszeit hat schon begonnen. Sie wird im kleinen Kleid das Dämchen geben, und keine Spur verrät ihre Herkunft aus den Hütten von Phrapa Deng.

Immer ist irgendwo ein Tuckern auf dem Fluss, das sich aus dem Hämmern der nahen Werft herauslöst und in der Annäherung an das Ufer lauter wird, bis zwanzig Meter vor dem Landungssteg der Motor abgestellt und lautlos zum Anleger gesteuert wird. Dieses hier nehmen wir und lassen uns vor der Kulisse der Stadt, zwischen den Steilwänden der Schiffsleiber, auf die andere Seite schaukeln. Heimkehrer kommen uns in anderen Booten entgegen, ein Mädchen weint in sein Taschentuch, der Bootsmann raucht. Blumenkränze, die einen Gott geschmückt haben, treiben durch das Wasser und geben immer noch Duft ab. Ja, die Thai besitzen selbst eine Religion, die duftet.

Unzerstörbar ist die Fähigkeit der Thais zu schlafen, immer und überall, gekrümmt und geflochten, auf dem engsten Raum, dem härtesten Grund, dem lautesten Straßenabschnitt. Sie schlafen nicht bloß. Sie gieren mit geschlossenen Augen in den Schlaf hinein, halten die Zigarette noch, haben den Arm noch wie zum Schutz der Familie weit von sich gestreckt, denn unter ihrem Fittich da ruhen sie doch, Frau und Kinder, unstörbar auch sie.

Andere kommen und legen sich benachbart nieder. Die Augen fallen zu, und die Körper schmiegen sich hinein in diesen Zustand namens Schlaf. Sie erreichen ihn wie ein Reiseziel, und auf den Zügen breitet sich, kurz vor dem Verdämmern, noch die Genugtuung aus. Im Westen kapituliert man vor der Müdigkeit, man ergibt sich. In Bangkok überantwortet man sich wie in einer Gedichtzeile von Alfred Mombert: »Schlafend trägt man mich in mein Heimatland.« Wo immer sie ihn finden, ist er ihre Bestimmung, und wenn sie in ihn eintreten, blicken manche erwartungsvoll, überrumpelt, elegisch, andere zeigen belustigte Enttäuschung, blökendes Staunen. Manche sehen eben im Schlaf ein Frauenbein, eine Papaya, Buddha, eine Bergwand? Ihre Gesichter malen Bilder.

Etwas Feierliches liegt über dem Platz des Schlafenden, eine Unberührbarkeit umgibt ihn. Der Platz selbst schläft, und er ist geschützt, so lange er schläft. Irgendwie ist die Stadt auch in der Nacht befriedet durch die Vielzahl der Plätze, auf denen Menschen schlafen. Vielleicht suchen sie den Schlaf nicht, eher geben sie ihm nach, sie erliegen ihm und seinen Versprechungen, als warte dort immer etwas Besseres, wo er sie empfängt. Das ist der Widerspruch: Die Stadt, die nie-

mals schläft, ist eine Stadt, in der an allen Ecken und Enden immer und überall geschlafen wird.

In diesem Augenblick der Nacht: Vielleicht beschäftigt sich die größte Anzahl der Wachenden mit dem Warten. Niemand wird die Mädchen in den Karaoke-Bars hier am Stadtrand besuchen, niemand wird Blumen und Früchte an diesem Tempel ablegen, niemand wird kaufen, essen, schmusen wollen. Der Hauptberuf aller dieser nächtlichen Komplizen ist das Warten, und neben dem Warten das Wachbleiben.

Dann fallen die Augen doch zu, werden aber abrupt wieder geöffnet. Dann sucht der abgebrochene Blick, was er festhalten und in den Kopf schicken soll. Dann führen die Einschlafenden eine Bewegung aus, irgendeine, denn schließlich sind sie am Leben. Aber das Nicken, Lächeln, Den-Kopf-Schütteln, während sie den Traum wegzappeln wollen, das alles ist noch falsch und unpassend und gehört nicht mehr der Welt, sondern dem kommenden Schlaf.

Als ich 1987 zum ersten Mal nach Bangkok kam, drückte ich mich vor allem an den Stadträndern herum, wo die Einheimischen unter sich sind. Ein Langzeitreisender hatte mir ein Hotel empfohlen. Da stieg ich ab, zahlte eine Nacht im Voraus und wurde in mein großes gefliestes Zimmer geführt, das nur aus Ritzen an der Oberkante der Langwände beleuchtet war und durch Aircondition heruntergekühlt, das Doppelbett wartete groß und nüchtern. Dieses Hotel lag am Ende einer Sackgasse, gegenüber einer leblosen Wäscherei, ein Tischlerbetrieb zur Linken, ein Fotoladen rechts. Der Hotelbesitzer schlief auf dem Sofa. Andere Gäste habe ich nicht beobachtet. Ich wartete den ganzen Tag im grünen Licht des Zimmers, geraume Zeit davon auf der Bettkante sitzend, die Füße auf dem ausgefransten Vorleger. Abends ging ich aus, in der Dämmerung kam ich zurück, gerade rechtzeitig, um die Miete für den nächsten Tag zu bezahlen, die immer morgens fällig war. Einmal hingen lauter bunte Ballons an der Decke des Flurs. Ein andermal fand ich eine Schale mit Obst vor meiner Tür.

Es gab sogar einen Coffeeshop im Haus, in dem ein Debiler mit wackelnden Beinen und quergestreiftem T-Shirt sang, als suche er den Ton der kürzesten Orgelpfeife. Manchmal klapperte er auch über Stunden rhythmisch mit dem Schlüsselbund. Einmal, als ich früher heimgekehrt war, hörte ich vor der Tür meines Zimmers das Giggeln von Mädchen, ein Flüstern und dann Rufen. Ein andermal setzte sich der Etagenboy auf meine Bettkante und bedeutete mir mit der Hand, meine Haare müssten geschnitten werden. Es war nachts, trotzdem nahm er

mich kurz bei der Hand, führte mich eine Etage tiefer und schob mich in einen Saal, der von kaltem Neonlicht beleuchtet war. Hier saßen etwa vierzig Mädchen, uniformiert in kurzen Röckchen und lachten, so wie sie über jeden Falang lachten, der ihnen auf dem Flur begegnete. Manche versuchten, mich zum Reden zu bringen, manche versteckten sich hinter ihren Freundinnen und manche öffneten die Beine, klopften sich mit der flachen Hand auf die Scham und krakeelten. Nein, sagte ich, nein danke.

Eines der Mädchen schnitt mir dann vor allen anderen die Haare, und ich erfuhr auch, dass dies zwar ein Hotel gewesen, aber seit einem Jahr ein Stundenhotel war. Ich genoss den Ruf des einzigen, etwas wunderlichen Dauerkunden, der trotzdem nie ein Mädchen mit aufs Zimmer genommen hatte. Noch jetzt kann ich ihn riechen, den Geruch von Schmierseife, von Kunstlederbezügen. Im Zimmer blätterte der Ventilator die Seiten meines Buchs um, die schlurfenden Schritte von Gummischlappen verrieten täglich mehrmals die Ankunft des Debilen, der immer den Müll aus den Eimern zusammenschüttete. Am nächsten Tag

stand der Etagenboy zum zweiten Mal im Zimmer, setzte sich wieder auf die Bettkante und fragte, ob er bleiben solle. Nein.

»More?«

»No.«

»Friend?«

»Yes.«

»Stay?«

»No.«

Und so ging es einsilbig immer weiter, bis er selbst lachen musste, und mir verriet, er sei nicht schwul, nur bereitwillig.

Nachmittags standen im ganzen Hotel die Türen offen. In der Kühle der Zimmer und in ihrem Dunkel sah man die Betten zwischen Spiegeln stehen, den Goldbesatz der Rahmen funkeln. Die Kunstblumen wurden mit Raumspray besprüht, und wenn dann die ersten Mädchenstimmen aus dem Treppenhaus heraufdrangen, wusste man, der Arbeitstag beginnt.

Das Obst, das ich an den nächsten Morgen regelmäßig vor meiner Tür fand, hatten mir die Frauen hingestellt.

Jedes Geräusch, das ich hörte, übersetzte ich mir in Sex. Die Männer sammelten sich unten im Coffeeshop, redeten, aßen, spielten Karten. Manchmal ging jemand einen Stock höher, man wusste nicht, warum. Die Mädchen auf ihren Bänken lachten, winkten, deuteten auf ihn, bewunderten ihn mit Blicken.

»Alles Scheiße«, sagte der Mann, als er wieder runterkam.

Ein anderer verkündete:

»Rose ist noch nicht fertig, und Debbie hat ihre Tage.«

Ein Mädchen rasierte sich im Flur ihre Beine, ein anderes lehnte dazu rauchend an der Wand und hatte heute keine Lust.

Am Morgen standen wieder alle Türen offen. Auf manchen waren mit Kreide die Belegungspläne der Zimmer fixiert, ergänzt von Zahlungsraten. Putzfrauen mit dicken Armen fielen ein, rissen die Laken heraus, setzten sich dazwischen, studierten Kladden mit handgeschriebenen Eintragungen. Der Debile – am Vor-

tag hatte mir eines der Mädchen zugeflüstert, er sei inzestgeboren – schleppte ein paar abgegessene Teller durch den Flur. Leider konnte er seine Stimmungen nicht homogenisieren, alles stieß aneinander und war laut, die Freude wie der Zorn. Dazu trank er gesalzenen Tamarindensaft.

Die Putzfrauen aßen auf dem Boden von einem der Zimmer. Ihre Haare waren unfrisiert, die Beine blass, die wenige Schminke schien verrutscht. Müde sahen sie aus, und auf den Tellern lag nichts als ein Klops Reis in Soße. Eine hatte wenigstens ein bisschen knorpeliges Geflügelfleisch darin gefunden, aber zwischen den Knorpeln klebte noch Blut.

Das erste Nacht-Mädchen kam gegen 23 Uhr, noch in Zivil, unscheinbar und nett. Sie nahm im Vorbeigehen meinen Handteller hoch und schrieb mit dem Kuli ihren Namen darauf: Joy, dann die Telefonnummer. Dann wieselte sie lachend auf und davon, verlegen, als hätte sie sich einen Mann bestellt.

Kalter Rauch stand im Flur, ein paar Wisch-und-Weg-Tücher wurden vom Wind aufgehoben und meterweit fortgetragen. Ein winziges Mädchen fuhr auf ihrem Hoover durch den Flur, ein anderes lag in der Ecke wie eine Fliege mit verwickelten Beinen. Als ich auscheckte, gab mir der Portier einen Stapel Visitenkarten, eine Faustvoll Kondome und eine Orange. Als ich zwanzig Jahre später wieder in die Straße trete, ist nicht nur das Haus verschwunden, sondern auch das Milieu, die Wäscherei, der Tischlerbetrieb, der Fotoladen, alles weg, und die Straße, die in ihrer Jugend Sackgasse war, ist heute vielspurig und triumphal.

Manchmal bereitet sich das Unwetter am Nachthimmel lange vor, ehe es hereinbricht. Gerade in der Regenzeit sammelt sich so ein Gewitter am Himmel manchmal stundenlang, als müsse es erst seine Kräfte organisieren. Dann wird selbst die Nacht dunkler, das Opal der Wolken trübt und verdüstert sich schließlich. Hatten sich erst bloß ein paar eigenbrötlerische Wolkenbänke um die Hochhäuser geschoben, drängen schon bald die nächsten Kohorten nach, formieren sich zum Verband und belagern, in einem Halbrund heranwogend, die Stadt.

In den Hochhausschluchten räuspert sich der Donner. Die Straßenhändler nehmen zuerst Witterung auf, ziehen neue Planen über ihre Stände, retten die Suppenschüsseln in den Schutz der Ladeneingänge und sehen dabei nicht einmal zum Himmel. Es riecht jetzt nach dem Einbruch des Regens, schon wetterleuchtet es zwischen den Häusern, schon hat die Luft diese samtpelzige Textur, die sich schmeichlerisch auf der Haut niederlässt, ehe sie zwischen den Fassaden Atem aufnimmt und beschleunigt. Süffig schmeckt sie, saftig, gesättigt von den frischen Tropfen, die in ihr zerstäubt überleben.

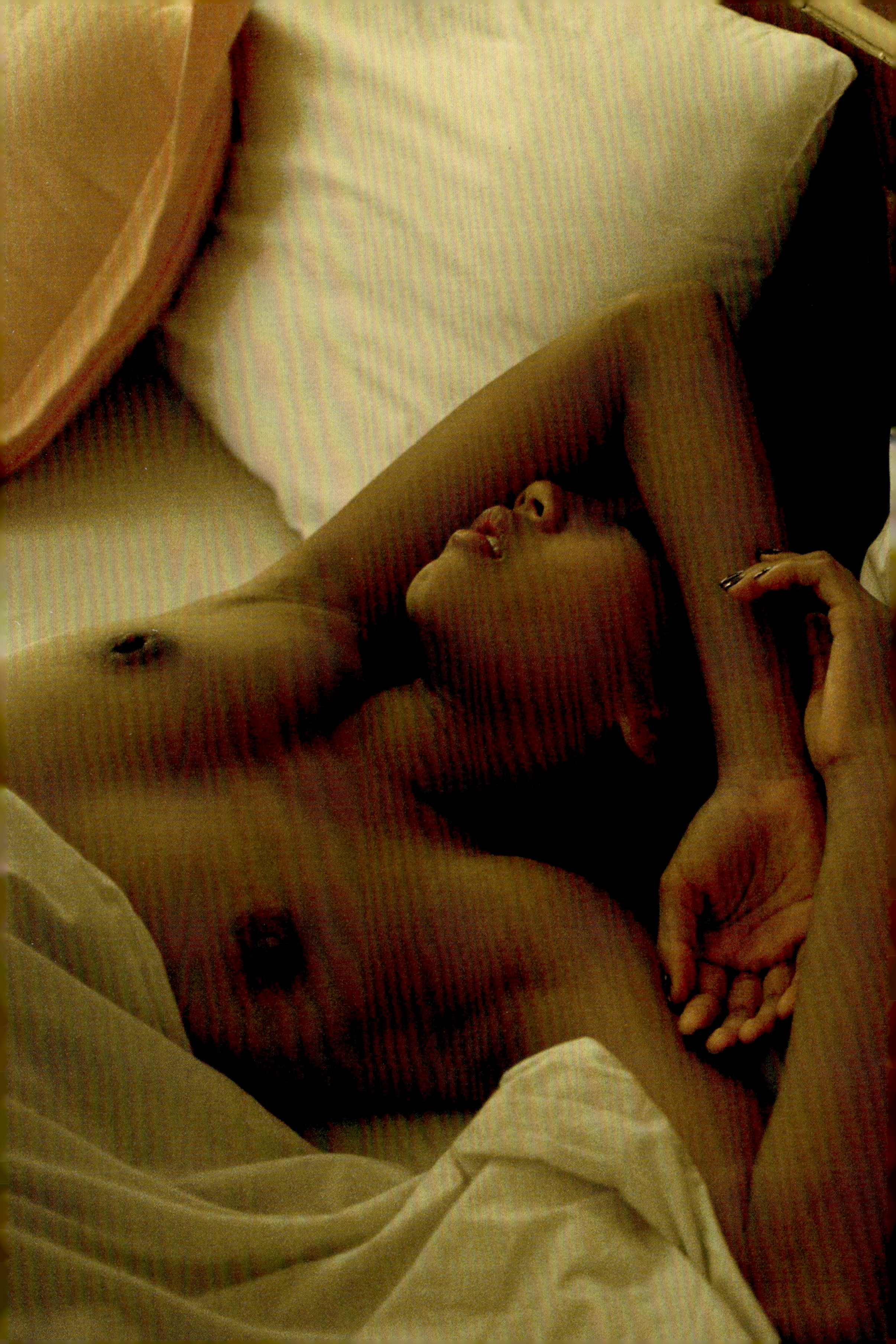

Der erste Regen nach dem Sommer sichert sich seinen Auftritt. Am Himmel hat es sich giftig-gelblich zusammengeballt, ein Gewölle, eine grummelnde Verdichtung, aus der erst der Platzregen bricht und dann das Geschwader der Blitze. Nicht zielgerichtet kommen sie, sie kommen als Schwarm. Schon steigen die Motorradfahrer ab, und unter den Trassen der Hochbahn drängen sie sich aneinander wie das Vieh im Gewitter. Die behelmten Polizisten haben sich dazugesellt, und von der rettenden Ladenschwelle aus macht der indische Schneider unter dem Firmenschild »Peter Armani« den Wartenden weiter Angebote. Doch nein, dies ist keine Stimmung für Anzüge, nein, diese Atmosphäre braucht alle Aufmerksamkeit, heißt sie doch »erster Regen«.

Jetzt ist er da. Das Lametta der Tropfenschnüre knistert, und die Nacht wird gerade unbrauchbar für die Händler mit ihren Wagen, den mobilen Suppenküchen. So klingt ein Regen, der bleibt, ein Schlaflied-Regen, der erst auf die Planen trommelt, dann rauscht und rauscht. Noch ein paar Stunden und die Gehwege werden geflutet, ihre Platten unterspült sein, das Fell der Ratten wird glitschig

widerscheinen, und all das Personal, das sonst von Tisch zu Tisch durch die Gärten wieselt, steht nun in Gruppen in den Türen und blickt bedenklich nach oben. So kommt das erste Gewitter der Regenzeit über die Stadt, so bleibt der erste große Regen, und als seien sie aus der Übung, starren alle zum Himmel, ducken sich und sehen zu, wie der Staub abgewaschen, wie das Kolorit frischer wird und wie die Routine des Sommerlebens den Launen des Herbsthimmels weichen muss. Das ist das Gefühl, das »Monsun« heißt.

Eine Stadt wird wirklich durch Unordnung und Willkür. Das Unpraktische, Nichteffiziente, das Verschwenderische oder Übriggebliebene, alles, was ihren Rückzug aus der Arbeitswelt beschreibt, das charakterisiert sie. Die Stadt erhebt dauernd Ansprüche an die Wahrnehmungsintensität. Sie verdichtet dauernd. Aber nicht nur in ihren Denkmälern und Wahrzeichen, sondern mehr noch zwischen Garküche, Wellblechhütte, Straße, Geisterhaus.

Vor einem Becher mit Eiswürfeln, mitten in der Verachtung der Umsitzenden

hockt er, palavert, weist wie eine nächtliche Vogelscheuche in alle Himmelsrichtungen, und keiner sieht hin. Vielleicht trinkt er gerade Schlangenblut oder die Kropfmilch eines fernöstlichen Vogels. Jetzt redet er, sich einen Weg unsicher durch die Vokabelmasse bahnend, redet, wie wenn man beim Gehen die Augen schließt. Ab dem fünften Schritt wird es schwankend.

So gehört er der Stadt, dem großen Arrangement vieler Objets trouvés. Die Stromleitungen haben sich verfitzt, ein Kamm hängt darin, als sei er zum Kämmen der Leitungen dort hingehängt; Stofftransparente werden mit Wasserflaschen beschwert; in den Oberleitungsknoten sitzen zwei Plastikringer; aus dem Schatten unter den Göttern eines Geisterhauses droht auch Batman. Das Liegen- und Hängengebliebene, das Verlorene und Vergeudete, alles lässt sich auf der Stadt nieder, und sie kommt dem Wahrnehmungshungrigen mit ihrer Liebe zum Provisorium, aber auch mit der Angst vor dem Endgültigen entgegen: Was man für Beete mitten in der Stadt hält, sind nebeneinander abgesetzte Blumenkästen. Kommt jemand und sagt: Was machen diese Beete da, so kann man die Kästen hochnehmen und sagen: Die haben wir doch hier nur abgestellt. Jetzt ziehen sie weiter. So erscheint das ganze Leben wie eine Sequenz noch nicht revidierter Provisorien.

Lounge Music sirrt durch die leeren Shopping Malls, von den marmornen Mauern widerhallend, ohne Bässe, ohne Empfänger. Denn zugleich strömen die Verkäuferinnen schon heraus, im Sammelsurium ihrer Alltagsgarderobe, mit dem in Plastik eingeschweißten Ausweis noch am Revers. Überall Bildschirme, und auf den Bildschirmen Tanzende, Gleitende, zu den Perkussionsfiguren der Sambarhythmen Dahinschwebende, die mit farbigen Schleiern durch die Luft kommen, Aroma abgeben, Parfüm schwitzen, alle im Wohlgeruch ihrer Atmosphäre. Die Kassiererinnen duften nicht. Sie kommen kompakt, bodennah und werktätig durch die Flure, und schon bevor sie die Schwelle überqueren, erlischt das Licht. Noch laufen die Rolltreppen, die Musik perlt noch, die Neonröhren flackern, die Lüftung bläst, die nackten Gehäuse der Schaukästen sind immer noch von innen beleuchtet, und wirklich stehen ja auch Schaulustige auf dem Bürgersteig und glotzen in die dunklen Räume, in denen der Mann auf der Putzmaschine zwischen den Werbeaufstellern seine Runden dreht.

Ich erinnere mich noch an die Zeit, als das »Playground« eine Errungenschaft war, in seiner fortschrittlichen Art, die Shopping Mall zu interpretieren. Heute ist dies ein Tempel im Abriss, genauer, in der Phase, in der der natürliche Verfall in Abriss übergeht. Und plötzlich tritt man in das Standbild der Zeitenwende ein, in den Raum zwischen den Bildern, als es noch nicht weg, aber auch nicht mehr da ist: das übersehene Bild.

Die Leuchtschrift läuft noch, aber nur noch in Blau-Rot, die Musik spielt noch, aber sie stimuliert nicht mehr. Die Schaufensterpuppen sind nackt, abgeblättert und ohne Versprechen, die Verschalungen heruntergerissen, die Kabel hängen als Därme aus der Decke, die Läden wurden ausgeweidet, irgendwo flackert und irgendwo fault es, denn die Klimaanlage läuft schon lange nicht mehr. Schwül und feucht ist es geworden. In den Stellagen, bedruckt mit den Konsumanreizen der Vergangenheit, schimmelt es. Der Schein eines gelben Deckenfluters verliert sich über dem leeren Parkplatz, und immer noch säuselt die Musik ihren »Don't worry, be happy«-Sound. Er begleitet den letzten Atemzug des ausrangierten Konsumtempels. Ja, es ist die letzte Nacht der Mall.

Ein Dämchen im Kittel irrt durch die Flure. Wir bitten: Ob wir wohl noch eine Etage höhersteigen dürften? Sie nickt dankbar. Nach Jahren des Arbeitens in diesem Haus ist sie nun das heimatlose Schlossgespenst, das zum letzten Mal

einkehrt, die stehenden Rolltreppen hochsteigt, die Gänge noch einmal entlang geht, in der Schwüle der Nacht, berieselt von der nimmermüden Musik. Morgen, übermorgen werden sie mit schwerem Gerät anrücken und alles plattmachen. Sie schaut in diese Zukunft. Doch verlegen wird ihr Blick erst, als sie sieht: Wir haben verstanden, sie ist ohne Funktion, außer Dienst hier, trägt aber dennoch ihren Kittel samt Namensschild. Ihre Funktion hat sie verlassen, sonst nichts. Dann verabschiedet sie uns mit einer Höflichkeit, die den letzten, den posthumen Kunden gilt.

Toy steht im Garten. Dann schlendert sie auf mich zu in phlegmatischer Verlangsamung. »Toy« heiße sie wirklich, sagt sie, zieht ihren Pass. Da steht »Farbe der Augen: schwarz«.

»Hat mich gefreut«, sage ich und gehe wieder.

Zwei Tage später winkt sie mir mit einem Blick: Ich soll auf die Straße kommen, ich tue es. Wir stehen im Verkehr. Sie sagt, dass ich auf den Nachtmarkt kommen, Desserts essen muss, in der Soy 38 am besten, wo die gelierten Früchte

und die Wasserkastanien auf geschreddertem Eis mit Kokosmilch übergossen werden. Wenig später sitzen wir dort auf einem Bänkchen unter dem Seven-Up-Schirm und sind zweideutig.

Später wird sie versuchen, den Partner zu wechseln, kommt mit einem Amerikaner ins Gespräch, dessen Augen hinter der weitsichtigen Brille so stark vergrößert sind, dass man nie genau weiß, wohin er blickt. Er zuckt die Achseln bedauernd, er sucht etwas Korpulenteres. Sie wirft sich lachend zurück, landet mit der Stirn auf meinem Unterarm und schluchzt vor Lachen. Der Amerikaner geht. Da erhebt sie sich mit schelmischem Gesichtsausdruck von meinem Arm und droht mit dem Finger, als hätten wir doch nur alle die gleichen schmutzigen Gedanken. Ihre Gliedmaßen sind sehr dünn, ihr Temperament bleibt nervös.

Es sei ihre erste Nacht in Bangkok, sagt sie, wie die Mehrheit aller Frauen, die auf der Straße fischen. Jetzt ist Toy wieder ganz bei mir, hakt sich unter. Sie war mit einem Schweizer verheiratet, sagt sie, aber er berührte sie nur so (sie reibt sich die Brüste) oder so (sie schlägt sich die Faust auf die Scham, »bamm bamm«), dann abends immer das Gleiche: »Nacht, Schatzi, und Kussi auf die Stirn« (sie sagt es auf Deutsch). Das reichte ihr nicht. Ihre Augen schauen gerade herb, müde und enttäuscht, die Kalkulationen kommen an ein Ende. Wie soll das weitergehen? Solche Begegnungen wie diese mit mir enden bei einer Suppe in einer Garküche und führen zu nichts. Na ja, sie führt mich weiter.

Wir treten in eine dunkle Gasse ein. Toy rattert an einem Gitter, oben hinter einer Balustrade erscheint eine Verschlafene, wirft einen Schlüssel herunter und verschwindet. Wir steigen in den zweiten Stock, öffnen ihre Zimmertür. Es liegt bloß eine Matratze da. An der Wand ein paar Fotos, meist Babyfotos, am Boden ein paar Gläser Babynahrung. Toy holt ihren Pass, zeigt mir zum zweiten Mal jede Seite, damit ich sehe, es ist alles wahr, was sie sagte. Was immer sie spricht, muss sie auch gleich beweisen. Unter der Babynahrung liegen zwei Briefe eines deutschen Handwerkers, der sie liebt, sagt sie und zeigt mir die Zeile: »ich sparre schon widder und dann 14 Tage Bangkong etc.« Sie lacht ihn aus.

Ihr Klo ist bloß eine Öffnung im Boden mit ein paar strauchelnden Kakerlaken an den Steilwänden der Latrine. Sie sitzt auf dem Boden, ihre Beine entblößt und schiebt mich weg, obwohl ich mich gar nicht genähert habe, »Du Schlimmer!«

Vor der Fassade ruft sie wieder nach der Freundin, die in ein Handtuch gehüllt erscheint, mit Flüsterstimme, aber offenbar vor Erschöpfung. Toy hält ein Taxi an, wir fahren zu einer Theke vor einem Nachtclub. Da sitzen sie im Freien, geschart um das Einflugloch des Clubs. Toy versucht noch ein zweites Mal, den Partner zu wechseln, spricht einen australischen Bodybuilder an, der sie nachäfft,

happy time

erst ihre Stimme, dann ihr Lachen, zuletzt ihr Schmollen imitiert. Sie bricht in Tränen aus, er will gehen. Sie hängt sich weinend an ihn:

»I lost.«

Was soll das heißen: Ich hab mich verlaufen? Ich hab verloren? Ich bin verloren? Sie legt sich auf den nackten Betonboden. Ich hebe sie auf. Erst jetzt wird mir klar, wie betrunken sie ist. Also bringe ich sie in mein Apartment, lege sie ins Bett. Sie blickt finster.

»No bumsi bumsi, Liebling«, tönt es aus dem Bett, schon fast im Schlaf. Als sie dann schläft, entdecke ich in ihren Zügen etwas Marodes, Gefährdetes. Am nächsten Tag wird sie mich erst böse ansehen, dann gar nicht mehr, wird ihre Sachen raffen und das Weite suchen. Abends sitze ich an der Straße in einem Garten, als langsam eine Limousine vorbeifährt. Hinter dem heruntergekurbelten Fenster erscheint ganz kurz tatsächlich Toy, nur im schwarzen BH, kein Begleiter ist zu sehen. Sie sieht mich ernst an und unverwandt.

Etwa zweihundert Elefanten leben in Bangkok, nur ein paar Dutzend von ihnen verdienen jede Nacht ihren Unterhalt auf den Straßen. Ihre Mahuts, meist verwilderte, oft drogenkranke Treiber, die mit ihren Tieren in Laos und Kambodscha nicht überleben konnten, suchen für die unterernährten Tiere in Asiens Metropolen ein Auskommen, unerwünscht sind sie, aber toleriert.

Diese Tiere sind wie Antiquitäten. Sie gehören nicht hierher, sie gehören kaum mehr in die Gegenwart. Ihr Dschungel ist gerodet, Haus-, Straßen- und Ackerbau werden inzwischen mit Maschinen betrieben, Dienst bei Kaisern und Maharadschas gibt es nicht mehr, und auch wenn man sie im ganzen asiatischen Raum verehrt und die religiöse Überlieferung selbst eine Geschichte kennt, in der Ganesha, Shivas Stiefsohn, seinen Kopf verlor und statt seiner den eines Elefanten aufgesetzt bekam, sind die Lebensbedingungen für Elefanten auf den Straßen Bangkoks kläglich.

Doch bringen diese Tiere ein Staunen vor dem Erhabenen in die urbane Welt, ein Kleinwerden vor der belebten Masse, eine Verlegenheit vor dem Unpassenden, Ausbeuterischen, auch Mitleid mit den Gestrandeten. Die Armen aus den nördlichen Provinzen sehen in diesen Tieren die lebenden Erinnerungen an die Ungerechtigkeit, die soziale Ungleichheit im Land, und wenn sie die Tiere umarmen und küssen, tun sie es in diesem Geist. Auch deshalb sehen sie das Elefantenfüttern im Sinne des Buddhismus als verdienstvoll an.

»Die Elefanten waren einmal Inbegriff von Würde, Stolz, Ehrbarkeit. Aber heute? Heute verkörpern sie die Fehlentwicklung«, sagt ein Tierschützer.

Elefanten waren Lasttiere, Beförderungsmittel, Kraftmaschinen. Sie beherrschten das Bild des ländlichen Siam. Heute irren sie verloren durch die Metropole, an ihren Schwänzen baumeln ein Katzenauge oder eine CD, die als Rückstrahler fungieren. Manchmal nehmen die Tiere im Vorbeischaukeln einen Außenspiegel mit, kollidieren auch mal mit einem Fahrzeug oder brechen panisch aus. Doch wie, wenn nicht auf den Straßen, erbettelt man sich täglich die nötigen zweihundert Kilo Futter pro Tier? Und wie viel kosten oben drauf die Amphetamine, die man den Tieren bisweilen verabreicht, damit sie dem Hauptstadtverkehr gewachsen sind?

Wir begegnen ihnen allnächtlich auf den Straßen. Doch seit Wochen sind wir nun auf der Suche nach ihren Schlafplätzen, haben die Bus- und die Taxifahrer, die Klong-Schiffer und die Polizisten, endlich die Elefantenführer selbst gefragt. Aber die meisten wissen nichts, die anderen wollen nichts wissen. Die Treiber selbst geben nichts preis aus Angst vor den Tierschützern oder den Konkurrenten. Sie wissen, sie sind in der Stadt nur geduldet, und viele der Mahuts machten schon Bekanntschaft mit dem Gefängnis.

Einer der Polizisten, den wir fragen, zeigt noch ein wenig Leidenschaft unter dem Fatalismus: Was soll die Stadtverwaltung tun? Einen Zoo schaffen, ein Arbeitslager, eine Farm, wie es sie für Krokodile gibt? Soll man die Treiber in die Provinz zurückschicken, soll man Proteste riskieren? Man lässt es geschehen, eine Schande, wie alle finden, die Touristen, die das Zuckerrohr in Beuteln kaufen und verfüttern, die Barmädchen, die herantreten, die Stirnen der Tiere streicheln, ihre Wangen küssen oder unter ihrem Bauch durchtauchen, weil das Glück bringen soll. Manchmal wirken die grau gefurchten Tiere wie vom Gram modelliert, mit alten Rücken, bedeckt von Kreidespuren mit Listen, Plänen, Arbeitsweg-Skizzen, Gebühren. Ja, sie sind gezeichnet.

Wo aber kommen sie her, die seit den frühen Mittagstunden durch den Verkehr der Sukhumvit trotten? Wo gehen sie nachts hin, nach zwei Uhr, wenn die Sperrstunde der Bars geschlagen hat und die Nachtschwärmer in die Clubs wechseln oder auf das Trottoir zu den Garküchen, die um diese Zeit auch Kontakthöfe sind?

Manche sagen, es gäbe keine solchen festen Schlafplätze für Elefanten, andere behaupten, sie wechselten beständig; auch würden sie nur in kleinen Gruppen zusammengetrieben, da sich weder die Tiere noch die Treiber besonders grün seien. Einige meinten, man führe sie nachts am Klong zusammen, andere, in der Nähe der Botschaft von Kambodscha. Manchmal gerieten wir bei unserer nächtlichen Suche in matschiges Gelände, aus dem selbst mit Vierradantrieb kaum ein

Herauskommen war. Ein andermal streckte sich plötzlich ein dunkles Feld voller Landmaschinen zwischen den Häusern, Brache, die bald von der Bautätigkeit eingeholt und plattgemacht werden dürfte.

Eines Nachts stießen wir dann auf ein Elefantenbaby vor einer Tankstelle. Der junge Treiber, den man bei dem Tier zurückgelassen hatte, wartete wohl nur auf den alten, aber als das Tier unruhig wurde, fasste es der Junge und führte es auf den Bürgersteig. Das Haar auf seinem Rücken sträubte sich. Durch den rötlichen Flaum strich das Licht aus der Garküche. Da stand das Jungtier nun auf dem Bürgersteig, abgestellt wie ein Vehikel. Als der Alte kam, griff er es auch gleich bei der eisernen Kette um den Hals. Das Katzenauge am Schwanz wedelte den Verkehr weg.

Dieser Führer war berauscht, seine Augen zeigten den panischen Ausdruck des Süchtigen mit großen unsteten Pupillen. Der Schlapphut mit dem militärischen Camouflagemuster schützte vor allem vor seinem Blick. Der junge Treiber war an seiner Seite, seine filzigen, im Kupferton gefärbten Haare ragten modisch in

die Höhe, aber es passte nicht. Das Hemd aus Flanell, auf der nackten Haut zu rau, zu warm, die Haut schuppig und lange nicht gewaschen, hatte der Geruch des Treibers den der Elefanten, der Straße, des Biers und des Diesels aufgenommen. So kämpfte sich dieser Krieger durch den Großstadtdschungel, vom Alten kurz und gegen ein Handgeld beurlaubt, damit er uns an den gesuchten Platz führen könne, den Schlafplatz der Elefanten. Skeptisch stieg er zu uns in den Wagen, verschüchtert, sich dauernd umsehend und in all seiner Coolness die Strafe fürchtend, sollte er zu lange ausbleiben.

Jetzt, um vier Uhr früh, kehrten die Tiere allmählich zurück an diesen unwirklichsten Fleck der verwilderten Metropole, wo sich die breiten Bänder der Stadtautobahnen auf drei Ebenen kreuzen, Beton-Massive, so grau und theatralisch, dass sich die Rücken der Tiere gar nicht recht davon abheben wollten. Von oben strömte das Gelb der Autobahnbeleuchtung, flutete die Bäume mit irrealem Streulicht, das von den Spitzen der Büsche abtropfte, vom Schatten der unteren Straßen, vom Schatten der Bäume aber auch rasch wieder verschluckt war.

Hier auf der Bodenebene jedoch, wo zwischen den Pfeilern, unter den Verstrebungen mit ihren breiten Stützen und Betonrippen, ein nicht nutzbarer Raum entstanden ist, den das Buschwerk vor der ebenerdigen Fahrbahn, die Brücken vor Regeneinfall, die Bäume vor der Beleuchtung der Straßen, aber nichts vor dem Lärm des Verkehrs schützt, in diesem Schmutzwinkel eines vernachlässigten Geländes, da haben die Elefanten ihre Schlafplätze. Wäre ein zweiter Ort denkbar, so entfernt von ihrem natürlichen Lebensraum? Und umgekehrt: Wären ein Container, eine Halle, eine Garage, ein anderer Aufbewahrungsort nicht noch sicherer der Tod dieser alten Kreaturen, die im Verkehr von Bangkok eine unbegreifliche Leistung der Assimilation erbringen?

Jetzt passieren die Elefanten den provisorischen Eingang zu ihrem Areal, das von keinem Zaun beschränkt ist. Sie passieren die aufgetürmten Kisten mit der Feuerstelle darauf, wo die Treiber ihre Mahlzeiten zubereiten. Sie brechen durch das schlammige Buschwerk, über den Boden, auf dem sich Heu, Rückstände zerbissenen Rohrs, zertrümmerte Hölzer, leere Plastiktüten, ein paar Decken und

Pappen befinden, und auf dem sie schon die Spuren ihrer Zerstörungslust hinterlassen haben. Sie drängen gleich in die Tiefe, reiben sich die Rücken am Betonpfeiler und suchen den Schatten dahinter, die Abkehr von den Treibern und ihren Lagerplätzen, die Abkehr von Menschen, von Licht, von diesem abgehäuteten Gelände. Nur vom Verkehr können sie sich nicht abwenden, er strömt auf allen Seiten, donnert über ihre Köpfe, fasst sie in Krawall, Aufruhr, Scheppern, Röhren, Hupen, Dröhnen und bestrahlt sie mit seinen Abgasen. Der Lärm ist ihr Gefängnis, er verhindert ihren Ausbruch.

Die Treiber brauchen die Elefanten also nur auf das wüste Feld zu führen und sich selbst zu überlassen. Ganz still werden die Tiere hinter den Pfeilern stehen bleiben oder sich platt in den Dreck legen. Wo sollten sie auch hin? Oder sie werden im Buschwerk nach Nahrung suchen, während die jungen Männer einen Kessel aufs Feuer setzen, die Hängematten ausspannen oder sich zum Spielen hinsetzen. Um wenige Baht nur geht es bei diesem Brettspiel, das sie sich auf die Pappen gemalt haben, und in dem Steine die Figuren ersetzen.

Doch auch jetzt ist die Anpassung an das Gelände so vollkommen, dass man einzelne Tiere immer wieder aus den Augen verlieren kann. Ein zweiter Bulle wird hereingeritten. Er setzt seinen Reiter ab und ist gleich verschwunden, nur an der Bewegung des Blattwerks ist ablesbar, wo er gerade sein Futter findet. Offenbar sucht er einen Hintergrund in einem Areal, das keinen solchen kennt, sucht ein Versteck auf einem Gelände, das allenfalls Sichtschutz durch Betonpfeiler oder schüttere Büsche bietet. Er strebt auch gleich weit weg von den anderen Tieren, denn manchmal macht sich zwischen den Elefanten aufgestaute Aggression in Ausbrüchen gegeneinander Luft. Erst als sich der gewaltige Bulle später zum Schlafen gelegt hat, scheint er seine Bestimmung gefunden zu haben. Jetzt liegt er bloß noch da wie tote Masse, ein Abfallhaufen, eine entsorgte Kreatur, ohne Erinnerung an das Leben, das noch immer den Hautsack hebt und senkt.

O Mild Seven und Yashica, möchte man beten, o Kenwood und Fuji Film, jetzt verstehe ich. Das Lärmen eurer Farben und Schriftzüge hält mich fest vor diesen

Architektur gewordenen Lautsprechern ohne Botschaft. Jedes Haus ein Symbol der Anhäufung und Repräsentation, eine Kathedrale, aber wie aus dem porösen Grundstoff von Röhrenknochen errichtet. Es sind dies Gebäude, die weniger Ähnlichkeit mit Häusern haben als mit den Dingen der Natur, mit Schwämmen, Maiskolben, versehen mit den Logos aus Briefköpfen. Ein Zeichenmeer, ein Wald aus Symbolen. Botanik oder Faltenwurf? Schrift oder Feuertreppe? Skulptur oder Bau? Stadt oder Wüste? Bangkok, gebaut im Dienst von Königen, Göttern und Geistern, dreht sich seiner Zukunft zu. Sie erhebt sich mit Fronten aus Chromstahl, Glas und Gold, wie um einen Schatten über das schlichte, traditionell verhaftete Bauernland zu werfen.

Durch ein Kapillar vorangeschoben, osmotisch durch eine Sperre gepresst, über Bürgersteige und Fußgängerbrücken angehoben und anschließend in die Tiefe versenkt, unter der Straße durch das gelbgrau verschüttete Licht gezogen, sieht man sich überschwemmt, bestrahlt, angefasst, herbeigerufen und verstoßen, ein Bittsteller, den erst Verbote erwecken: Nicht spucken, nichts hinausstrecken, nicht auf die Rampe treten, nicht sitzen bleiben und auch nicht rauchen! Der Befehlsempfänger wird in seinen Wünschen erweckt von Verboten: in alle Richtungen spucken, sitzen bleiben und rauchen. Man taucht vorwärts mit herausgerissenen Augen, geduckt unter Wunschbildern, noch im Halbschlaf verneint von Urteilen, die aus den Fassaden dringen, verneint auch von ihrer Kraft und Herrlichkeit, und nein, sagt man in seinem Halbschlaf, ich habe sie auch nicht gespürt, die Frische der Natur, das junge Aroma, die aktuelle Farbe, ich habe sie nicht mehr verfolgen können, die Träumerei der Supermacht auf der Fassade.

Schriften verdunkeln schon den Himmel, stürzen aus dem Zenit bis auf Schulterhöhe, laufen an den Fassaden hinauf, schreien als herausgelöste Neon-Innereien, zu seltsamen Formen erstarrt wie Flüssigblei im Wasser. Man wird zum Gegenstand der Schrift, zum Inhalt dessen, was sie sagt. Nicht ohne Stolz quittiert der Passant, dass sie *von* ihm *zu* ihm spricht. Die Stadt hat sich in Formen des Verlangens gebildet, und sie erklärt sich. Farbe tropft aus den durchschnittenen Adern, im Herztakt pulst Neon über die Fronten, Schilder und Zeichen, läuft in andere Minuskeln hinein, schmiert alles zu. Kaskaden von Signalen stürzen jetzt

vom Himmel, enigmatische Fratzen, elektromagnetisch dazu animiert, neue und unwahrscheinlichere Grimassen über den Köpfen der Passanten zu erfinden, sie in einem Stromstoß zitternd ewig lebendig festzuhalten, sie an einer Schraube in die Schrift zu hängen und im Wind von Farbe und Botschaften überrieseln zu lassen.

Dann erscheint Penelope, nur für die Schönmacher-Schminke den wuchtigen Kopf an die erhobenen Arme lehnend, empfindungszärtlich lechzen ihre Lippen nach der eigenen Haut. Den Kopf an den Wolkenkratzer gelehnt, sinkt sie über die Straße und überlässt sich den Gesten dieser intimen Selbstbefriedigung. In der Brutwärme unter ihr verlaufen sich die Gaffer, aus der Süßigkeit von Dessous und Düften erwacht zu Toshiba und Sanyo, prallen sie gegen die nächste Fassade.

Dann dieser President Tower in der Ploenchit Road, als wolle man ihm noch ein paar elliptische Stockwerke aufpfropfen – ist er nicht incredibly hübsch? In seinen Spiegelflächen empfängt er obendrein die Perspektiven der Unterstadt, der Hügel, des Himmels und des Flusses, nimmt die Elemente in seine Fassade auf,

das Wasser, die Erde, das Glas und den Stein. Das Licht umfängt, es umschmeichelt den Bau. Es rühren seine schönen lachenden Zähne, sein frigider Charme.

Parfümgeruch im Luftzug eines vorbeifahrenden Bentley. Jetzt ein Stück Natur auftreiben, einen Rest Ente mit Schuhcremegeruch; das Aroma von Kleister, Kompost oder Ingwersud. Der Appetit ist das Unglück. Ein Bettler liegt ausgestreckt auf dem Gehsteig, einen Korb zu Füßen, einen zu Häupten, unter dem Kopf die Sandalen, zu beiden Seiten die gebogenen Krückstöcke, im Gesicht die gen Himmel gerichtete wehleidige Verzückung. Nein, nicht im Gesicht: in den geschlossenen Augen. Im Schaufenster dahinter ein Paar Fo-Hunde aus grüner Jade, in ihrem überlebensgroßen Zorn so fruchtbar, dass ihnen der Samen von den Lefzen tropft.

Aus den Klimaanlagen fällt dagegen das Kondenswasser auf die Straße und jetzt der Regen. Die Fußgänger weichen in den Schatten der Markisen zurück. Der Bettler bleibt liegen, er ist hinter diesen Augen eingeschlafen. In blauem Qualm stäubt der Regen auf ihn nieder. Die unter den Markisen sehen zu. Jetzt

hebt er den Kopf, jetzt die Schuhe, sie sind schon ganz nass, die beiden Stöcke, dann die Körbe ineinandergeschachtelt, in den erfrorenen Schatten schleppt er sie, vor das Einkaufszentrum, wo die Klimaanlage immer noch schwere Quader Kaltluft auf die Straße presst.

Der Blick geht auf modrige Häuserfluchten, auf Wartende mit Zigaretten, auf schwarz verkrustete Beine. Die schönen Zähne deines Lächelns, Penelope, die Großzügigkeit deines Dekolletés! Dazu die Gerüste mit Warnschildern und Einladungen: Umsturzgefahr mit heißem Bad und Happy Hour. Der Erdboden unter dem bisschen Duft und Elend bringt Tausende von Dollars im Quadratmeter. Aus dem Boden herausgetrieben, erst schwach, dann stärker, halbhoch und hoch, steil in die Luft und über den Köpfen explodiert der Bilderregen aus Schriften, Köpfen, Körperteilen, Zeichen und Noten.

An einem Unterstand trinke ich ein Glas Kaffee. Als ich den Blechdeckel hebe, der die Fliegen und Ameisen abhält, zieht eine Alte mit ihrem Handkarren auf die Straße. Sie ist so krumm, als wollte sie zurück in den Boden.

»Sexualität ist hier immer noch ein hushhush-Thema«, sagt die Engländerin zu meiner Rechten.

Über ihr thront ihre Schwester im Geiste, ein Werbemädchen, zehn Meter auf sieben. Ihre gierigen abschüssigen Lippen erheben sich über die Straße, als flögen sie auf. Zur Betonung der Scham hängt die Gürtelschnalle tief in ihren Schoß. Der Kaffee ist dünn und bitter und wird in den Buden von Chinatown oft mit Tee versetzt. Keine Antwort von dem jungen Thai an der Seite der Britin. Voller Trauer und Apathie mustert er die Straße, während ihre Lippen weiterfliegen, um sich auf einem Stück Fleisch niederzulassen. Aus der Kulisse der Hochbauten nähert sich der alte blaue, antiquarische Bus. Er zog als Verkehrsmittel aus und kehrt als Traum zurück.

Als ich damals zum ersten Mal nach Bangkok kam, stand eines Tages eine Frau an meinem Frühstückstisch im Garten und sagte: »I saw you in my dreams last night«. Vier Tage folgten, in denen sie mich durch die Nächte schleppte und ich schrieb: Es war immer das Gleiche, sobald May ins Zimmer trat, parfümierte sie erst einmal den Ventilator. Dabei entblößte sie auf dem rechten Schulterblatt das tätowierte Emblem eines Marinecorps. Auf dem Hintern trug sie noch einen langohrigen Teufel auf einer Wolke, Marihuana rauchend. Er ging fast unter in der dunklen Hautfarbe, aber er passte zu ihren gefährlich langsamen Bewegungen, ihren gleitenden Blicken, ihrem schleichenden Eintauchen in jedes Milieu.

Für nach Mitternacht hatte sie mich auf ihr Zimmer bestellt. Da befand sich die Nacht noch im Zustand vor ihrer Entfaltung. May lag im Bett, sie redete mit der Freundin am Waschtisch, klappte aber mitten drin die Decke zurück, damit ich mich zu ihr legte. Ich tat es. Sie redete weiter zur Freundin und ließ sich ihre »Bücher« geben, wie sie sagte: Comic-Hefte. Während sie blätterte und dabei lächeln musste, redete sie über einen verflossenen Freier, der einfach abgereist war:

»Me broken heart. Me angry with him, no good, no good.«

Dabei fragte sie mich mit einer Geste, ob wir die Freundin auch noch ins Bett holen sollten.

Stattdessen brachen wir zum Nachtmarkt auf. Die Freundin zog mit. Wir löffelten Gelee aus Tüten, sie fütterte mich mit Obst, wischte mir den Mund ab, nahm den letzten Bissen zwischen ihre Lippen und schob ihn mir in den Mund. Bestimmte Lieder, verlangte sie herrisch, sollte ich mit ihr hören: When tomorrow comes, who'll be there? Ja, wer – ich bestätigte den Empfang der Frage. Sie zog mir das Oberhemd aus der Hose.

»Bitch«, rief eine Frau hinter der Theke, sie lachten, und wir brachen auf. Die

Freundin bog in eine Gasse ab, wir waren nur noch zu zweit und kehrten an einem Klong in eine kleine Baracke ein, zogen die Schuhe aus. War dies die Behausung ihrer Familie, der Freunde? Sie trug jetzt nur noch das Oberhemd, das sie sich früher von mir geborgt hatte, lief herum und sang, sah mich mit übermüdeten Augen an, sprach weiter ihr Kunden-Kauderwelsch und beantwortete jeden meiner Sätze mit »same same«. Die Gemeinsamkeit hätte nicht größer sein können.

Ich sah ihr durch die halb offene Badezimmertür zu: ein gebeugter Rücken, braune Beine, der argwöhnisch musternde Blick in den Spiegel, immer wieder böse nachforschend, wie nach dem Ende aller Enttäuschung. Sie drehte mir den kiffenden Teufel zu und rief:

»Glaubst du an Gott? Also, ich glaube halb an Jesus, halb an Buddha.«

»Wird dir das nicht zu viel?«

»Man kann schließlich nicht an alle glauben.«

Dann löste sie das Haar und verströmte plötzlich das gottlose Gefühl, verloren zu haben, entlassen zu sein in die eigene Geschichte. Kondenswasser auf den

Scheiben, dahinter trunken schwankende Baumkronen. Jetzt zog sie das Hemd über den Kopf und war kurz nackt, ehe sie ein neues T-Shirt anlegte mit der Aufschrift »Miss Pataya«.

»Wer meinen Körper sieht, will mich fotografieren«, sagte sie, stellte sich hin, wechselte trotzig lachend die Positionen und kollabierte prustend im Sessel. Sprang ins Bad, kam heraus mit schlurfenden Schritten, sah über die Schulter zu mir zurück und lachte so sehr, dass ich erst jetzt merkte, mein Gang sollte das sein, den sie da nachmachte. Sie zog eine schon fertig gedrehte Marihuana-Zigarette aus ihrem Bündel und streckte sie mir zum Rauchen hin. Dann bekam sie Hunger, wollte wieder ausgehen, aber als wir am Nachtmarkt angekommen waren, wollte sie noch lieber in einen Beauty-Parlour, um sich Nägel und Frisur machen zu lassen. Ich saß dabei. Was immer ich sagte, wurde von ihr im Verbund mit der Friseurin nachgeahmt. May wand sich ein weißes Frotteetuch um den Kopf und sah jetzt aus wie ein orientalischer Knabe. In dieser Aufmachung trat sie allein auf die Straße und ließ mich zurück. Ich bezahlte ihre schmale Rechnung und habe sie nie wiedergesehen.

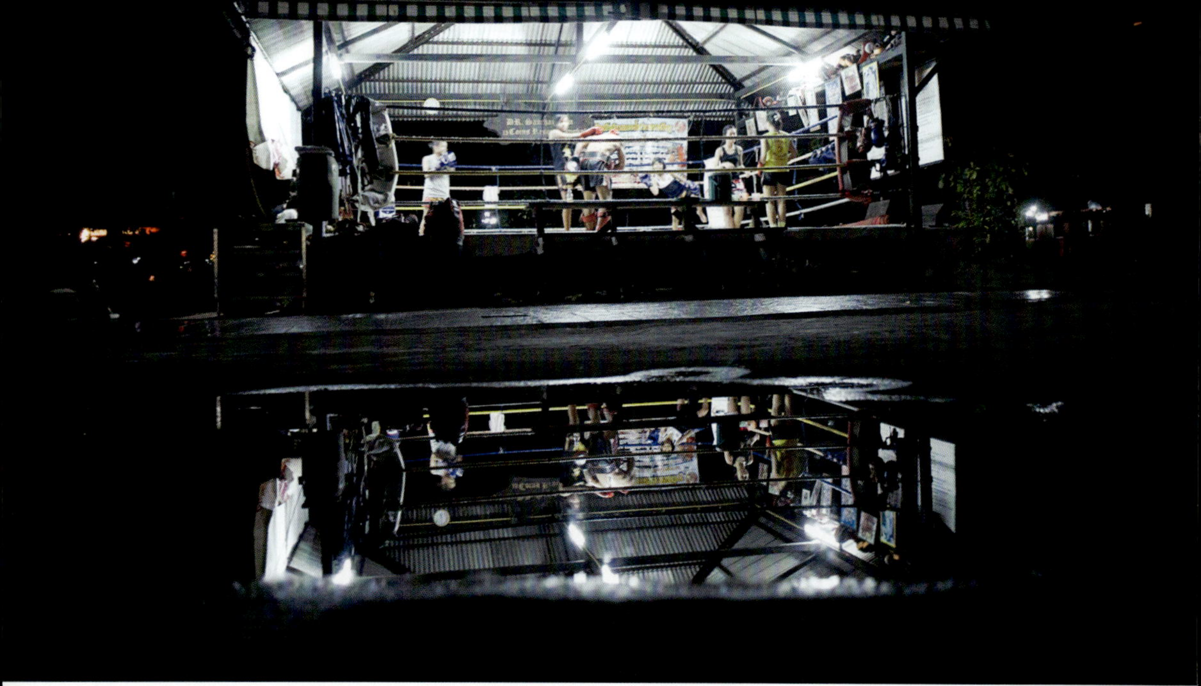

Bei Einbruch der Dunkelheit haben wir einen Termin bei einem Parapsychologen und Wahrsager, einem »Aura-Fotografen«. Willkommen in der Twilight Zone, dem akademischen Überbau zu den Hand- und Kartenlesern der Straße, willkommen im »Power of Life Center«. Bedenkt man, welche Kräfte hier walten, haben sie das Erscheinungsbild des Gebäudes erstaunlich wenig geformt: abgerissene Wimpelfetzen unter dem Sims, eine Holzvertäfelung nach Art kanadischer Blockhäuser, in den Ecken der Fenster ein paar florale Motive, eine Jalousie über der ganzen Front und nicht einmal blickdicht eingestellt.

Im Innern eine Staffelung der Räume von der Helle der Rezeption zum Halblicht des Ordinationszimmers und Büros, bis in die Finsternis einer kultischen Kammer, die man erst sehen wird, wenn man alles andere absolviert hat. Der Doktor sitzt unter dem hintergründig erleuchteten Bild eines Wasserfalls, einem Regal mit dünnen Büchern und einem mit der gesamten Produktpalette der von ihm geschriebenen oder vertriebenen Bücher und CDs. Der Wasserfall hat sicher etwas mit »Energien« zu tun, aber das hat fast jeder Gegenstand im Raum: der

Strauß mit Pfauenfedern, die indischen Gebetsteppiche, die Buddha-Statuetten, die Pyramiden, Muscheln, Amethyst-Höhlen, lauter Energien, denen gemeinsam ist, dass ich sie nicht fühle.

Der Doktor schaut mich an mit einem gut wattierten Gesicht, großen suchenden Augen, raumgreifenden Gesten, gutmütigem Lächeln. Nachdem er meine Hand ergriffen und ihre Wärme aufgenommen hat, muss ich einen Bogen mit Fragen beantworten, muss meinen Rücken betasten lassen, meine Körperumrisse auf einem Blatt Papier farbig ausmalen und den Luftraum ringsum ebenso. Ich male mir die Hände rot, die Füße blau, den Rumpf violett, und da der Holztisch, auf dem ich male, eine Maserung hat, ich also eigentlich eine Frottage erstelle, wird mein Oberkörper bald von einer weißen Linie geteilt. Der Doktor wird sie vielsagend finden, aber ich sage:

»Das war nur die Maserung im Holz.«

Und er erwidert: »Eben. Nicht zufällig.«

Er führt mich in das sakrale Zimmer, ein dunkles Kabuff voller geweihter

Gerätschaften und schwer verständlicher Symbole. In einer Ecke, wo eine Art Behandlungsstuhl steht, werde ich auf Polaroid fotografiert. Auf dem ins Leben gewedelten Foto erkennt man, dass meine Aura hauptsächlich orangene Farbigkeit besitzt, mit Tendenz zur Glut-Röte und einem Ausbleichen ins Giftgelbe.

Der Doktor wirft nur einen flüchtigen Blick darauf, aber eines kann er schon sagen: »Habe ich mir gedacht.«

Ich überlege, ob ich das will. Erstens, dass er es sich gedacht hat, zweitens, dass meine Aura so ist. Aber immerhin fügt sich für den Seher nun alles zu einem Bild, meinem Bild oder besser dem, was problematisch ist an mir:

»Sie müssen besser kauen.«

Konkrete Angaben helfen mir mehr als die großen Wiedergeburtsthemen. Aber er meint es so vorder- wie hintergründig. Besser kauen. Verarbeiten. Futter verwerten. Er nimmt sich noch mal meine Malerei vor:

»Ihre Schwächen, das sind die Kehle und das Knie.«

»Beide?«

»Links mehr«, insistiert er.

Stimmt, ich bin kein Fachmann für mich. Durch die Lamellen der Jalousie blicken zwei Augenpaare auf diesen energischen Mann, der mir mit dem Stift auf meinem Selbstbild zeigt, wo ich defizient bin. Draußen ist es jetzt ganz dunkel. Von dort müssen wir wirken wie im Aquarium.

»Sie sind ein Mensch, der oft schon vorher weiß, was das Gegenüber sagen wird, und trotzdem erwidern Sie ›Ach nein?‹«

Stimmt. Ich suche auf dem Blatt die Stelle, die ihm das verraten hat.

»Haben Sie Tiere?«

Ich verneine.

»Kleine Tiere in der Wohnung? Kleine Probleme. Große Tiere in der Wohnung? Große Probleme. Und lösen Sie Ihr Problem mit der Mutter. Sie müssen es lösen.«

Stimmt, große gefährliche Tiere und die Mutter gehören zu Recht in einen Satz.

Im Nebenraum nehmen wir dann noch zu einer Meditationsübung Platz. Gottheiten überall: japanische Glücksgötter, Hotei, Ebisu, Fukurokuju und Benten, die einzige Göttin, chinesische, indische, thailändische Buddha-Statuen, zwei Schutzmantelmadonnen, ein leidender Christus, eine Statuette aus »Star Wars« und eine aus »Hellboy« zieren den Altar. Lotusblüten, Orchideen, Muscheln, Räucherstäbchen verteilen sich als Tischdekoration drumherum.

Sieben Menschen sind plötzlich im Raum, alle im Schneidersitz, alle mit Muscheln an den Lippen, aus denen sie ein ohrenerschütterndes Dröhnen gewinnen. Der Raum bebt. Wir werden dann noch gut vierzig Minuten sitzen, die Kräfte des Raunens im Raum, das Rumoren in uns verfolgen und mit geschlossenen Augen warten, dass das »Dritte Auge« sich öffne. In der Tat sah ich einmal Licht, aber da hatte sich nur mein rechtes Augenlid gelöst, ein andermal erschien mir eine Hand, aber das war bloß meine eigene. Hinter mir setzte plötzlich ein starkes, ein orgiastisches Stöhnen ein. Ich musste die Position wechseln.

Die Räucherstäbchen benebeln, das Gold der Buddhas gleißt im Halblicht, die Rationalität ist trotzdem nicht tot zu kriegen. Im Dämmerlicht lacht der Doktor plötzlich mitten in der Meditation – ist das Erleuchtung oder Infamie? Wir werden uns zum Abschied die Hände reichen wie zwei, die Tiefes geteilt haben. Dann bin ich wieder auf der Straße, die mir zum ersten Mal so klar erscheint, als sei die Wirklichkeit das, was das Geisterreich uns lässt, damit wir auch mal was verstehen.

Die beste Gesellschaft Bangkoks, hochstehende Politiker und Wirtschaftsvertreter, ausländische Investoren und Börsenspekulanten, auch sie haben ihre Geheimlogen. Das sind die Clubs, die exklusiven, von hohen Jahresbeiträgen geschützten geschlossenen Gesellschaften. Einer von ihnen mit dem Namen »Pegasus« residiert in einem antikisierenden Bau im Stil von Südstaaten-Villen, einem neoklassischen Wohntempel, den indirektes Licht umfließt.

Ein deutscher Industrieller nimmt uns mit. Er hat sich in seinem grauen Anzug verbarrikadiert. Seine Vertraulichkeit mit den Angestellten wirkt komplizenhaft. Sie erkennen einander wie Menschen, die Laster geteilt haben. Offenbar hat er ihnen schon manche Diskretion abgefordert, und die Freude der Mamasan, die hier nicht so heißt, aber das Gleiche leistet wie die Kupplerinnen in den Bars, ist keine spontane Wiedersehensfreude, eher das eingeweihte Abnicken des Stammgastes.

Im Interieur reflektiert die Noblesse der Materialien den Snobismus der Innenwelt. Es ist Herrschaftsarchitektur, gehalten als internationale Stilmischung, die dem Orientalen wie dem Australier behagt: Gold, Samtrot, Brokat, Terrakotta, getaucht in variierbare Lichtstimmungen des Intimen, alle weich, alle schmeichelnd, alle entgegenkommend. Der Gast teilt eine Vertraulichkeit mit dem Licht.

Darin finden sich isolierte Sofalandschaften, arrangiert zu Inseln, die, von Pflanzen getrennt, kaum einsehbar sind. Dahinter liegt die gläserne Tanzfläche wie ein Teich. Über ihr erhebt sich der prachtvolle Bühnenaufbau, der mit immer

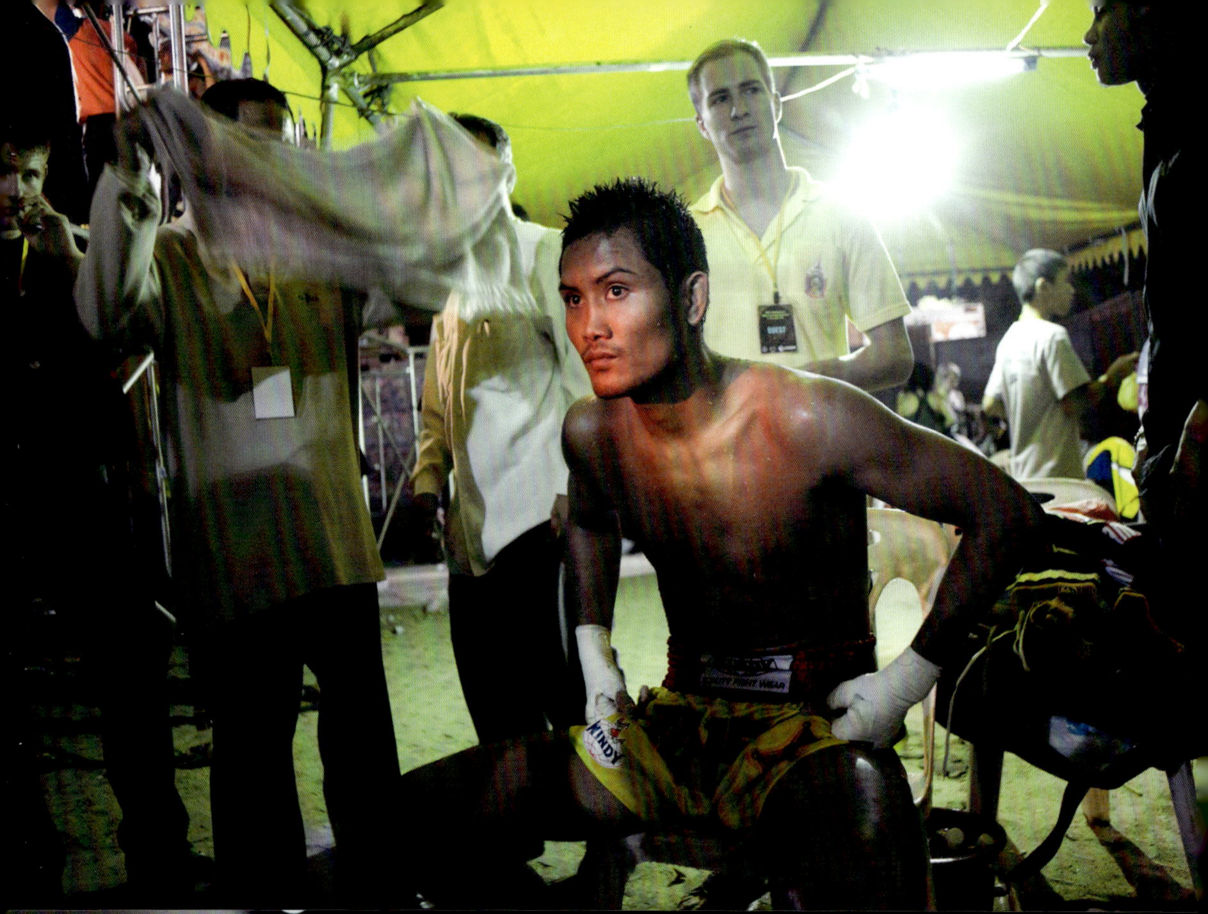
KINDY

RAJA

neuen Verwandlungen selbst ein Wesen gibt, das dauernd die Kleider wechselt. Mal steht eine Frau im Liedermacherstil auf der Bühne und behaucht das Mikrophon, mal gibt sich der Thai-Pop mit eingestreuten Tanznummern die Ehre, mal exzelliert ein Jazztrio, aber so, dass alle Soli defensiv klingen. Dann schließt sich eine bombastische Bühnenshow im Las-Vegas-Stil an, voller halbnackter Mohren, Frauen mit Federboas, Hebefiguren in pyramidaler Anordnung, ganz wie beim Polizeisportfest. Es folgen Artistik, Equilibristik mit eingestreuten Musicalsequenzen. Dann wieder verdämmert die Bühne und in den Séparées sucht das Drama seinen nächsten Akt.

Unsere drei Gesellschaftsdamen könnten unterschiedlicher nicht sein: Die mir zugeordnete Dao kultiviert den Püppchenstil, trägt also jene Korkenzieherlocken, die die Japaner gerne mögen, und wünscht sich, süß zu sein und zu bleiben. Dazu thront sie auf dem Sofa im weißen Kleid und lässt ihr Lächeln zirkulieren.

»Du bist eine viel gefragte Frau, nicht wahr?«

»Ich kann mich nicht erinnern«, erwidert sie mit einem Lächeln, dessen Wir-

kung sie kennt. »Ich kann mich an gestern nicht erinnern, nicht an vorgestern, nur an heute.«

Sie kann sich, während wir dasitzen, auch an mich nicht erinnern, und so ist es gemeint: Zwei Menschen sitzen beisammen, ohne Präsenz zu beanspruchen. Sie besuchen einander wie Touristen. Mamasan, stark geschminkt und mit Perlen auf den Wimpern, hat den internationalen Gesichtsausdruck der Puffmutter, milieuschlau und ungerührt. Sie hat zu viel gesehen, auch selbst schon zu viele Wünsche erfüllt, um noch Romantik zu fühlen. Die verkauft sie nur. Ja, sie besitzt die Beseeltheit eines öffentlichen Gebäudes. Nun kommt sie mit Würfelbecher und Whiskey. Wir türmen Würfel auf Würfel, wir kippen Glas nach Glas, es trinkt jeweils der, unter dessen Hand der Turm stürzt. Immer neue Runden und neue Spiele folgen, das Prinzip bleibt dasselbe.

Daos zierlicher Körper schluckt, sie geht aufs Klo, Mamasan sieht ungerührt, wie die Korkenzieherlocken zum schwankenden Gang nach recht und links ausschlagen. Dann deutet sie mit dem Zeigefinger in den offenen Mund. Kotzen

wird das Mädchen, möchte sie sagen. Aber wer will das wissen? Dao kotzt aus, um weiter trinken zu können, als sei es das Natürlichste.

Die Begleiterin unseres Gastgebers tanzt schon auf dem Tisch, den Unterleib im kreisenden Lapdance schwenkend, aber mit traditioneller Handhaltung.

»Dreh dich!«, ruft er klatschend. Sie tut es wie das Äffchen auf dem Leierkasten. »Alles Natur!«, jauchzt er.

Sie dreht sich weiter, ihrer Schönheit sicher.

Ralfs Gesellschaftsdame hat ein wenig indianische Züge, starke Beine und eine hintergründige Art, ihre Hingabe zu dosieren. Von Zeit zu Zeit sucht sie abrupt die Berührung, weil sie meint, das zu sollen. Mal trifft es den Mann, mal ein Kissen. Jetzt füttern uns alle drei mit Ananas und in Salz getunkten Äpfeln. Sie wahren Haltung, kennen nichts Zudringliches, und wenn sie sich anlehnen, dann kurz und unmotiviert. Anschließend thronen sie erneut, bis ihnen einfällt, ein bisschen zu schmachten.

Alles schimmert in Gold, in Rot, in Glas. Immerzu kommen Frauen in schaukelnden Röckchen, Abendkleidern, wehenden Schleiern vorbei, manchmal an der Seite bulliger Männer. Von Zeit zu Zeit wird das Licht heruntergedreht. Dann soll uns innig zumute werden, doch es ist wie bei Damenwahl. Manchmal sollen wir tanzen oder eine Frau im Arm über die Tanzfläche schieben, manchmal wild werden zu Sambarhythmen. Dann wieder fällt die Klimaanlage aus und die Mädchen fächeln sich Luft unter den Rock, wohl wissend, wie das wirken muss, und dass die Männer lachen und über ihren Gläserrändern Zoten reißen werden.

Dao beschenkt mich inzwischen mit einer Intimität anderer Art. Sie flüstert mir ihr Leben ins Ohr: Den Vater hat sie verloren, als sie ein Jahr alt war, ist bei ihrer Mutter aufgewachsen, das Einzelkind eines Einzelkinds, lebt heute mit vier Hunden und einer Katze und hat gestern ihren 30. Geburtstag gefeiert. Sie erzählt, als habe sie kein Gefühl mehr für das Drama dieses Lebenslaufs. Dann wird sie meine Hand nehmen und mich zur Toilettentür begleiten. Dahinter wartet ein Mann, der mir, als ich am Pissoir stehe, den Rücken massieren will.

Als ich zurückkehre, hat die Tischdame unseres Gastgebers ihm das Hemd zwei Knöpfe breit geöffnet und rechts mit zwei Fingern ein Fenster geöffnet:

»Rosa Brustwarzen«, reflektiert sie. »How strange!«

Er packt dabei mit der Faust ihren Rockbund wie beim Rodeo und schwadroniert über die in der Vergangenheit versäumten oder übersprungenen Frauen. Keine Erzählung von den Metamorphosen des Gefühls, sondern von den Konstitutionstypen. Doch schließt er seine Erzählung ab mit dem Satz:

»Da habe ich die Frauen nicht mehr lieben können.«

Als habe er ein einziges Gefühl komplett durch! Ich habe den Übergang verpasst und suche in seinem Gesicht nach den Spuren jener Situationen, in denen die Frauen noch geliebt wurden. Doch es bleibt bei der Abwesenheit eines Gefühls, das sich, abwesend, immer weiter aushöhlt. Die Pointe ist immer der Abschied. Denken kann er diesen Abschied nicht, besteht der Versuch zu denken doch darin, die Dinge aus ihrem Fleisch zu befreien. Er aber steht hart und mit stumpfen Augen vor dem Wunder dieser Frau, die ihm, wenn er nur weiter trinke, alles sein könnte. Doch während er sie noch mit phallischem Drohen bespaßt, erlischt sein Licht, und urplötzlich wirkt er wie ein gebrochener Mann, der sich jetzt, als habe er es selbst gemerkt, abrupt zum nächsten Rodeo hochrappelt.

Nicht viele Dinge sind es, die von Thailand aus in die Welt getragen werden, und in nicht vielen olympischen Disziplinen zeigen Thais Meisterschaft. Muay Thai aber, das Kickboxen, ist eine nationale Domäne. Es bewegt sich gerade aus der

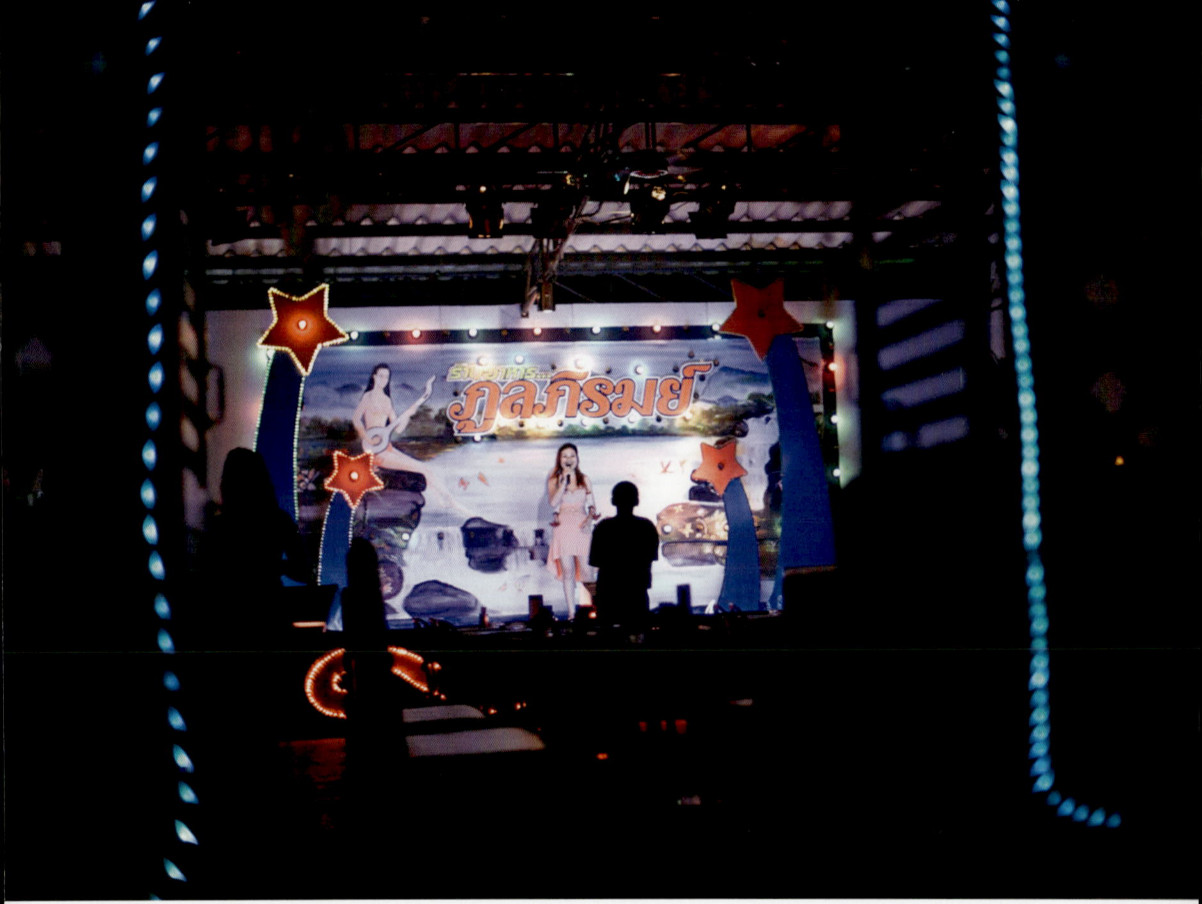

sportlichen Subkultur in die Höhen eines durch große Gewinne und Prestige geadelten Sports.

Das Lumpini-Park-Stadion fasst wie das Ratchadamm-Stadion mehrere Zehntausend Besucher, aber längst nicht alle, die heute hier sein wollen. Sie haben draußen vor dem Oval eine eigene Stammeskultur begründet aus Gaffern ohne Sicht, Bietern ohne Geld, Experten ohne Einlasskarte. Aber gleich bilden sich darunter die Subkulturen der Glücksspieler, Kartenleger, Suppenköche, die manchmal die Köpfe heben, wenn es drinnen besonders laut wird.

Am Ring ist die Stimmung hitzig jenseits aller Routine. Das Crescendo der Wett-Agenten und der Bieter hebt sich und gleitet in sanfter Dünung durch das Rund. Im Ring läuft dazu ein Mädchen von übernächtigter Schönheit mit einer Zahlentafel seine Bahn. Ein Schalmeien-Instrument stürzt sich in ein paar ungewohnte Intervalle, passiert einen Katarakt und jault sich auf einem angehaltenen Ton aus. Dann ist das Brausen der Menge wieder da. Die Kämpfer empfangen den Segen der Trainer und zeigen Demut vor der Aggression. Alle tragen ein Bild

Buddhas irgendwo am Körper. Dann verneigen sie sich vor der ersten Runde in der Richtung ihres Geburtsortes und grüßen Lehrer, Ahnen und Eltern mit dem Wai, der traditionellen Respektbezeugung.

Und schon explodieren die Kämpfer. Rot gegen Blau. Der Faustspezialist gegen den Fußspezialisten, der eine in Rechtsauslage boxend, der andere in Rechtsauslage tretend. Da der Körperkontakt fast überall erlaubt ist, und da die Tritte nicht allein Hämatome zurücklassen, spritzt das Blut. In den ersten Reihen wird der Flug der Tropfen im Sitzen ausgependelt. Jetzt sind alle präsent, an Ort und Stelle, ganz hier, alle Gedanken sind bei zwei Männern, die sich Runde für Runde empfindlicher beschädigen. Einer wird liegen bleiben, dem anderen jubelt die Arena zu. Der Sieger verneigt sich im Luftraum über dem Liegenden. Sollen sie jubeln. Nichts verbindet die Kämpfer mit dem Publikum so sehr, wie sie einander verbunden sind.

Thai-Boxen ist heute ein gesellschaftliches Ereignis, das Millionen am Fernseher verfolgen. Angezogen vom Licht solcher Öffentlichkeit kämpfen in den Boxställen Migranten, Straßenkämpfer, Athleten, die sich härtester Disziplin unterwerfen, immer mit Blick auf den Tag, an dem sie es einmal bis in die großen Arenen schaffen könnten.

Zwei Nächte nach dem großen Kampf sehe ich im Trainingsraum Kickboxern aller Altersgruppen zu und frage einen der magisch tätowierten Kämpfer, als er sich vom Einschlagen auf den Sandsack ausruht, die muskulösen Arme im Sitzen nach hinten gestemmt, flach atmend, den Blick immer noch auf den Gegner Sandsack gerichtet:

»Interessiert sich die Mafia nicht für euch?«

»Wir sind die Mafia. Wir haben die Triaden, die Yakuza, die Russen hier, wir bilden sie alle aus.«

»Dann werden sie eines Tages übernehmen.«

»Nein, geschäftlich wollen wir mit ihnen nichts zu tun haben.«

»Warum?«

»Wir gehen jetzt ins White-Collar-Boxing mit Events und Charity. Gut fürs Geld und besser fürs Image.«

»Und die Mafia lässt euch gewähren?«

»Kürzlich war einer der Bosse aus Hongkong da. Hat sich drei Mädchen ausgesucht und in seine Limousine gesetzt. Eine hat ihm dann nicht mehr gefallen. Da hat er sie in voller Fahrt rausgeworfen. Ihr Gesicht war eine einzige Wunde. Wir haben ihn gebeten, wenigstens die Arztrechnung zu bezahlen. Einen 20-Baht-Schein hat er mir ins Gesicht geworfen dafür: Da, soll sie sich das Gesicht machen

lassen! Nein, mit diesen Leuten wollen wir nichts zu tun haben. Selbst die hiesigen Bosse verstehen das.«

Nicht nach Schweiß und Talkum riecht dieser Boxstall, eher gebadet, Blütenduft in der Luft in einem Gemisch aus Gummimatte und Leder. Die bronzenen Krieger, die Kickboxer in ihren Zwanzigern, dreschen auf ihre Sandsäcke, üben mit den Pratzen, stumpfsinnig, stiernackig – unermüdliche, motorisch ausgeführte Arbeit. In ihre Gesichter ist völlige Ruhe eingekehrt, müssen sie doch immer die ganze Person hinter jeden Schlag und jeden Tritt bringen, dürfen den Aufprall nicht verfolgen, dürfen dem Schmerz nicht nachhorchen, sie müssen schlagen, treten, zerstören. In diesem Raum hier, in dem außer den Befehlen des alten Trainers und dem Klatschen auf der Lederhaut der Säcke nichts zu hören ist, nicht mal ein Atmen, hier existiert keine Psychologie mehr, kein Zweifeln, kein Zögern, es gibt keine gemischten Gefühle. Wo die Männer arbeiten, ist gelassene, unstörbare Mechanik. Sie nähen ihre Schläge, sie arbeiten sich wie mit dem Meißel durch den Block des imaginären Gegners.

Der Alte mit dem weißen Bürstenschnitt und dem tätowierten Fresko auf der Brust, steht mit einem Fuß auf dem Rücken einer platt auf der blauen Matte liegenden Kriegerin im gelben Leibchen. Das Seufzen der Liegenden kommt fast unhörbar, während sie ihr Kreuz gegen den Fuß des Alten stemmt. Seine Anweisungen sind kaum lauter, und das müssen sie auch nicht sein.

Die Kleinste, eine kaum Achtjährige, hat sich Seil springend der Stirnseite zugewandt, wo sie in die Augen des Königs und seiner Gattin Sirikit blicken kann. Auch ein paar Schnappschüsse von früheren Triumphen hängen da: großes Licht in einem großen Saal, voll von den Gesichtern der Beeindruckten. Aber hier, wo diese Triumphe ihren Ausgang nehmen, zwischen Hanteln, den roten und blauen Säcken der Firma »Twins«, zwischen den Schautafeln mit den Kampfpositionen, den Kalendern mit den Gesichtern der Helden, hier ist das Kickboxen eine zähe, schmerzhafte Tortur, die den Körper prellt, demoliert und ihn nach Mullbinden und Energiedrinks verlangen lässt. Eine junge Frau verarztet am Boden die Blessur an ihrem Knöchel. Ihre schlanken Beine in den groß bedruckten Shorts sind

undefiniert, weich, sind keine Kämpferinnenbeine, und die schwarzen Fußsohlen haben, als sie sich aus dem Schneidersitz erhebt, einen dunklen Abdruck auf dem Innenschenkel hinterlassen.

Im Ring steht niemand. Da liegt das Arbeitsgerät, Handschuhe in Rot, Schwarz, Blau, dazu Gürtel, Schuhe, Tücher, Salben. Aber davor, auf den blauen Matten, da kauert das nächste Schock junger Frauen, die sich zur späten Stunde die Hände bandagieren und das Training aufnehmen werden. Die Jüngste ist eine Sechsjährige mit verhornten Füßen, vernarbten Knien, den großen Ohren eines Buddhas und einer ehrgeizigen Falte über der Nasenwurzel. Sie legt sich die Bandagen allein an, stellt sich vor dem Alten auf und hat aus dem Stand seine Bauchmuskulatur mit einem so wuchtigen Tritt erschüttert, dass er anerkennend nickt.

Die Kleine tritt wieder zu, mit dem Innenrist, dem Außenrist, halbhoch, dann ihre Tritte hoch gegen die Brust des Alten peitschend. Sie wird ihre Handschuhe anziehen. Sie werden beinahe so groß sein wie ihr Kopf. Doch die Ärmchen, in denen noch kaum ein Bizeps schwillt, werden so geschickt gegen den Torso des Trainers geführt, dass er mehrmals zurückweichen muss. Aber nicht ihre Geschwindigkeit oder Schlagstärke machen die Kleine in ihrem rosa Shirt zur Kämpferin. Es ist dieser kostbare Rohstoff Wut, dieser nicht nachlassende Furor, die unermüdliche Energie eines Mädchens, das den Alten fällen will. Aber er, so wird mir berichtet, trägt aus seinen guten Tagen noch kleine Metallkugeln unter der Haut, die sollen unverwundbar machen. Solche wird sich das Mädchen auch eines Tages einarbeiten lassen.

Warum kann sie so sein? Was treibt dieses Perpetuum mobile, das noch sticht und schlägt und tritt und schwingt, als die anderen schon wieder die Binden abnehmen? Was lenkt diesen Blick, der zwischen zwei Tritten das Gesicht des Alten sucht, um dort die Wirkung abzulesen? Sie schwitzt. Ihr Haar wischt im Nacken hin und her wie ein Hundeschwanz, sie kann die großen behandschuhten Fäuste kaum führen, wird von ihrem Gewicht wie mitgerissen. Und doch kann sie nicht aufhören. Vielmehr wird am Ende der Alte ablassen und sie ihn beiseitewischen, um an dem Sandsack zur Linken weiterzumachen, ihm den Rest zu geben bis zum Finish.

Nein, sie hört nicht auf, und während ihr der Alte in die Rechte fällt, schlägt sie mit der Linken immer noch weiter, und während hinten die anderen ihre Sachen packen, hat sie den Sandsack immer noch im stieren Blick und schlägt und schlägt mit der Regelmäßigkeit eines Uhrpendels, und wenn alle gegangen sind, dann wird sie hier noch im Neonlicht stehen und der Herzschlag des Boxstalls sein: die verwilderte, zu allem entschlossene, nicht aufzuhaltende, sich durch die

Welt schlagende Boxerin. Und wenn man dann hinaustritt auf die Straße, dann kann es einem vorkommen, als klinge in allem Brausen der Hammerschlag dieser Fäuste noch nach, als klopfe er mit im Herzen der Großstadt.

Wo sich heute Bangkok streckt, lag ehemals das »Dorf der Schweinspflaume«. Bangkok aber emanzipierte sich und gab sich einen edleren Namen, der in vollem Wortlaut bedeutet: »Stadt der Engel, die Residenz des Smaragd-Buddha, die uneinnehmbare Stadt des Gottes Indra, die prachtvolle, mit den neun kostbaren Edelsteinen ausgestattete Hauptstadt der Welt, die glückliche Stadt mit prächtigen Palästen im Überfluss, die der himmlischen Residenz des inkarnierten Gottes ähneln, eine Indra geweihte, von Vishnu erbaute Stadt« – auf Thai knapp »Krung Threp«.

Im 19. Jahrhundert bestand Bangkok aus einer Handels- und einer Regierungsstadt. Zentral für Erstere waren die Chinesen, hatte doch der Handel etwas Anrüchiges für die Thais. Ihr Selbstbewusstsein war das von Bauern. Um die Mitte des 19. Jahrhunderts ermunterte deshalb Rama III. eine Gruppe von Chinesen, im Süden der Stadt zu siedeln und Handel zu treiben. Gegen Ende des Jahrhunderts waren dann etwa fünfzig Prozent der Einwohner Bangkoks Chinesen. Diese blieben zuerst noch für sich, heirateten anfänglich nur chinesische Frauen, bewahrten ihre Küche und schafften Systeme aus Klongs, Läden, Lagerräumen. Sie arbeiteten zügig und effektiv, was von den phlegmatischeren Thais mit Staunen beobachtet wurde.

Bis vor 120 Jahren hatte Bangkok noch regelrecht mittelalterliche Züge. Markt und Verwaltung bestimmten die Stadt. Es gab den Prunk der Tempel und Paläste. Es existierte ein engmaschiges Kanalsystem, durch das Waren verbreitet wurden, das aber auch zur Verbreitung der Cholera beitrug. Erst mit der Öffnung des Landes gegen Ende des Jahrhunderts und mit dem Wachstum der Metropole, begann man die Kanäle zuzuschütten und an ihrer Stelle Boulevards anzulegen, flankiert von vergoldeten Palästen.

Der letzte Bus nach Chinatown biegt schnaufend um die Ecke, auf seiner Flanke drei Piktogramme durch mathematische Zeichen verbunden: erstens ein schlafendes Gesicht, plus, zweitens, ein Auto gleich, drittens, ein Rollstuhl. Kommt man nach Chinatown hinein, ist es, als bündele sich selbst das Licht in anderen Brechungen: Da glüht tieferes Gelb über fadenscheinigem Blau-Weiß, in die Luft strömen neue Aromen, neue Gemüse krümmen sich in den Körben, bisher ungesehene Fische gähnen aus der Vitrine, und selbst der Buddhismus existiert hier in chinesischer Färbung.

Der Buddhismus verlangt eigentlich eine vegetarische Grundhaltung, schließlich ist das Töten verboten. Doch in Chinatown löst man das Problem gern pragmatisch. So sagt der Fischer: »Ich ziehe den Fisch ja bloß aus dem Wasser. Dass er dann stirbt, ist seine Entscheidung.« Der Koch sagt: »Der Fisch war ja schon tot, als ich ihn erhielt.« Der Esser stimmt ein: »Er war ja schon zubereitet, als ich ihn aß...« Auch deshalb wird das Fleisch gern gehackt, zerfetzt, geschreddert – es soll in nichts mehr an das Lebewesen erinnern, das es war. Und zur Besänftigung opfert man der Buddha-Statue später gedämpfte Enteneier, gegrillte Krebs-Schweinefleisch-Wurst an grünem Klebereis, dazu einen Bund kleiner Bananen. Nur der Kuchen hat nie gelebt.

Hinter Buddhas Rücken öffnet sich der Dschungel der Haushaltswaren auf dem Nachtmarkt. Dazwischen die Gold-, Juwelen- und Amulettverkäufer, die Haifischflossensuppen-Schlürfer, die Kalligraphen und Lampion-Maler. An der Ecke werden im Kessel Muscheln gewendet, Kastanien geröstet, fremde Duftstoffe verbrannt.

Seit dem 19. Jahrhundert schon haben die Chinesen großen Anteil auch an der Entwicklung des Finanz- und Wirtschaftslebens, der Architektur, der Küche, auch der Mode und sogar der Politik. Im Stammbaum jedes zweiten Thai findet sich inzwischen eine chinesische Großmutter, ja, manche gehen so weit und behaupten, der Geschichtsverlauf sei auch als Prozess des allmählichen Verschwindens des reinen Thai darstellbar. Die Folge: Anti-chinesische Ressentiments, wie sie aus vielen asiatischen Großstädten bekannt sind, fehlen in Thailand weitgehend.

Dass man Chinatown betritt, merkt man am Schlurfen. Abseits der großen Straßen mit ihren bizarren chinesischen Architekturen, den großspurigen Schrifttafeln, der Beschallung durch wimmernde Musik, dem Zirpen und Läuten, Scheppern und Schellenschlagen, abseits also in den unbeleuchteten Gassen, wo die Schriftzeichen nur noch schmal und zaghaft die Fassaden herunterlaufen und sich die meisten Läden in völligem Dunkel verlieren, da hört man diesen Laut der schleifenden Sandalenschritte und steht plötzlich in der Gasse der Amulettverkäufer – auf dem Markt des Aberglaubens, möchte man denken. Aber in Thailand unterliegt nicht einmal die Religion einem Reinheitsgebot.

Gewiss ist nur: Atheismus ist als Lebensform undenkbar. 95 Prozent der Bevölkerung sind Buddhisten und ehren ihren Religionsstifter so sehr, dass das Anfertigen von unzüchtigen Fotos mit Buddha zu Gefängnisstrafen führen kann. Die Ausfuhr wertvoller Statuen ist auch verboten, damit sie nicht als Briefbeschwerer enden. In Koexistenz mit dem Buddhismus besteht der Brahmanismus, eine magisch durchwirkte Form des Hinduismus. Toleriert werden aber ebenso animistische Riten, die inzwischen in den thailändischen Volksglauben Eingang gefunden haben. Aus diesen erklärt sich die Liebe zu Amuletten, die mit *saksit*, einer eigenen magischen Energie aufgeladen sein und astronomische Preise erlösen können: Buddhas aus Kalkstein, der von heiligem Wasser durchflossen wird; sie werden um den Hals getragen, im Haus, im Auto, am Arbeitsplatz aufgestellt oder befestigt.

Der nächtliche Amulettmarkt in Chinatown ist ein wichtiger Umschlagplatz für die in Lehm, Kalk, Stein oder Metall gefertigten Buddha-Bilder, die am besten von einem namhaften Mönch gesegnet oder getragen wurden. Der Preis bezieht sich nicht unbedingt auf den kunsthistorischen, sondern eher auf den spirituellen Wert, die Ladung an Segnungen. Aber auch die einfachen Glücksbringer müssen geehrt werden, dürfen nicht einfach in die Tasche gesteckt oder in der Nähe der Füße aufbewahrt werden.

Die Füße sind unrein, und nach dem mutmaßlichen Suizid von König Ananda wurde ehemals sogar ein Mann hingerichtet, weil er mit übergeschlagenen Beinen gesessen, dem König seinen Fuß entgegengestreckt und damit seine vermeintlich königshauskritische Gesinnung verraten hatte. Dieser Mann ist wohl der einzige Mensch in der Geschichte, von dem überliefert ist, dass ihn übereinandergeschlagene Beine das Leben gekostet haben.

Während sich in den 90er Jahren des 20. Jahrhunderts zahllose Zeitschriften mit dem Amuletthandel befassten, ebbte diese Welle ein wenig ab, nachdem eine Reihe aufgedeckter Skandale um Mönche und ihr lasterhaftes Treiben in Worten und Werken den Glauben an die heilige Kraft mancher Amulette beschädigt hatte.

Auch winzige, in Sandelholz gearbeitete, duftende Behältnisse für heilige Utensilien werden auf diesem Nachtmarkt feilgeboten. Auf Auktionen werden Millionen Baht erzielt für solche Reliquiare, in denen Buddha ein Haar zurückließ – hohe Preise, vor allem, wenn man bedenkt, wie diese Reliquienverehrung dem Geist des Buddhismus widerspricht. Die Händler in den Gassen aber unterhalten ganze Wühltische mit diesen Glücksbringern, alle geweiht natürlich.

Wir irren tiefer in das Dunkel hinein, jetzt fällt nur noch manchmal Licht aus der einzelnen Neonröhre eines Verhaus, in dem man auf den zweiten Blick sogar einen Schlafenden identifizieren kann, oder ein einzelnes, an einer Nähmaschine arbeitendes Mädchen, wozu stumm der Fernseher läuft. Dann, wir haben kaum erkannt, woher er kam, tritt ein Mann aus dem Schatten und zieht uns noch tiefer in einen Seitenarm der Gasse hinein und weiter in ein Haus: Ein Quader orangefarbenes Licht liegt vor der Tür, es folgt ein gekacheltes Entree mit Drachenskulpturen, Fo-Hunden, geduckten Sandsteinplastiken von Hanuman, dem Affenkönig und anderen Fabeltieren, samt Plastikblumen in Plastikkübeln, und auch der goldmetallige Fransensaum mit der Aufschrift »Happy New Year« hängt noch über der hinteren Theke.

Der Gang weitet sich. Zwei alte Flipperautomaten, stumm gestellt, schicken Blendsignale in den Raum. Immer noch ist die Decke so niedrig, dass wir die Köpfe einziehen. Jetzt durchflutet das Licht den Raum blau und kalt. Wir stehen vor einer Schaufensterfront. Auf zwei langgestreckten Stufen lagern zehn Frauen

wie Götzen, reglos in ihren bunten Roben, mit den grell geschminkten Physiognomien natur-unähnlich. Für die Verhältnisse des Landes sind dies erstaunlich groß gewachsene, massive Frauen von einschüchternder Körperlichkeit, samt robusten Händen, verschwenderischen Oberschenkeln und breiten Köpfen, die auf den in Fettringen getreppten Hälsen wie aufgeschraubt sitzen. Die Blicke aller sind starr auf zwei Fernsehgeräte konzentriert.

Unser Mittelsmann wird mit »Lung« angeredet, etwas wie »Onkel«, aber auch »Ehrenwerter«, »Respektabler«. Mit seiner Handkante vor dem Fenster zwei Bögen in die Luft zeichnend, markiert er die Preissektoren: Von da bis da unterer Tarif, dann mittlerer, und hier im letzten Abschnitt, diese zwei, das sind die teuersten. Eine von ihnen verlässt gerade den Raum, die andere sitzt, steckt die Haare hoch und fällt wieder in sich zusammen.

Jetzt wieselt Lung vor dem Fenster herum, erläutert uns die Frauen, rattert wie nach einer auswendig gelernten Bedienungsanleitung ihre Vorzüge herunter. Wir ziehen uns in den unbeleuchteten, dem Fenster zugewandten Vorraum zu-

rück, bestellen zwei Becher kalten Kaffees und folgen den Gesten Lungs, der uns anfeuert mit der Theatralik eines italienischen Dirigenten. Die Frauen achten schon nicht mehr auf ihn. Mit seinen schwarz gefärbten Haaren, seiner übertriebenen Gestik und der schlecht gespielten eigenen Begeisterung von seinem Angebot, ist er ein Verächtlicher, ein Buffo.

Als er sich endlich zurückzieht, sind wir ganz allein, die Frauen in der Überzahl. Einmal schlendert ein vollbärtiger Inder in den Saal, deutet mit dem Kinn würdevoll auf die Teure ganz rechts und hält wartend inne. Schon wieselt Lung aus dem Nichts heran, greift zum schwarzen Telefon an der Wand vor dem Glaskasten und spricht hinein wie in ein amerikanisches Gefängnis-Besucherzimmer. Müde rafft die Pompöse ihre Tücher zusammen, zieht sogar unverhohlen einen Flunsch und schickt sich an, den Raum zu verlassen. Kein Wort. Die anderen verfolgen weiter das Fernsehprogramm.

Gleich erscheint die Frau in der Tür unter der Treppe und schreitet in den ersten Stock hinauf, ohne den Inder, der ihr jetzt folgt wie eine getretene Kreatur, auch nur eines Blickes zu würdigen. Seine Hoheit ist dahin, er folgt ihr auf dem

Fuße und wirkt inzwischen selbst körperlich kleiner als die Frau seiner Wahl. Lung kommt jetzt zu uns zurück und redet das Restangebot schön, bis er zu der Gewissheit kommt, dass wir heute nicht den Weg des Inders gehen werden.

»Morgen bringe ich zwanzig neue!«, verspricht er euphorisiert. Da wir aber bereits gehen wollen, und er unsere Anhänglichkeit an dieses vor allem von Chinesen frequentierte Etablissement festigen möchte, schickt er uns durch einen weiteren dunklen Flur in eine Flucht von Räumlichkeiten, an deren Ende sich ein bizarres Ensemble öffnet: Gebirge, Palmen davor, auch *Wildlife* in wechselnden Farben, von tief Blau zu Rot zu Grünlich changierend, und alles aus Pappmaché, die ganze Stirnseite eines Raumes breit, davor eine Bühne, auf der vor drei Musikern ein einziges Mädchen im kurzen Rock ein Lied zum Besten gibt, das man, ohne es je gehört zu haben, schon nicht mehr hören kann.

Die Sängerin macht, während sie singt, keinen Schritt und keine Geste. Sie steht einfach reglos, und alles, was sich bewegt, sind ihre Lippen. In diesen finsteren Saal hinein singt sie, in die Schattenlandschaft aus rotpolstrigen Möbeln auf dem schwarz-weiß gefliesten Boden. In Reih und Glied stehen die gekachelten

Tische, zwischen Pfeilern mit verchromten Spiegeln und einem Publikum, das aus zwei Gruppen von zwei Männern besteht, um die sich interesselos eine Traube von Mädchen gebildet hat. Alle essen, und dann sitzen da noch wir, Fremde an einem Ort, an den sich Fremde sonst nicht verlaufen.

Zuckerwasser in Gelb steht auf unserem Tisch. Ein Alter mit dicker Brille kommt heran. Er stellt sich vor als Emissär der Geschäftsleitung. In einer halben Stunde, so lässt er in wackligem Englisch ausrichten, werde es hier zu einem besonderen Tanz kommen. Wir mögen bitte nicht gehen, bevor wir diesen Tanz mit eigenen Augen gesehen hätten. Wir lassen zum Zuckerwasser zwei Gläser Mineralwasser stellen. Der Alte kehrt zurück. Er komme, sagt er, wieder als Emissär der Geschäftsleitung, diese lasse ausrichten: Fünf Minuten seien es jetzt noch bis zu dem bestimmten Tanz, den er ja schon erwähnt habe. Sobald der Tanz beginne, werde er, der Emissär, uns darauf aufmerksam machen. Jetzt wolle er uns jedenfalls schon mal wissen lassen, dass es nun nur noch fünf Minuten bis zu dem entsprechenden Tanz seien.

Wir sind einverstanden. Inzwischen hat ein zweites, drittes, viertes Mädchen gesungen. Gemeinsam sind ihnen nur die Ambitionslosigkeit und der kurze Rock. Am meisten Sorgfalt wurde offenbar auf die Kleidung verwendet, die sich mal an fernöstlicher Überdekorierung, mal am Gothic-Stil der urbanen Jugend, mal am Sammelsurium der Freizeitmoden aus aller Welt orientiert.

Die Aufgabe der Mädchen ist nicht leicht. Zu beiden Seiten der Bühne sind große Fernsehschirme angebracht. Stumm läuft ein *Ghost Movie*, beliebt in diesen Breiten. Die Handlung hat schon einiges hinter sich, trägt doch der Protagonist bereits zwei Pflaster im Gesicht. Doch die Wunderlichkeiten haben sich längst nicht erschöpft. Wenn eine Figur rappelköpfig wird, verdoppelt sich ihre Außenkontur, dann zittert sie in eine Rückblende, in der wieder alles klar und eindeutig ist, anschließend verglüht sie in Dreifachkonturen, eine Folge der schlechten Ausstrahlungsqualität oder der Dramaturgie. Die Frauen, die gegen dieses Programm ansingen müssen, sind jedenfalls chancenlos. Selbst wenn sie zu zweit, einmal gar als Terzett die Bühne betreten, wendet sich ihnen kaum ein Kopf zu.

Schließlich kommt aus dem Bühnenhintergrund, schon in der Kulisse singend, ein im schneeweißen Anzug mit schwarzer Krawatte deplatziert wirkender Sänger, der mit seinen Gamaschen, dem Goldschmuck und dem Einstecktuch-Firlefanz offenbar an die Mafiazeit der Vierziger erinnern möchte. Seiner Stimme gibt er ein so extremes Vibrato, dass die Musik lieber auf der Stelle steht, und er tut alles, damit es so bleibt. Sollte die Komposition je auf Spannungsbildung drängen, wird er verhindern, dass es dazu kommen könnte. In den acht Minuten seines Auftritts hat der Sänger keinen einzigen Schritt gemacht. Dann werden im Hintergrund schon die Noten der nächsten Sängerinnen verteilt, und er räumt die Bretter, ohne dass jemand geklatscht hätte. Seinem Gesicht nach zu urteilen, hat er einen musikalischen Gottesdienst hinter sich, den Andacht begleitete.

Der Saal wird ein wenig voller. Jetzt sind alle Nischen besetzt, Suppe wird aufgetragen, ein schwergewichtiger Chinese samt seinem ephebenartig gewachsenen, aufgeregten Begleiter nimmt am Nachbartisch Platz. Eine Frau wird ihm zugeführt, die er fünf Minuten lang weder beachtet noch berührt. Sie wird dann eine zweite nervöse Begleiterin an die Seite des Begleiters setzen, der auch gleich

aufgeregt auf sie einzureden beginnt, was wiederum sie – sei es aus Schüchternheit oder Strenge – mit Nichtachtung quittiert. Am Ende können die Gesellschaftsdamen machen, was sie wollen, gegen das *Ghost Movie* kommen auch sie nicht an.

Inzwischen ist ein Ensemble aus fünf Männern auf die Bühne getobt. Ihrer Erscheinung und der Tusch-Freudigkeit der Band nach zu urteilen, muss es sich um Komödianten handeln. Die Reaktion im Saal verrät das nicht. Als der Dickste für uns unvermittelt seinen nackten Hintern entblößt und ins Publikum reckt, wendet sich uns die Frau am Nachbartisch zum einzigen Mal zu und lächelt entschuldigend. Es folgen Slapstick, samt Schläge auf den Kopf mit einem Topfdeckel oder Schuh, die Lachnummer eines Transvestiten mit Handtasche, ein missglückter Gesangsauftritt. Währenddessen drückt sich der Dicke mit dem Hintern am Bühnenseitenrand vor dem Spiegel einen Pickel aus. Das gehört nicht zum Programm, fällt in diesem aber nicht auf.

Als die Komödie eine Stunde gedauert, sich das Ensemble zwischendurch vergrößert, dann wieder verkleinert hat, alle gehörig durcheinander redeten, und

statt des *Ghost Movies* auf dem Schirm nun eine Harfenistin erschien, die zu sehr Boris Jelzin ähnelte, um hübsch genannt werden zu können, als sie wiederum von einer Phalanx tanzender Shrimps unterbrochen wird, die offenbar zur Werbung gehörten, dem Abend aber insgesamt guttun, und als dann noch die Internationale der Fernsehunterhaltung mit einer großen Show auf den Schirmen erscheint und das handgemachte Programm im Saal geradezu trostlos wirkt gegenüber dem abgefeimten Kalkül des elektronischen Entertainments, entschließen wir uns zu gehen.

Der Emissär ist nicht mehr gekommen, der besondere Tanz wurde nicht getanzt, aber die meisten im Saal hat schon das bisherige Programm so abgefüllt, dass auch sie nun das Weite suchen, hinaus in die nach-mitternächtliche Gasse, in die aus den Kästen der Klimaanlagen das Kondenswasser tropft wie ganz dünner Regen.

Ich dringe jenseits der Kaosan Road immer tiefer in die Gassen der rein chinesischen Viertel vor. Hier stehen die Wohnblocks enger, die Fassaden sind in Auflösung, vor den Türen Schutthaufen und Abfall, den die Bettler auseinandergezerrt liegen lassen. Manchmal kommt die Stadtreinigung und spritzt die Bürgersteige ab. Dann dampft es vom heißen Asphalt noch nachts in die Luft, bis sich die Schleier senken und der Abfall wie zuvor daliegt, nur durchnässt.

Und weiter, in einen Wolkenkratzer-Friedhof hinein schlafwandelnd. Man lässt das Gelichter der Hüttchen, die Stände und Feuer hinter sich, fühlt sich wie bei lebendigem Leibe entseelt und weiter geschoben. Doch dann ist man hellwach, wenn die Kulisse polierter und schwach mattierter Bauriesen zwischen zwei Wolkenfetzen plötzlich bestrahlt, exakt konturiert gegen die glühend graue Wolkenfront, die dunkle Hügellinie schreit. Man kann eine Schiffsglocke hören und schnelle Schritte, grau und rosa liegen die Fronten des Hochhauskomplexes gegenüber und gekappt von den Wolken schon die höchsten Gebäude. Aber darunter schieben sich die Flächen ineinander wie Stapel aus Mah-Jong-Steinen. Zeugen der Abwesenheit. Darunter die hinfälligen Wohnbauten mit der zufälligen Architektur von Balkonbepflanzungen, verkachelten Erkern, Bretterverschlägen, morschen Ensembles, denen man in ihrer halben Höhe nicht mehr traute und aus denen sich das Leben langsam in die Keller zurückzog, auf eine Höhe knapp über dem Grundwasser.

In einem dieser Souterrains kaufe ich fünf laufende Meter einer blau und rot bedruckten Seide. Die Verkäuferin hat ein breites, unschönes Gesicht und ein trostloses Leben. Für immer an diesem Tresen, unfähig zu reisen oder das Land

Teaching
Opportunities

zu verlassen, unverheiratet. Erschöpft, bevor irgendetwas begonnen hat, uncharmant, aber genügsam ist sie, ausdrucksstark, aber bescheiden. So beschädigt vom Leben in der Tristesse, steht sie im Kittel zwischen Seiden. Solche Existenzen hat früher die Mythologie hervorgebracht.

Die thailändische Flagge zeigt drei symbolische Streifen: Blau für die Monarchie, Rot für die Nation, Weiß für die Religion. Am meisten Leidenschaft aber zeigen die Bürger für Gelb, die Farbe des Regenten, die Farbe auch der Demonstranten, die sich in diesen Nächten vor der Tamasul-Universität versammelt haben. Geschickt betonen die Regierungsgegner so schon durch Farbgebung ihre Gutwilligkeit und wahre Loyalität. Die Vorbereitung dieser Demonstration hat sich im Stillen vollzogen.

»Es sind Demonstranten dort«, sagt der Tuk-Tuk-Fahrer und will uns lieber nicht nah an den Krisenherd bringen. Also laufen wir durch die dunklen Straßen, dem Getümmel am Horizont entgegen. Das Licht von Scheinwerfern gibt den Nachtwolken Textur. Auch blauer Rauch kräuselt sich hinein, aufsteigend aus

den stets mobilen, eilig herangeschobenen Küchen. Polizisten warten mit ihren Einsatzwagen im Dunkel der Seitenstraße, aber dort im Zentrum des Konflikts sind es nicht mehr als zweihundert lachende, schreiende, mutwillige, manchmal wütend-solistisch hervorspringende Studenten, die sich hinter dem Campus-Tor gegen das auf dem Bürgersteig versammelte Grüppchen von Gegendemonstranten aufwerfen.

Auf den Ladeflächen der Pick-ups werden jetzt dunkelgesichtige Arbeiter herangekarrt, verwandt den erniedrigten und beleidigten Landfrauen aus Issan. Sie tragen Rot, revanchieren sich politisch, versammeln sich für die Regierung, für den abgewählten Präsidenten Taksin und seine Gefolgsleute im Parlament. Die Roten loben den Präsidenten, der die Provinzen wohlweislich finanziell unterstützte und sich die Anhängerschaft der Menschen aus Issan sicherte. Die Gelben dagegen wollen eine Demokratie ohne Wahlbetrug, ohne Korruption und vor allem ohne einen Taksin-Gefolgsmann an der Spitze des Staates.

Verkehrte Welt: Die Studenten haben sich im Schatten der Repräsentationsarchitektur ihres Universitätsgebäudes verschanzt, die Taksin-Anhänger dagegen

vagabundieren auf der Straße. Verkäufer, Händler, Nachtschwärmer, Profiteure schwirren heran, und nur der Verkehr teilt die beiden Gruppen, weil er sich auf der Straße zwischen den Lagern gemächlich weiterschiebt, mit Bussen, aus denen die Fahrgäste gelassen die eine wie die andere Straßenseite in Augenschein nehmen. Aus den Megaphonen klingt nur ein Geschepper, das von den Hupen der wartenden Autos skandiert wird. Die im Bus blicken in das Gewirr der demonstrierenden Kräfte, bestrahlt vom Klangschrott der Parolen und Signale. Sie können den Sprechchören aus den ersten Reihen der Aktivisten kaum folgen. Dahinter steht die Kohorte der Fahrrad-Demonstranten, hinter diesen passieren Flaneure, die sich Obst kaufen und kurz den Grüppchen anschließen.

»Warum jetzt?«, fragt ein Alter flehend und hebt die Hände, als stünde er vor dem Parlament. »Warum zwei Monate nach der Wahl?«

Ein Junge reicht ihm eine Plastikflasche voll frisch gepresstem grünen Zuckerrohrsaft. Der andere senkt die Hände, greift zu, nimmt einen Schluck.

»Recht haben sie natürlich trotzdem«, schließt er an und tut den zweiten Zug. »Aber wie weiter? Jetzt wird es Streik geben, dann Blockaden, dann wird das Militär handeln müssen …«

Dies ist die erste Nacht der Demonstrationen, die sich in Bangkok nun monatelang halten und verschärfen werden. Am Ende wird die Regierung verloren haben und zurücktreten, und die folgende wird auch zurücktreten, und in Deutschland werden die Zeitungen schreiben, Thailand trage seine Demokratie zu Grabe. Hier denkt man das Gegenteil: Thailand kämpft mit demokratischen Mitteln für eine weder durch Fälschung noch durch Bestechung manipulierte Wahl, und die Machtinhaber kämpfen dagegen. Wie immer: Die einen wollen rauf, die anderen nicht runter.

Am folgenden Tag hat sich die Situation verschärft, nun wurden im Hof der Universität Leinwände aufgerichtet, auf denen Brandreden zu lesen sind, deklamiert in der internationalen Nomenklatur der politischen Agitationsrhetorik, begleitet von der globalen Gestik halbfrischer Empörung. Inzwischen ist die Universität abgeriegelt. Hinter dem Spalier der Polizisten und den Gitterstäben des Tors starren und schreien die Demonstranten in Gehegehaltung auf die Straße, wo eine einzige alte Brillenträgerin im Kapotthut steht und gegen das rhythmische Klatschen und das Gröhlen der Sprechchöre mit feiner Stimme ruft: »Lasst die Regierung ihre Arbeit machen!« Sie ruft diesen Satz immer weiter, ganz allein und unerhört. »Jetzt lasst doch die Regierung ihre Arbeit machen!«

Was soll das für eine Arbeit sein? Von der Linken nähern sich die Kohorten der Regierungstreuen und skandieren: »Kommt raus!« Unerhört bleiben auch sie. »Kommt rein«, schreien die Demonstranten von innen. Die Urform aller Demonstrationen: Rein gegen Raus. Nein gegen Ja. Nicht! gegen Doch!

Demonstrationsszenarien: Die junge Betrunkene hält selbstvergessen eine Flasche Bier vor sich und wiegt sie wie ein Kleinkind. Dann kotzt sie etwas Weißes ins Gebüsch, etwas, das glänzt wie das Innere einer Frühlingszwiebel. Unterdessen liest ein Schielender den Umstehenden das Etikett ihrer Bierflasche vor. Ein Mann in Orange steht zwischen ihnen und doziert. Ein anderer, gekleidet wie der junge Mao, psalmodiert ein Stück weiter vor sich hin, aber der zählt nicht. Der ist gläubig und wird heute keinen Menschen fischen.

In den sechzig Jahren seit Verabschiedung der ersten Verfassung Thailands im Jahre 1932 hat es allein dreizehn Putschs gegeben. Mal stand das Militär aufseiten der Demokratie, mal nicht; mal gelang die Revolte, mal scheiterte sie mit Toten, und unangefochten blieb allein der König. Wir haben eine parlamentarische Demokratie, sprach er, wer wäre ich, sie zu beeinflussen? So steht der Souverän vor dem souveränen Volk und schweigt aus guten Gründen. Doch wenn er den Regierungschef einbestellt hat, beobachtet das Volk genau, mit welcher Körpersprache dieser anschließend wieder vor das Volk tritt. So auch jetzt.

Aus dem Selbstbewusstsein, das der Präsident versprüht, als er anschließend sagt: »Ich werde nicht zurücktreten, wir werden kein Ausgehverbot verhängen, und in drei Tagen wird alles vorüber sein«, schließt man, der König sei auf seiner Seite. Doch warum hat das Militär dem Präsidenten dann geraten, lieber zurückzutreten als auf den gewaltsamen Einsatz der Truppen zu zählen? Warum schließen die Schulen für drei Tage? Warum streikt der öffentliche Verkehr? Warum wird den Abgeordneten der Strom abgeschaltet, warum vom Generalstreik gesprochen, der in diesen Tagen organisiert werden soll?

Nebenbei haben diese Regierungen regelmäßig disziplinatorische Anwandlungen. Dann werden die Sperrstunden vorverlegt. Plötzlich sollen die Bars bereits um 1 Uhr oder selbst um Mitternacht schließen. Dann strömen die Nachtschwärmer eben in die Clubs oder auf die Bürgersteige, in die Parks und unterzeichnen dort Petitionen für die Verlegung der Sperrstunde in die Morgenstunden. Bis sie erhört werden, gibt sich das Nachtleben nur eine andere Kontur. Jetzt werden die Kontakte in den Hotellobbys angebahnt oder bei den Garküchen zu beiden Seiten der Sukhumvit Road oder in den Seven-Eleven-Läden, und dazwischen keifen die Benachteiligten, die den Staat verklagen wollen, weil er ihnen das Leben unmöglich macht.

Ein Katoy stolziert hochhackig neben mir her. Er werde die Regierung jetzt auf Kostenerstattung für seine Geschlechtsumwandlung verklagen, greint er. Angesichts solcher Sperrstunden könne er schließlich kein Geld nach Hause schicken. Dort könnten keine Wasserbüffel angeschafft, keine Reisfelder bestellt, kein Geschirr für die Ochsen erworben werden. Die ganze Industrie kollabiere, wo nicht er und seinesgleichen ihren Diensten nachgingen. Oder glaube jemand ernsthaft, die ganze Landwirtschaft von Issan könne überleben, ohne die Geldströme, die aus dem Nachtleben Bangkoks in den Norden flössen? Oder glaube vielleicht jemand, sie hätten sich alle freiwillig operiert?

»Nein, für manche von uns war dies der leichteste Gelderwerb«, sagt er, »sie nahmen es einfach auf sich. Manche haben sogar ihr Genital noch und binden es nur weg.«

Eine hochgewachsene Frau kommt uns entgegen. Sie zieht mich zu einem Blumenkasten, biegt sich hintenüber, greift mir in den Schritt und zerrt mich hinter sich her. Ich folge nicht der Frau, sondern dem Schmerz, und auch die Frau ist,

als sie mir ganz nah kommt, keine solche mehr, sondern ein hermaphroditisches Kunstwerk.

Während ich versuche, mich aus dem Klammergriff zu befreien, bleiben drei deutsche Zecher stehen und lachen. Sehr weiblich ist dieser Ladyboy nicht ausgefallen, und so grölt einer der Männer: »Der Pimmel schrumpft, der Busen schwillt. Schon wird er Mamas Ebenbild!«

Der Katoy lässt ab, entgeistert, dann wütend, als hätte er verstanden. Er regt sich auf. Er stampft mit dem Fuß und der Absatz knickt um, seine Wut ist jetzt so tuckig, dass die Deutschen noch lauter lachen. Es ist komisch, es ist traurig. Wir kommen alle nicht zusammen.

Noch eine Nacht weiter, und die Massen der Demonstranten sind auf beiden Seiten der Demarkationslinien angewachsen. Aber inzwischen sind Schüsse gefallen. Jemand wurde von einem Motorrad aus getroffen, ein anderer verletzt, und dass Militär und Polizei heute räumen könnten, weiß jeder, der sich in dieser

Nacht hier eingefunden hat, um sich so wenig buddhistisch zu verhalten, wie man es selten sieht in dieser Stadt. Man intoniert Parolen, man wedelt mit Transparenten durch die Luft, mit Karikaturen und Sprechblasen, man zeigt sich unversöhnlich und im Überdruss expressiv. Der Campus ist jetzt abgeriegelt. Die Studenten, die Gelben, können nicht raus, die Regierungstreuen, die Roten, nicht rein.

Die größere Gruppe aber bildet sich im Zwischenreich der Gaffer und Schaulustigen, der Vermittler und Interessenvertreter. Eine kleine Frau hat sich an etwas betrunken, das über einen Strohhalm ununterbrochen in ihren Kopf fließt. Ein Prediger hat sich auf Zehenspitzen gestellt, doch seine Rede bleibt unhörbar. Ein Händler radelt mit seinem farbigen Kasten in Schlangenlinien zwischen den Grüppchen einher und klingelt pausenlos dazu: Mangos, Äpfel, Zuckerrohr- und Tamarindensaft. Eine fast glatzköpfige Frau im Pyjama rührt Waffelteig an. Da vorne aber, bei den Scheinwerfern, da sieht man nur noch die Spaliere der Schatten. Sie stehen so reglos, als würden die Demonstranten eigentlich von ihren eigenen Schatten bewacht.

Ein paar Wochen und zweihunderttausend Demonstranten später haben sich die Gelben vor dem Regierungsgebäude verschanzt, sind sogar in den Innenhof vorgedrungen, haben die Benutzung des Gebäudes unterbunden, haben eine Logistik entwickelt, wie sie der Staat nicht besser hinbekäme: Es gibt bewachte Parkplätze für Demonstranten, kostenloses Essen, Mineralwasser, Regenschutz. Es gibt Rednertribünen und Bühnenshows, Zelte und Feldbetten, sanitäre Anlagen, Carparks für die Übertragungswagen der internationalen Presse und bunte Plastikhände, die beim Schwenken klappern. Das macht mehrtägiges Klatschen weniger anstrengend. Ein Thai-Patent vermutlich.

Seit aber der Demonstrant zu Tode gekommen ist und vierzig weitere verletzt wurden, lassen sich Fremde hier nur noch selten blicken. Dafür gibt es geheimdienstlich operierende Beobachter. Der Erste, ein ehemaliger General mit Strohhut und dem Wams der Gelben, schert rhythmisch klatschend aus der Gruppe der Protestsänger aus und fragt mal nach, was wir machen, schreiben, fotografieren. Dann folgt eine bittere Anklage gegen die Regierung, sehr wütend, sehr pauschal. Ich bitte um seinen Namen, eine Mail-Adresse, eine Homepage. Er

schreibt alles in mein Büchlein. Tags darauf weiß ich, dass weder ein Mann dieses Namens noch eine Mail-Adresse oder Homepage existieren.

Der Nächste gibt sich, passend zum gelben T-Shirt, als Schwede aus, der die Demonstranten unterstütze. Vor allem aber fotografiert er uns. Ralf fotografiert zurück. Angenehm ist dem Mann das nicht, und so taucht er schimpfend im Gewühl unter.

Über dem Gewimmel der Demonstranten, der Kakophonie der Stimmen und Meinungen aber erhebt sich die mit europäischen Sakralbauelementen verzierte Fassade des Regierungspalastes, bis zu dessen Portal sie alle einmal vorgedrungen sein wollen. Da der Innenhof des Gebäudes schon gefallen ist, wallen sie nun nur noch die Repräsentationstreppen aufwärts und stehen plötzlich am Haupteingang des Gebäudes, mit Blick auf den Fokus, das Ziel aller Bewegungen: ein schmaler, hochbeiniger, wackliger Resopaltisch, den jemand von innen gegen die Tür geschoben hat. Darauf stehen zwei Topfpflanzen; sie werden als Nächstes sterben. Insgesamt das glanzloseste Ensemble, das wohl je der räumliche Fluchtpunkt einer Staatskrise wurde.

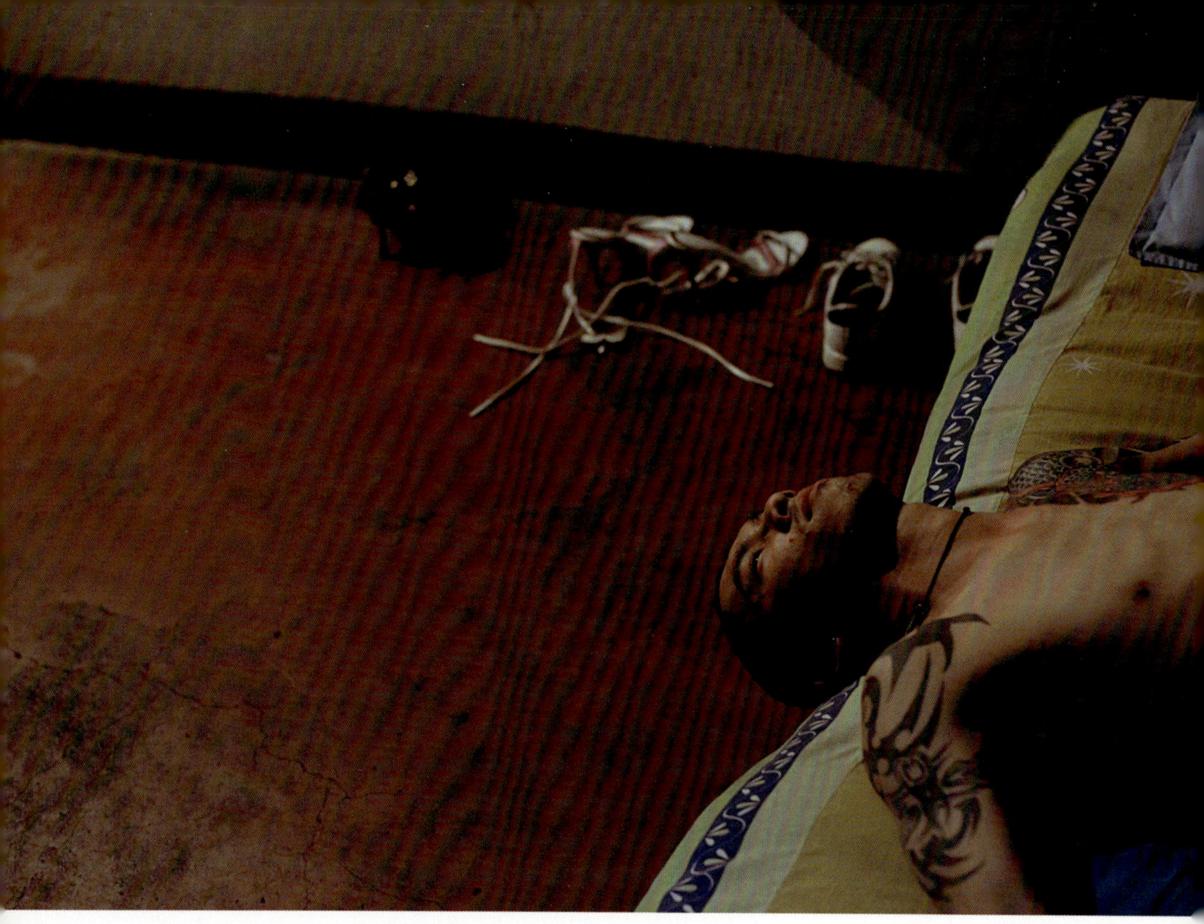

Und dann zurück, neuen Plänen zu: den Flughafen blockieren! Und schon wedeln uns auch die englisch geschriebenen Parolen entgegen: »All the News are Lieing« oder »Politics is killing«. Auf einem T-Shirt lese ich sogar: »I see dead people«. Ja, und an den Straßen kleben die Plakate eines innerparlamentarischen Oppositionellen, der mit dem Fernglas seinen Weitblick dokumentiert und mit dem Vorschlaghammer den Wunsch, die Korruption zu zerschlagen. Symbole überall, und so wacht hier innen im Hof des Regierungspalastes auch die Allegorie der Revolution, die sich aus dem Haufen der Schlafenden wie eine rächende Medea erhebende, burschikos gekleidete Frau, die zu ihren Parolen wütend mit dem Fuß aufstampft und krakeelt, den Arm in den Nachthimmel stoßend, rastlos wie die Unruhe eines Uhrwerks. Und ringsum schlafen sie, ein Bild des Königspaars im Arm, die Sandalen säuberlich aufgereiht, mit beiseitegelegten Fahnen. Jemand wedelt mit dem Bastfächer gedankenverloren über die Schlafenden, ein anderer hat sich mit dem müden Gesicht des Siegers abgewandt, wie um mit seinem Fatalismus allein zu sein.

Die leere Gasse: unbetretene, ungesehene Räume, zertretene Straßenmarkierungen, die nichts mehr bedeuten, ein abgescheuerter Pfeil, auf eine Narbe im Asphalt deutend, auf einen frischen Bruch dahinter zulaufend. Eine blaue Kiste, ein Besen, ein grünes Motorrad gegenüber, lange nichts. Das Rattern der Ventilatoren, die den Bratendampf in der feuchten Nachtluft vaporisieren lassen, konkurrierende Lichtkegel und ihre Schnittmengen. Messerscharfe Schatten und diffuse, ein Hund, der den Asphalt ableckt, dann die Pfote, wieder den Asphalt. Ein weißes Fragezeichen auf gelbem Grund, eine Tür beherrschend, eine halb verschalte Wand, halb fröhlich in Weiß und Orange. Auftritt eines Posters: »Free«. Eine Handtasche wird durch die Lichtbahn getragen, die Frau, ein Schattenriss. Tore ins Vergnügen, Tore ins Verderben – in die Tiefgarage, die Gasse, den Vorhof, rot ausgeleuchtet oder blau.

Aus dem Mundstück eines Rohrs säuselte der Dampf der Wäscherei in den Hof. Zwei chinesische Büglerinnen sehen dem Rauch nach, der durch den Schacht nach oben steigt.

NOVOTEL

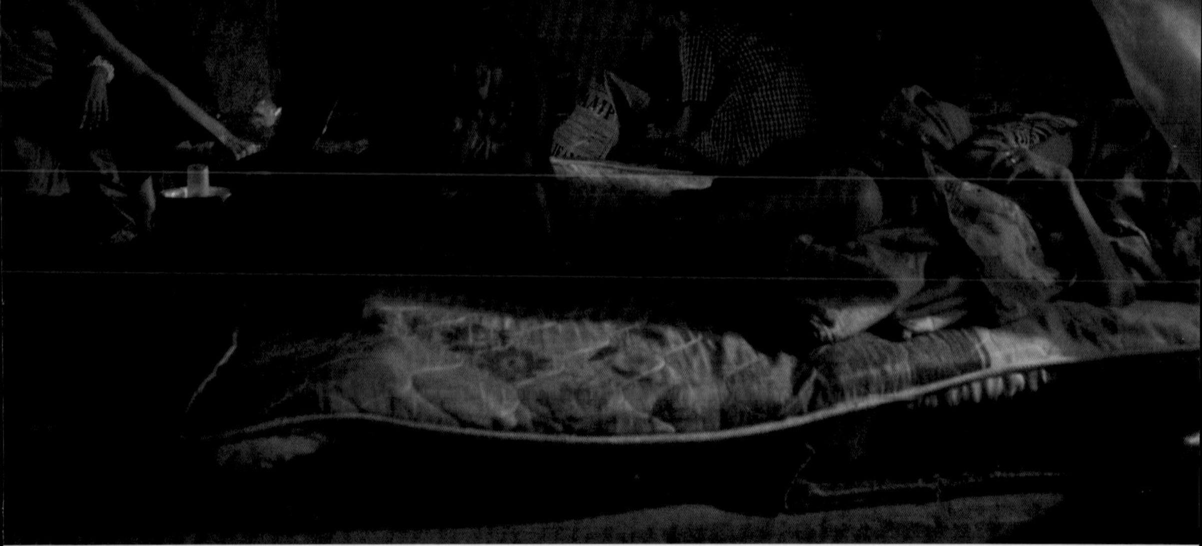

Im Hintergrund dämmert die schlafende Stadt. Unmöglich, sie anzusehen, ohne von ihr verneint zu werden. Und nun ist schon die dritte Nacht in Folge Vollmond. Für die Morgenstunden habe ich mir einen Ritterfilm im Fernsehprogramm vorgemerkt und bereite mich auf große Gebärden, unergründliche Motive und irres Gelächter vor, die Zutaten zum Lieblingsgenre der Thais.

Die beiden Büglerinnen sehen erschöpft herauf. Die eine weist unverhohlen mit der Hand auf meine Gestalt, die hinter dem Fenster des achten Stocks klein und matt aussehen muss. Als sie die Köpfe schon zurückgezogen haben, kommt vor meinem Fenster das Geräusch ihres Gelächters an.

Im schattigen Niemandsland zwischen der Parkgarage eines Hotels, der schwarzen Flusslandschaft und der Kathedrale eines unfertigen Neubaus liegt ein dumpfiger Winkel, moosig dämmernd. Ein Schrein steht in der Mitte, nur glimmend im Schein kleiner Laternen, überzuckert von Kleinplastiken, Figurinen, Götzen, Zwerg-Buddhas, Plastikstatuetten. Aber im Dunkel unter den hängenden Zweigen schwellen die Genitalien. Sie schwellen in Holz, Granit und Terrakotta, in Ton, Styropor und Speckstein, sie rotten sich klein und steif im Unterholz zusammen, sie recken sich zu erhabener Größe aus dem Beet, stehen als Solitäre mannshoch mit Manschette, ducken sich am Wegrand unter die Pflanzen, tragen Flor, trauern auf Halbmast. Prächtig erhalten sind sie, schier und saftig, lackiert und massiv, dann doch wieder porös und schadhaft mit Schründen und Schrammen. Sie sind die Glorie des Mannes und seine Zernichtung, sind Legion, sind Geschwader, und sie wären in Menge, Größe und Charakter lächerlich, stünden sie nicht für Lust und Angst, Sehnsucht und Beschwörung.

Hierher kommen die kinderlosen Eltern und beten für ihre Fruchtbarkeit. Hier beten die Frauen ihre Empfängnis herbei und die Männer mit wässrigem Samen flehen auf Knien vor den phallischen Götzen um eine Infusion mit kraftvollem Sperma. Sie essen Bullenhoden dafür und trinken auch Schlangenblut, in der Geistwelt aber ist die nächtliche Wallfahrt zum Penis-Schrein am höchsten angesehen. Und mehr noch: Holzgeschnitzte Penisse halten auch allgemein das Unglück ab. Vor einiger Zeit grassierte auf dem Land die Furcht vor dem un-

erklärten Nacht-Tod. Selbst gegen ihn sollen diese Kliks, wie man sie nennt, wirksam sein. Heute steht nur ein einziger, einsamer Beter da. Wir überlassen ihn seiner inneren Mission. Er ist ernst. Von Überlegenheit zeugt es nicht, im Penis-Wäldchen zu feixen und wie ein Pennäler zu lachen.

Lichter laufen durch den Mimosenhain. Es sind die Kinder mit Kerzen im Glas. Sie irrlichtern durch das Nachtgrün der Sträucher als sei ihr einziges Motiv, gesehen und schön gefunden zu werden.

Zwei Thailänderinnen sitzen am Tisch nebenan. Langstielig blicken sie nach den Lichtern. An ihrer Seite ein fahler Deutscher, ein massiger Amerikaner mit kurzärmeligem Hemd, gerade röhrt er: »For us it is easy, we have no god.« Die Mädchen blicken erschrocken: Kein Mensch soll gottlos, keiner soll lieblos leben. Aber der Amerikaner ist schon eine Episode weiter: »… came home and fucked my wife twice.« Die beiden Mädchen haben die Köpfe in ihre kleinen gelben Fäuste gestemmt und nicken wie zum Börsenbericht. Dann lacht der Mann, der sich gerade doppelt disqualifizierte, und die Mädchen stimmen prompt in sein

unbändiges Lachen ein. Aber es ist nicht das ihre, sie zitieren bloß das seine, ihre Stimmen tun es, die Augen wandern dabei ganz unbeirrt mit den Lichtern in den Gläsern draußen.

Nach Mitternacht, wenn an der Sukhumvit Road die Wachablösung vollzogen wird zwischen den Ständen der Label-Kopisten mit ihren falschen Uhren und Stiften und Hemden auf der einen und den Garküchen mit ihren qualmenden Pfannen auf der anderen Seite, dann löst auch eine Szene die andere ab.

Die Händler und die Shopping-Touristen verschwinden, die Katoys treten auf die Gasse, die »Freelancer« unter den Mädchen mischen sich darunter, auch ein paar betrunkene Briten aus den Bars sind oft dabei und lassen sich gleich wieder irgendwo auf den Plastikstühlen nieder, um weiterzutrinken und manchmal spontan zu einem Amy-Winehouse-Song zu tanzen. Es gibt Bettler, die sich erst jetzt zeigen, Verstümmelte, die im Dreck auf den Stumpen ihrer Beine heranrobben und wissen, dass mancher Tourist sein schlechtes Gewissen kompensieren und Ablass suchen muss, und dass manches Barmädchen den Tag gut buddhistisch mit einer Gabe beschließen mag. Es sind noch Kleinkinder mit Sammelbüchsen unterwegs, auch Bettelmönche, CD- und Blumenverkäufer, die Wahrsager breiten ihre Linoleumfolien aus und stellen Funzel, Kerze, Räucherstäbchen, Stift und Papier für die Horoskope bereit und eine Lupe zur Vergrößerung der Handlinien. Fotos von Mönchen werden mit Amuletten beschwert, kleine Götzen daneben postiert, rätselhafte Statuetten mit besonderer energetischer Ladung. Dann öffnet sich das innere Auge zum Studium der Muttermale, und die Session kann beginnen: ein Zauber, noch dazu ein alltäglicher, ist doch der Wahrsager in manchen Gegenden so gewöhnlich wie der Hausarzt.

Die Frau im geblümten Kittel. Was ist ihre Aufgabe? Heute wie in jeder Nacht: Krähen. Sie kräht, kaum dass sie einen Fremden sieht, hat sechs rote Plastikstühle rings um einen weißen Tisch anzubieten, zwei Suppen aus zwei Kesseln und eine Mehrzahl farbiger Liköre. Es sind die Dinge, die man auch zehn, auch hundert, auch tausend Meter weiter identisch anbieten wird, aber sie hat diese Stimme, die Stimme, die den Verkehr schneidet, eine Stimme, charakteristisch wie ein Dudelsack, doch mit rauem Timbre.

Wir folgen der Frau und treffen nun schon in der zweiten Nacht an ihren Stand auf Pop und Apple, die beiden Schwestern – »one father, one mother« betonen sie. Schließlich habe ich versprochen wiederzukommen und zur Besiegelung dieses Versprechens meinen kleinen Finger in den von Apple gehakt, die eigentlich Patcharih heißt. Eine leichtherzige Stimmung war das gewesen in der Nacht zuvor, als wir hier hängenblieben, Ananassaft tranken und kaum eine der Fragen beantworten mussten, durch die man sich normalerweise hindurcharbeitet: »Where you from?«, »First time in Thailand?«, »Whats you name?« Sie hatten entschieden, uns »Sampong« und »Samchai« zu nennen, was offenbar schmeichelhaft sein sollte, denn sie hoben die Arme dazu wie Gewichtheberinnen.

Unsere Nation hörte man uns an, unsere Berufe spielten keine Rolle, und dass Ralf in Bangkok zu Hause ist, verrieten seine Sprachkenntnisse. Nein, nichts war wichtig, außer der Atmosphäre des Augenblicks, der Schwerelosigkeit dieser Nachtstunden. Mal wurde mit der Besitzerin des Standes auf der Straße getanzt, wozu sie mit ihrer Reibeisenstimme lachte, mal mussten wir reihum das XXXL-Trikot eines amerikanischen Basketballspielers anprobieren, während sein Besitzer, ein echter amerikanischer Basketballspieler, aus der Entfernung zusah. Mal mussten wir die Tätowierungen vergleichen – bei Apple ein Unendlich-Zeichen über einer Zierleiste auf dem Oberarm, von einem Freund gestochen, bedeutungslos und von den Eltern für Unsinn erklärt, bei Pop ein fein gezeichnetes Körper-Aquarell mit Blüten, von den Eltern gleichermaßen als Unsinn bezeichnet.

Heute, in der zweiten Nacht, war es halb drei, als wir eintrafen, und Apple hastete eben heran. So beschloss sie ihren freien Tag, den sie vor dem Kabelfernsehen verbracht hatte, und musste jetzt Tigerbalm inhalieren, so außer Atem, wie sie war. Pop stieß wenig später dazu. Sie arbeitet als Kassiererin in einer Go-go-Bar, »nur an der Kasse«, wie beide vehement betonen. Die Eltern wissen dennoch nichts von dieser Tätigkeit, und wie in der Nacht zuvor, stellte sich Pop in den Schutz der seitlichen Mauer, um der besorgten Mutter am Telefon die allabendlichen Lügen aufzutischen:

»She thinks small problem; I think big problem«, erläutert Apple die Sache der Schwester.

Wir machen mit Maribu, Red Bull und Ananassaft weiter, »einen halben Whiskey« für die Chefin, sagt sie, und schenkt sich das Glas bis zum Rand voll, ein ums andere Mal. Ein CD-Verkäufer kommt und lässt sich nicht abwimmeln, zieht eine CD hervor, irgendwas mit »Best of 2« auf dem Cover.

»You are best of two«, sagen die Mädchen, sagen wir Jungen aus einem Mund.

In das anschließende Gekreisch singt der CD-Verkäufer den ersten Titel. Apple stimmt ein. Sie wechseln zum Zweiten, zum Dritten. Es ist dieser Thai-Pop, der die heimische Volksmusik erfolglos an den westlichen Markt verrät, doch nur unter Thais hat er Erfolg. Es sind die Sampler mit Karaoke Songs, die hier jede

und jeder intonieren kann, und als die ganze Scheibe heruntergesungen ist, kaufen wir sie, ehe die nächste angestimmt wird.

»Ich habe Musik studiert«, sagt Pop, das Mädchen von der Go-go-Bar-Kasse.

Wir schauen wohl ungläubig.

»Am Konservatorium von Bangkok«, legt sie nach.

Wir schauen nicht gläubiger.

»Classical Music.«

Es wird immer unwahrscheinlicher, wir nicken und lachen.

»Opera.«

»Chinese Opera«, springe ich bei.

»No. Italian Opera«, beharrt sie.

Dass sie italienische Oper auch nur dem Namen nach kennt, vermehrt unser Staunen angesichts der so überzeugend aufgetragenen Unwahrscheinlichkeiten.

»Aida«, sagt sie, »Don Giovanni, Figaro«, und zieht meinen Kopf mit beiden

Händen zu sich, bis ihre Lippen an meinem Ohr sind. Der Straßenverkehr donnert, die Musik aus den Boxen scheppert, aber jetzt ist diese Stimme wirklich ganz deutlich, und phonetisch tadellos reproduziert sie »La ci darem' la mano, la mi dirai di si ...« Eine kleine, hoch angesetzte typische Thai-Stimme, aber ja, es ist Italienisch, es ist Gesang, es ist Mozart. Ich staune in ihren offenen Mund hinein, der immer noch – mit in die Backe geschobenem Bonbon – Mozart singt, Donna Elvira, mehrere Intervalle zu hoch, aber doch Mozart.

Wie sie dies Staunen genießt! Es ist, als hätte sich ihre Person plötzlich in eine neue Dimension entfaltet. Sie hat uns auf unserem Gebiet, in unserer Kultur geschlagen, und das ganz sanft und voller Geschick.

»Klassische Musik ist gut«, assistiert die Schwester. »Zu der kann man so gut schlafen.«

Aber kommt da nicht der Wagen mit den frittierten Insekten, und wäre dies nicht die Gelegenheit, einen Schritt weiterzugehen und mir das Essen von Ungeziefer beizubringen?

Es gab eine Zeit, da fanden sich die gerösteten Heuschrecken und frittierten Maden, Raupen, Larven, Wasserflöhe, Seidenraupen, Grillen, die getrockneten Frösche und Skorpione und Ameisen überall, als ein Teil der Thai-Küche. Die schwarzen Maden wurden aufgebissen, und schon floss das nussig-gelbe Innere über die Abbruchränder der schwarzen Chitinpanzer, die Heuschrecken mit ihren bizarr zerfransten Beinen knusperten im Mund wie Cornflakes. Anderen Insekten wurden die Beine aufgebissen, um das Innere herauszusaugen, und manchmal standen die Mädchen in Grüppchen vor den Bars und teilten sich ein Bananenblatt voll solcher Cracker – bis die Falangs ihren Ekel zeigten, sich abwandten, und durch ihre Abwehr die Überlegenheit der eigenen Esskultur unterstrichen.

Dann ließen sich die Frauen beim Verzehr dieser Dinge nicht mehr erwischen. Wer wollte schon einen Mund küssen, in dem eben noch das Bein einer Heuschrecke gebrochen worden war? Die Stände verschwanden, machten Obst und Kokos und Hühnerschenkeln Platz, bis die besonders hartgesottenen, eingeweihten Falangs mit den kundigen Freundinnen danach verlangten. Dann kehrten die

Stände zurück, und eine geraume Zeit lang waren sie nirgends verbreiteter als vor den Bars und an der nächtlichen Sukhumvit Road.

Ich erwerbe eine Tüte Heuschrecken und eine mit Wasserflöhen. Meine erste Heuschrecke ist frittiert und freundlich, sie schmeckt nach Bratfett, verwandt allem, was auch erst in sprudelndem Fett zum Lebensmittel wird. Die Zweite ritzt meinen Gaumen mit ihren stacheligen Beinen und schmeckt nach Reiscracker. Doch, doch, die Heuschrecken knuspern ganz nett. Die Beine, aber auch der Rumpf, der eine etwas pomadige Substanz abgibt, schmecken nicht ungenießbar, aber charakterlos. Als Apple ein besonders korpulentes Exemplar so zwischen ihre Lippen fasst, dass sich mir das andere Ende großzügig entgegenrecken kann, verspeisen wir es von beiden Seiten, so wie man früher von den beiden Enden einer Lakritzschlange aufeinander zu fraß, um sich endlich küssen zu können. Doch auf der Höhe der Oberschenkel des Tieres trennen wir uns sicherheitshalber.

Um die Dosis zu steigern, greife ich in den Plastiksack mit den Wasserflöhen. Die sind grau und ungeröstet, besitzen eine morbide Schale und geben allenfalls

morastige Aromen frei. Sowie man sie am Gaumen zu Matsch zerdrückt, pinkeln sie etwas Fäulnis in den Rachenraum und erlöschen.

Während ich den zweiten Wasserfloh in seinen Beutel zurückfallen lasse, sehe ich, wie sich im Mund der Go-go-Bar-Kassiererin, in dem eben noch »Don Giovanni« sein musikalisches Exil hatte, zwei Heuschrecken ineinander verhakt haben, ehe sie krachend getrennt werden, wobei ein paar Unterschenkel auf den Tisch bröseln. Inzwischen öffnen die Mädchen den Wasserflöhen die Bäuche, damit wir sehen können, dass dort schon die Babys warten. Die beiden Frauen lösen die Föten mit dem Fingernagel heraus und tranchieren sie. Ich muss aufs Klo.

Die entfesselte Besitzerin, die unablässig in Lachsalven ausbricht, nimmt mich mit. »Me«, schreit sie, mit dem Finger immer wieder die eigene Brust anfliegend, »I'm crazy, but smart«.

Das Klo ist ein als Sichtschutz gekippter Sonnenschirm in einer Mauerecke. Ich ziehe es vor, den Weg zum nächsten McDonald zu suchen. Als ich zurückkomme, steht ein Elefant an unserem Tischchen. Die beiden Mädchen drücken ihre feinen Physiognomien an die staubige Runzelhaut dieses Greises, dem Tränen aus den panischen Augen fließen. Die Zärtlichkeit der Frauen, ihr Mitleid mit den Tieren, die nicht in diese Stadt gehören und doch inzwischen ihr Erscheinungsbild prägen, sind zugleich so allgemein, dass sie über die Kreaturen hinauslangen, bis zu den Alten, den Bettlern, den greisen Liebes-Touristen sogar, die alle wie ausgemusterte, havarierte, liebebedürftige und untröstliche Existenzen durch diese Stadt ziehen, und an die sich die Mädchen schmiegen, als könnten sie alles wieder heil machen.

Als der Elefant wieder vom Straßenverkehr verschluckt ist, hält man am Tisch kurz den Atem an. Das Erhabene der Kreatur hat in diesem Augenblick etwas Feierliches an den Tisch getragen, und auch seine Trauer hat sich übertragen. Aber als der Müllwagen zischend abbremst und von den Arbeitern, Mann und Frau, die Säcke ins Innere geschmissen werden, springt Apple auf und ruft: »My parents«, wie gestern schon. Wir orientieren uns an diesen kleinen wiederkehrenden Floskeln, wie zum Beweis, dass wir schon länger zusammenleben und alles immer wieder glücklich in dieselbe Rille springt.

Als ich mir etwas notiere, beugt sich Apple über meine Schulter:

»Was schreibst du?«

Ich schlage meine Kladde auf und zeige ihr das Schriftbild. Sie schaut, als stünde sie vor einem Obelisk.

»Wo bin ich?«

Ich lege meinen Zeigefinger auf das Wort »sie«.

»Das bist du!«

»Wirklich?«

Sie staunt den Krakel an, nimmt die Kladde, reicht sie der Schwester, den lackierten Finger auf dem »sie«:

»Das bin ich.«

Unter der Fußgängerüberführung, wo immer die Mütter mit den Kindern betteln – »Gib nur den Müttern und den Krüppeln«, rät Apple – haben zwei Jungen jetzt angefangen, Federball zu spielen. Der Verkehr hat noch kaum nachgelassen, die quäkenden Hupen der Tuk-Tuks skandieren den Fluss der Motorengeräusche und die Musik aus den Boxen schaltet gerade zu Eminem, da fallen den Mädchen die Wahrsager ein.

Wollen wir Kartenlegen? Und ob. Der einzige unbeschäftigte Wahrsager ist jung, hat ein schwammiges Gesicht mit milden Augen und spricht kein Englisch.

»Macht nichts«, meint »Crazy but smart«. »Ich übersetze, was ich verstehe, und

den Rest darfst du sowieso nur maximal zur Hälfte glauben. Es entgeht dir also nichts. Vor allem aber darfst du nicht traurig sein. Lieber Geduld haben und deinem Buddha spenden, das wirkt gegen alle Übel.«

Ich verspreche es und mische die Karten nach Kinderart, indem ich sie platthändig kreisend über den Boden bewege. Als aber die kleine gelbe Kerze neben der Plastikmatte durch einen Luftzug verlöschen will, blicken schon alle so erschreckt wie angesichts eines schlechten Vorzeichens.

Unter den Karten sind vor allem solche, die mir schwere Arbeit und große Liebe voraussagen und mir wiederholt empfehlen, langsamer, besser erwogen, gemächlicher zu entscheiden. Allerdings krähen die drei Frauen bei jedem neuen Spruch des Wahrsagers so laut durcheinander, dass ich nur am Ausbleiben größerer Aufregung ablesen kann: Hier kommt Bedenkliches. Erst der Ritter! Dann der Magier! Satan sogar, wenn das mal gut geht! Vom zweiten Wurf darf ich nur noch sieben Karten aufdecken. Dieses Mal ist die Liebe, die glückliche Liebe, eine ausgemachte Sache, sofern ich mich nur entscheide. War ich bisher »butterfly man«, darf ich jetzt zumindest sicher sein, dass, wenn ich liebe, dann auch richtig,

dann werde ich wiedergeliebt werden, dass mir Hören und Sehen vergeht, was mir besonders Apple eindringlich versichert.

Auch im dritten Kartenwurf – dieses Mal konkurrieren nur noch fünf Bilder um meine Zukunft – wartet keine Hiobsbotschaft. Allerdings fällt die Übersetzung durch die drei Frauen so kryptisch aus, als handele es sich dabei um ein Orakel, das es zu lösen gelte, sollte ich mein Schicksal kennen wollen. So bildet sich meine Zukunft unscharf erst in den Karten, dann, noch unschärfer, in der Fremdsprache ab.

Doch ich werde Geduld haben, hart und gemächlich arbeiten und im Notfall meinem Buddha ein paar Opfer bringen. Mit dieser Beruhigung geht es weiter in die Nacht, in der die drei Frauen zurückbleiben, ihre kleinen Finger in die unseren hakend, damit wir morgen auch ganz sicher wiederkommen, »promised«, und als wir schon fast losgefahren sind, läuft Apple noch einmal sicherheitshalber mit einem summarischen »miss you, miss you« hinter uns her. Es ist leicht und heiter, meint es doch keinen Menschen, eher eine Stimmung.

Heute sind die Bars früh erloschen. Die Tanzflächen bleiben leer, vor den Eingängen sammeln sich nur wenige Streuner, um sich nach Waffen durchsuchen zu lassen. Etwas muss passiert sein, das die Leute zu Hause fesselt, »etwas, wie der Tod der Schwester des Königs neulich«, sagt einer. »Da sind auch viele daheim geblieben, haben schwarze Kleidung angelegt, und selbst an der Stange gab es Mädchen, die mit Trauerflor am Arm tanzten.«

Wir streifen von Bar zu Bar, erst ins »Shark«, wo die Mädchen mit dem eigenen Spiegelbild flirten. Eine, mit großem, mongolisch wirkendem Schädel, ist so versunken in die eigene Erscheinung, die sie mit phlegmatischen Bewegungen antanzt, dass die Tänzerin daneben ihr einen Stoß geben muss, wie um sie zu erwecken. Müde geht ihr Blick dann über die Köpfe von ein paar Männern, die alle einem Fußballklassiker folgen, der abseits über den Schirm flimmert, nicht ihr. Ein Mädchen gähnt so expressiv, dass es ihr den Kopf auseinanderreißt. Sie erschrickt ausgerechnet darüber, dass sie beobachtet wird, verschränkt die Arme über der Brust und tanzt so weiter, in einer tänzerisch unmöglichen Position, trotzig abwehrend und mit der Dünung, die das Becken vor und zurückbewegt, nicht synchronisierbar.

Wir ziehen durch die unbeleuchtete und unbeschilderte Einfahrt einer Tiefgarage. Es ist zwei Uhr früh, und wir sind noch fast allein, als wir zwischen den Quadern der Pfeiler hindurch tiefer in die leere Halle hineingehen. Nur auf der Rückseite, wo sich hier und dort eine einfache Tür in der Wand öffnet und einen fahlen Schimmer in die Garage wirft, tanzen ein paar bläuliche Lichtpunkte. Das sind die Taschenlampen der Security-Männer, die die Gäste filzen. Doch nur ein kleiner Schwarm Besucher lässt sich an diesem Abend hier nieder. Dabei ist die Stunde die richtige, eben jene, in der die Mädchen aus den Bars in die Diskotheken schwärmen und mit ihnen die Männer.

Auch die »Freelancer«, die Freischaffenden, kommen um diese Zeit her und dazu die einfachen Straßenprostituierten, die man hier »die Geister unter dem Tamarindenbaum« nennt. Selbst ein paar Katoys mischen sich schon unter die Leute und sehen, dramatisch geschminkt und in großer Robe, in diesem Licht imponierend aus. Sie alle betreten den Raum als ihren Kontakthof. Manchmal

tanzen sie auf einen Schatten im Dunkel zu, aber nur lange genug, bis er ausweicht. Weicht er nicht aus, bleiben die Schatten kurz voreinander stehen, die Hände treffen sich sofort, greifen ineinander und halten sich. Dann ziehen sich die Schatten, immer noch Hand in Hand, in die Sitzgruppen zurück, wohin nur noch die Serviererinnen mit den Tequila-Tabletts oder den Snacks vordringen.

Wollen die Go-go-Tänzerinnen denn nie aufhören? Vor einem verspiegelten Pfeiler hat sich eine ihren Freier so arrangiert, dass ihr Hintern die Passform seines Beckens nicht verlässt und sie sich in synchronen Wellenbewegungen auf und ab bewegen können. Der Mann hat seine Nase in die Haare der Tänzerin gesteckt und bearbeitet ihre Hüften mit beiden Händen. Der Blick der Frau aber hält im Spiegel die eigenen Augen fest, strahlend übermütig und charmant, während der Mann rammdösig gegen ihren Hintern schwappt, wobei seine Hände mit den kurzen Fingern hilflos versuchen, die Tänzerin zu sich umzudrehen, erfolglos, denn sie tanzt und tanzt, als gelte es dem, der kommen wird.

Später sehe ich dieselben kurzen Finger des Tänzers, wie sie dem kleinen Klo-

mann, der in einem Bambuskorb heiße Tücher anbietet und dazu »tiiiip, tiiiip« ruft, alle Scheine von der Untertasse fischt. Der Klomann hört nur auf zu rufen, sonst tut er nichts.

Eine steht unter den Bäumen mit großer Sonnenbrille, in der sich die gegenüberliegenden Fassaden spiegeln. Als ich herantrete, nicht um ihre Augen, sondern um die Spiegelung in ihrer Brille zu betrachten, führt sie mir vor, dass sie mit den Zehen trillern kann.

In der Soi Drei oder Soi Nana mischen sich die arabische und die afrikanische Welt mit den Lastern Thailands. Nordafrika und der Vordere Orient schicken ihre Gerüche, ihre Schmuckdesigns, ihre Rohstoffe, ihr Gold in dieses Viertel, und die Thai-Frauen legen orientalische Schminke auf. Die Telefonbüros versprechen das Glück durch einen Anruf nach Hause, die kleinen Küchen bieten Falafel und Pita-Brot, in den Kleiderläden finden sich Kaftan und Hemd-Hose. Man raucht Shisha und isst geröstete Tauben, die Reisebüros spezialisieren sich auf Billigflüge in Wüstenstädte, und auf der anderen Straßenseite liegt »Nana Palace«, ein Bienenstock der Vergnügungsstätten. Das Milieu der Gegend formiert sich in parasitärer Zusammengehörigkeit: da gehören die Huren zu den Apotheken, die Taxifahrer zu den Massagesalons, die Getränkeläden zu den Stundenhotels.

Das »Grace«-Hotel hat alles, nur *grace* nicht, und was Hotel an ihm ist, fällt nicht ins Gewicht. Denn dies ist ein legendärer Kontakthof, der Platz, an dem sich ursprünglich die arabische und die schwarzafrikanische Welt traf, aß, rauchte, spielte, tanzte und Frauen mitnahm. Verächtlich nennt man sie »Kaek«, die Freier der untersten Begierdestufe, die orientalischen und dunkelhäutigen, denen man etwas Unverspieltes, Animalisches, Ungewaschenes zuschreibt, so wie man die Japaner »pervers« nennt, die Briten »grob«, die Deutschen auch in der Liebe »tüchtig«. Solche Begriffe sind des Lotterbetts Bezüge.

Das »Grace« besteht aus einer Flucht von Hallen, die angenehm würdelos gealtert sind, abgearbeitet aussehen, den Kontakt zum Design der Gegenwart gekündigt haben und deshalb wirken, als hätten sie kapituliert. Diese Frucht- und Blumenmotive waren in den sechziger Jahren »Kunst am Bau«, diese Friese mit stilisierten Szenen aus dem Gemeinschaftsleben sahen schon zur Zeit ihrer Entstehung verschossen aus, und auch aus der Lichtstimmung hat sich die Hand des Designers längst zurückgezogen. Es funzelt noch, gelb streicht es durch das Entree, fließt zwischen den Holzvertäfelungen und Paneelen abwärts, wo es sich

kalt grün zwischen den Frisiersalons und den Quengelware-Boutiquen ernüchtert, verschwindet auf der Schwelle der Diskothek, wo ein paar korpulente Russinnen unbemannt ihre Runden drehen.

Aber oben, in der Halle, wo man unter der flachen Decke zwischen Kunstblumen und rosa Wänden eine ambitionslos kombinierte Mahlzeit einnehmen, einen Blick auf die kleine »Bowling-Alley«, den Billard-Salon oder das »Grace Restaurant« werfen, usbekische Süßigkeiten in der Raucher-Lounge einnehmen oder einfach Kaffee und Likör im Wechsel kippen kann, fällt das Licht atmosphärelos über Gerechte und Ungerechte, über amerikanische Baseballspieler in ihren Trikots, muslimische Genießer, die im Gehen das Gebetbuch studieren, mit flinken Blicken aber rechts und links die Blicke der Ausziehmädchen einfangen, über voll verschleierte Frauen, die die leichten Mädchen ebenfalls mustern, aber als seien sie Verräterinnen. Auch Männer in prachtvollen Pyjamas flanieren hier: Morgenländische Ornamentik überwuchert sie, und ihr Brusthaar tragen sie wie einen Einsteckschal.

Die Thailänderinnen, die sich hierher verlaufen, sind entweder korpulent, besonders duldsam oder schwer vermittelbar. Sie legen ihr Make-up mit schwerem Mascara, hoch gezogenen Augenwinkeln und übertrieben roten Effekten so auf, wie sie es auf orientalischen Fotos gesehen haben. Sie schwärzen ihre Haare nach, mischen etwas Rost hinein, tragen arabische Applikationen oder Stickereien auf den Westen, ja, sie kommen sogar in Wolken von Rosenöl daher, eine Mimikry an den fremden Lebensraum. Manchmal tragen sie selbst orientalische Bildteppiche um die Hüften.

Dann reihen sie sich an den rot gedeckten Tischchen auf, achten kaum auf die schnauzbärtigen Kaffeetrinker gegenüber und blicken so beschäftigt, wie sie nie sind, simulieren Büroarbeit, telefonieren, tragen etwas in Büchlein ein und haben parallel jeden Schritt in der Halle im Blick. Irgendwo klickert manchmal ein Mädchenlachen in den Raum. Dann wird es wieder so still, dass man das Gebläse der Klimaanlage hören kann.

Die Männer tragen verspiegelte Brillen und goldene Uhren. Der Rap hat ihnen ihr Passepartout gegeben. Sie bewegen sich in Gesellschaft ihres Handys und ihres Trainingsanzugs. Ach, da kommt gerade ein Rudel im Kaftan aus der Flanierzone, scheinbar Desinteressierte, die Kännchen, Säfte, Eispokale balancieren und einen unverdächtigen Aussichtsplatz suchen; dann eine Gruppe sagenhaft Korpulenter in Ringelleibchen, dann einer, der seinen Hosenbund bis knapp unter die Brustwarzen gezogen hat, dann einer mit Vollbart in Armeehose, der auf der Suche ist, denn er ist gerade von diesem Tisch aufgestanden, an dem er eine Frau mit dicken tätowierten Beinen in ihren Hotpants zurückgelassen hat. Sie steckt ihren Strohhalm in den eisgekühlten Guavensaft und lässt die Augen schon wieder schweifen, zum Grollen der laufenden Bowlingkugel im Hintergrund. »Strike!«, sie blickt kurz hinüber. Diese Amerikaner sind Jüngelchen, sagt ihr Blick, und sie wollen nur spielen.

Ja, sie selbst ist grandios, eine wahre Sehenswürdigkeit mit einem großen gutmütigen Gesicht. Nackt muss sie imposant sein, ein Körper im Bierteig. Rote Strähnen und ein paar Goldfäden hat sie in ihr Haar geflochten, deren Schimmer in ihrem Dekolleté, von ihren Fingern, vom Handgelenk widerscheint. Sie hat sich ein bonbonrosa gefärbtes Eis kommen lassen, samt Sahnehäubchen mit Cocktailkirsche, Schokosplitter-Regen und Biskuit. Abwechselnd führt sie einen Löffel an die Lippen und greift sich ein Riechfläschchen, um Tigerbalm in die Atemwege zu kriegen. Sie isst, als täte sie es aus dekorativen Gründen. Einmal lächelt sie zu uns herüber, da ergießt sich das Schmelzwasser über die mit Gloss lackierten Lippen.

Wir rutschen hinüber. Jetzt machen sich die künstlichen Grünpflanzen hinter ihr noch strahlender, kontrastreicher. Warum wir gekommen seien, wird sie später fragen. Weil er sie möge, erwidert Ralf auf Thai. Sie wendet mir ihr Gesicht zu und spricht:

»Thank you for like me.«

Dann treibt sie die Cocktailkirsche mit dem Löffel durch das Glas und stiert in eine Zeit, in der wir uns nichts mehr zu sagen haben werden. Sie kommt bald.

Im Geisterhaus zum »Grace« stehen vier Flaschen Pepsi mit Strohhalm, zwei Puppen mit maßgeschneiderten Anzugjacken in Khaki-Grün, im Kreise von ein paar Hustenbonbons. Wie stellen sich die Menschen die Geister dieses Hauses vor?

In einer Ladenpassage des arabischen Viertels, wo die Salam aleikums über den Türen mit Räucherstäbchen eingenebelt werden, hat seit 1971 die »Wong Family« ihren Sitz. Jimmy Wong, ein Eisheiliger seines Gewerbes, hat in seiner vier mal vier Meter großen Stube in den Achtzigern noch zahllose GIs tätowiert, während seine sechsköpfige Familie denselben Raum bewohnte. 1994 reiste er in Begleitung seiner elfjährigen Tochter nach Amsterdam zu einer Tattoo-Convention. Die Tochter hatte eine Tätowiernadel bislang allenfalls zum Spielen in der Hand gehabt, und wegen Minderjährigkeit sollte sie zunächst keinen Einlass erhalten. Wong erklärte aber, es handele sich um eine aufstrebende Tätowierkünstlerin, was die Veranstalter veranlasste, sie auf fünf bereitstehenden Männerkörpern ihren Namenszug in Thai stechen zu lassen. Es gelang. Die Tochter nahm teil, gewann sogar einen Preis und im folgenden Jahr den nächsten. Auch sie hat inzwischen ihr eigenes Studio wie die Brüder. In jener Zeit aber stach man noch vor allem traditionelle Muster, am liebsten unter Aufsicht der Mönche.

Jimmy Wong junior ist ein verschlossener Intellektueller mit Zopf und gefärbtem Haar. Zum Tätowieren zieht er weiße Handschuhe an. Seinen Laden öffnet er nicht vor 22 Uhr, aber allnächtlich und nur nach Vereinbarung. Sein eingefallenes Opiumgesicht hebt sich manchmal von einem dieser Rücken-Fresken und blickt auf, nicht in die äußere Welt, eher als müsse er seinen Blick erneuern. Der Kunde, dem auf der Seite liegend, eben ein gigantischer Tigerkopf über die ganze Spannweite der Schultern gestochen wird, stiert in sein Kissen, seine Züge sind in einem trotzigen Ausdruck stehengeblieben. Ohne es zu wissen, ähnelt er gerade wirklich dem Tiger, der auf seinem Rücken entsteht.

Der Meister macht sich neuerlich an das Spannen der Haut, spült ein paar Utensilien im Eimerchen mit der schwarz ausgewaschenen Tinte. Sein Blick wischt kurz über unsere Gesichter. Er hat schon so viel gesehen: Kinder kamen und waren bereits mit Tätowierungen übersät. Andere suchten ihn auf, um bestehende Tattoos segnen zu lassen oder ein Mandala, ein Ornament, ein vielsagendes Zeichen hinzuzufügen. Als Angelina Jolie nach Bangkok kam, ließ sie sich ein *Sak Yan* stechen, ursprünglich ein animistisches Schutzamulett, das in der Haut eingelagert wurde. Jimmy Wong soll diese Arbeit gemacht haben, aber das würde er nie sagen. Müde sieht er aus, denn die Arbeit am Tigerkopf macht müde. Ganz anders das rituelle Stechen, das Arbeiten an geweihten Plätzen, mit heiligen Symbolen, wenn die Tätowierten in Ekstase verfallen, frohlocken und schreien und die Grenzen ihrer inneren Verfassung überschreiten.

Ich spreche einen Mann an, der aus dem Studio in die Passage tritt. Über den Rücken seiner linken Hand hat er sich eine Kette stechen lassen. Aus der Ferne sieht sie aus, als halte er eine Leine. Er reicht mir die Arbeit zur Betrachtung.

»Und«, frage ich, »finden Sie sie schön?«

»Das nicht«, sagt er. »Aber das, woran sie mich erinnert, das war ja auch nicht schön.«

In der Lobby des Nana Hotels stehen diese Sitzgruppen aus fleischfarbenem Kunstleder zwischen Säulen aus Bambus, ovalen Marmortischchen, Amphoren voller Strohblumen. Erst dringt die alkoholisierte Atemluft der Australier herein, dann kommen die Senioren mit übernächtigten Augen und ausgewrungener Libido. Das Licht ist das des Aquariums, und wirklich schwimmen Männer und Frauen hinein, kreisen und paaren sich choreographisch, als handele es sich bloß um ein Laichen. Die übernächtigten Augen haben die Frauen nicht von heute. Sie führen ein übernächtigtes Leben. Ihr Lidstrich lastet bei ihnen wie ein Balken auf dem Blick, und noch im Halbschlaf arrangiert die Hand das verrutschte Dekolleté.

Segelohrige chinesische Greise in kurzen Hosen schweifen absichtsvoll durch die Nischen. Absätze klappern auf dem Stein, als sei hier jemand auf der Flucht.

Die wenigen Europäer schwanken mit gefüllten Biergläsern quer durch die Lobby und verschwinden im »Smoking Room«, einem Schaukasten mit Blick auf die Straße, vor dem die Mädchen in den Ein-Euro-Röckchen flanieren.

Auch die Abgetakelten suchen selbstbewusst, denn sie wissen, sie stehen hoch im Kurs der Abgetakelten-Sucher. Der Luftzug aus den Ventilatoren beugt das Gras in den Kübeln, so dass es die Beine der Mädchen streift. Spiegel sind überall. Aus ebenso vielen Perspektiven blicken Männer und Mädchen auf die eigenen Körper: der Blick der Kundschaft und der eigene Blick, das ist zweierlei. Die alten Frauen allein scheinen nicht mehr zu fragen: Was ist dieser Körper mir? Sie sehen ihn wie ein Produkt, das sie durch ihr Leben hindurch gerettet haben, wohl wissend, dass sie den verkrümmten Blick des Kunden nicht aufnehmen und mitblicken können. Die sie wählen, wissen sie, das sind die Abweichenden.

Eine 17jährige Thailänderin mit unterschiedlich abstehenden Ohren und einem treuherzigen Gesicht trägt ein tätowiertes Hakenkreuz auf dem Handgelenk. Es sei nicht gut, sagt ihr deutscher Bewerber, der Liebeskasper mit der lauten Lache:

»Nein, im Ernst jetzt: nicht gut!«

»Hab ich auch schon gehört«, erwidert das Mädchen, »aber mir gefällt es.«

»Es ist furchtbar, ganz furchtbar!«

»Relax«, sagt sie und legt ihm die Hand mit dem Hakenkreuz in den Schoß.

Er kann die Hand nicht abschütteln, dazu ist sie zu aufregend, aber über das Hakenkreuz kommt er nicht hinweg, und während offenbar eine angekränkelte Begierde von ihm Besitz ergreift, stöhnt er:

»Ekelhaft.«

»Relax«, sagt das Mädchen wieder. »Nobody is perfect.«

Heute geht eine Brise durch die Stadt, die die Haare der Mädchen hebt und das Grünzeug vor den Fenstern neigt. Sie erfasst die Dieselwolken und zerstäubt sie, die Bettlerinnen ziehen ihr Junges tiefer in den Schutz der Umarmung, selbst das Wechselgeld flattert in den offenen Restaurants vom Teller, und plötzlich kommt vor der Tür auch Bewegung in die Lumpen: ein Schlafender.

Ich setze mich auf den Rand eines Blumenkübels und mache Notizen über eine Schlafende auf einer Parkbank, ihre schmutzigen Füße, ihr gebrauchtes Kleid. Als sie sich umwendet, ist es Lek-Lek, die Frau, der ich einmal ein Schlafquartier bot. Sie erkennt mich, lächelt allmählich und schließt die Augen vor der Wirklichkeit, die auch meinen Namen trägt. Dann schiebt sie zur Sicherheit noch die Sonnenbrille über die Augen und wendet mir ihre dunklen Fußsohlen zu.

Die Nacht trägt ein Kleid, einen Fetzen, der das Bein freigibt und oben einen Ausschnitt hat. Sie hüllt die Schwärmer in den Dampf aus den Küchen und Gullis, in den Limonenduft gegen die Mücken, das in den Himmel atmende Bratfett. Die Mädchen denken, wenn sie vor die Tür treten, nicht ans Geschäft. Sie teilen ihren Duft der Nacht mit. Für einen Augenblick werden sie selbst inhaliert. Jetzt zünden sie sich eine Zigarette an, jetzt warten sie einen Moment lang, bis alles beginnt. Am Ende der Kette wird sich ein Mann die Hose hochziehen, ein paar zerknitterte Scheine in die Hand des Mädchens drücken, und dieses vielleicht irgendwo an der Straße zum Essen ausführen. Noch fühlt sie sich angefasst. Aber schon ist ihm das Mädchen völlig egal. Man erkennt es daran, dass er nach der Bestellung weiter durch die Speisekarte schaut. Sie liest dafür im Himmel, in den Blättern der Palmen, in den Gesichtern der allein sitzenden Männer. Zuletzt beobachtet sie, wie das Wachstum der Fingernägel die Rot-Lackierung transportiert. Bald wird man sie neu lackieren müssen. Ja, ihre Nägel erhalten immer ihre ganze Aufmerksamkeit, aber nur, weil die Männer ihr so viel Zeit geben, sie so ausdauernd zu betrachten.

»Freust du dich?«, fragt der Mann.

Die Thailänderin hebt den Blick nicht von ihren Nägeln und erwidert: »Very.«

Siebt man die Menschen der Straße, die im Verkehrsfluss strömenden, trennt die schreitenden von den gehenden, die gestylten von den bloß gekleideten, so hat man bald die Gruppe der heimischen Edlen zusammen. Für sie, für die Erfolg- und Neureichen, die Aufstrebenden und Herablassenden, die Ehrgeizigen und die

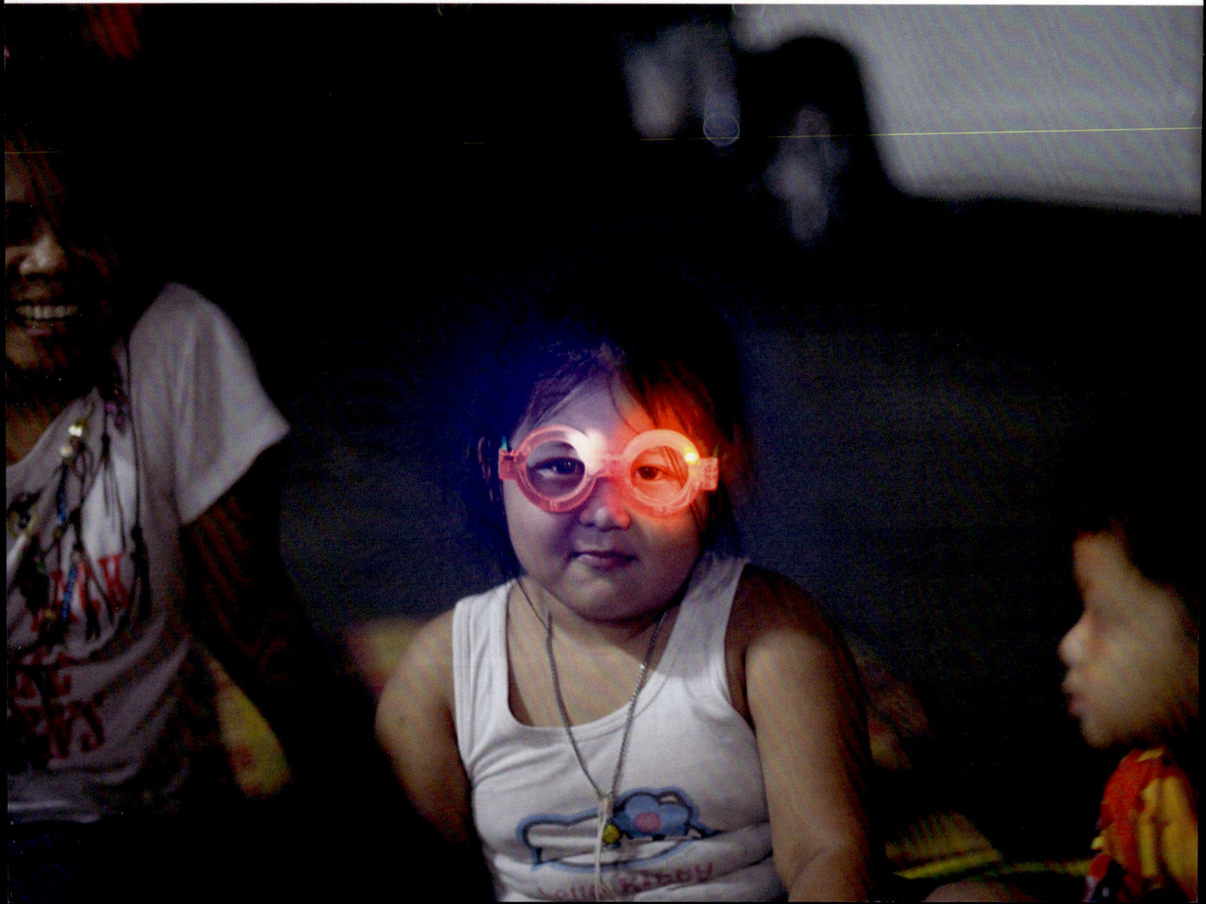

Ambitionierten, für sie alle wurde unter dem Himmel, das heißt unter der goldenen, dem »Capitol« von Washington nachempfundenen Kuppel des State Tower Buildings, die Freitreppe in goldenes Licht getaucht, für sie wird der Schalenbrunnen dort oben in goldenes Licht getaucht, und für die da unten bewahrt dieser Glanz da oben die Erinnerung an die höhere Gesellschaft, die hier wirklich höher ist. Und weit und breit kein Tourist in Sandalen, Dreiviertelhose und »I survived Pattaya«-T-Shirt.

»Die Stadt liegt dir zu Füßen, und die Auffassung ist groß«, sagt Melina. Aber wenn einem die Stadt hier zu Füßen liegt, so ist es eine andere Stadt. Und wenn man die Nacht hier zum Tage machen kann, dann ist es keine Nacht. Nicht die des Gassen-Gelichters, nicht die des Qualms und der unverfeinerten Sünden. Es ist die Stadt der Leuchtspuren, die ihre Lichtströme wie Lava durch die Straßenbetten und Häuserschluchten schickt, die Stadt, deren Funkeln nicht nur der Notwendigkeit folgt, sondern dem Wunsch, sich zu schmücken. Alles wirkt dekorativ von hier oben, fürs Auge gemacht und ihm ein Fest.

Werden die nächtlichen Städte aus der Höhe einander ähnlicher? Ja, weil sie

die gleichen Versprechen vermitteln. Nein, weil sie ihren Glanz so unterschiedlich organisieren. Bangkok glimmt. Der Rohstoff des Lichts in dieser Stadt, das sind die Kerzen der Tempel, die Feuerstellen der Küchen, die Glut, die von den Schweißarbeiten der Rohbauten die Fassaden herunterregnet, die Fackeln. Gelblicht, Goldlicht, Glutlicht, das ineinanderfließt.

Die »Sirocco«-Bar im 64. Stockwerk des State Tower Buildings prunkt klassizistisch. Italien hat in den Dreißigern des 20. Jahrhunderts so gebaut, Amerika hat seine Repräsentationsarchitektur so angelegt, auf Imposanz, auf bauliche Einschüchterung kalkuliert, und so öffnet auch die »Sirocco«-Bar ihre Glasportale auf eine orchestral durchkomponierte Stadtansicht mit Panoramablick über die schimmernden Knospen der anderen neuen Wolkenkratzer, über das Lametta des Bürohaus-Neons, die rot getupften Demarkationslinien zu den ländlichen Außenbezirken oder den Slums.

Manche Besucher, so scheint es, bringen ihr Licht schon mit. Sie kommen in einer eigenen Glorie die Showtreppe zur Bar hinunter, und jede Stufe leuchtet anders unter ihrem Schritt. Manche strahlen von innen, untergehakt, manche verweilen auf einer der Lichtstufen, innehaltend, um nichts zu verpassen, und auch wenn sie sich bloß als Silhouetten von der Freitreppe abheben, gibt doch schon ihr Körperumriss das Staunen preis, das sie bannt. Manche umarmen sich dann, die Freundinnen vor allem, überwältigt, sie selbst und es an diesem Ort zu sein. Erst wenn sie danach nah an die Brüstung treten, um sich dem Sog auszuliefern, mit dem die Stadt ihre Betrachter hinabziehen will, kommt ein Livrierter und breitet schützend die Arme aus. Niemand soll aus diesem Prunk heraus seinen Tod finden dürfen. Uniformierte Ladys mit Telefonen stehen an den seitlichen Theken, von unten angeflutet wie in einem Kubrick-Film.

Zur Komplettierung des schönen Stereotyps singt auch eine schwarze Vokalistin von der Empore. Natürlich sind es die Klassiker aus dem »Great American Songbook«, Cole Porter, Harold Arlen, Rodgers and Hart, von »Over the Rainbow« über »Cheek to Cheek« bis zu »What is this Thing Called Love«. Nur »Someone to Watch Over me« ist der Sängerin aus Indianapolis nicht geläufig, auch wenn ich es mir noch so wünsche und es in ihr kleines zerknittertes Ohr ansinge. Am Ende weiß sie nur, dass jemand fehlt, »to watch over me«, was sonst.

Sie singt hier sechs Monate lang, sechs Abende in der Woche, singt mit ausgebreiteten Armen über der Bar, über dem Restaurant, über der Stadt. Sie breitet allnächtlich die Arme aus, als wolle sie das Publikum da unten, samt der Stadt zu ihren Füßen, in diese Arme nehmen. Aber nur manchmal dreht sich jemand um und blickt hinauf zu ihr. Manchmal wird sogar geklatscht. Die Band ist gut und attackiert, es rutschen sogar ein paar echte blue notes in die Arrangements, doch die bringen hier niemanden zum Schweigen, und mancher wird später gehen und glauben, die Musik sei vom Band gekommen. Und so singt Sylvia lieber gleich die Wolken an. Ist nicht alles unwirklich hier? Ist dies nicht internationales Ausland, so stilvoll, dass es keine nationalen Eigentümlichkeiten mehr besitzt? Sylvia wird nach Paris weiterreisen, doch diesen Blick hier nicht loswerden. Sie liebt diese Perspektive, singt gerne in den Nachthimmel, wohnt ein paar Stockwerke tiefer im Hotel und bewegt sich oft einen ganzen Tag lang nur zwischen diesen beiden Ebenen. In einer Pause zwischen den Sets haben wir uns an ein Tischchen zurückgezogen. Zufrieden legt sie ihre polierten Beine hoch und fletscht die Zähne:

»Es ist noch so viel Musik in mir!«

Der Blick senkt sich auf halbrunde Balkons, schweift über Dachgärten, preisgegebene Avenues, geschützte, zwischen den Dächern verirrte Sträßchen und Gassen, Häusern wie Trutzburgen, gebaut um ein Straßenleben, das von oben intim wirkt, angefochten von großen, lichtdurchfluteten Straßen, von hoch aufragenden Gebäudekomplexen, die wie Toaströster, Klopfstaubsauger, Höhensonnen strahlen. Alles scheint, alles wird von innen erleuchtet. Selbst die Bar glüht kühl und das so stark, dass die Beine und Becken davor wie geröntgt aussehen. Unter all den Bauten, Quadern, Tresen ist nur der Mensch ein stumpfer Leuchtkörper.

Auch die Einkaufszentren sind Kontakthöfe: Hier verabreden sich japanische Hausfrauen zum Brettspiel, suchen Bedürftige, was sie einen »Sponsor« nennen, nutzen Bargirls die Zeit vor Arbeitsbeginn, einen zu finden, der ihre Arbeit nicht kennt. Katoys ziehen in Grüppchen herum und wählen ihre Fummel, sie sind alle da. Ja, man sollte ins Einkaufszentrum fahren, um sich Menschen anzusehen. Hier treffen die noblen thailändischen Damen der Gesellschaft auf die Paris Hiltons der Zukunft. Die waren alle schon mal in Europa, lesen amerikanische Modezeitschriften wie Handbücher und staffieren sich mit Markenfälschungen aus, ohne Widerwillen dagegen, selbst eine zu werden.

Draußen vor der Tür kann man auf den Straßenmärkten sogar gefälschte Dokumente erwerben, Konservatoriumsabschlüsse aus Paris und Mailand, auch Führerscheine oder Pässe. So ein aspirierendes *It-Girl* besitzt ein hoch individuiertes Mobiltelefon, ist Mitglied in mehreren Fitness-Studios, modelt ein bisschen und stellt am Wochenende seinen Schoßhund im Wettbewerb um das ge-

pflegteste Haustier aus. Die Wellness des *It-Girls* heißt Spa und nun auch noch: Spiritual Spa. Das Spirituelle daran, das ist Thai: die Wiederauferstehung animistischer, dörflicher Aberglaubensrituale und -substanzen in der Körperpflege. Entkleidet ihrer kultischen Bedeutung, können jetzt die gestoßenen Insekten, die geweihten Hölzer und tierischen Abfallprodukte wieder auferstehen als Badezusätze, Creme-Ingredienzen, aromatherapeutische Zusatzstoffe, das alles versehen mit dem Prädikat »nach überliefertem Rezept«. So bleiben auch die Kaufhaus-Schönheiten, die *It-Girls* der nächsten Generation, über ihre Badezusätze »in touch with tradition«.

Die historischen Reisenden sprachen von Bangkok als einem Venedig, mit seinen Klongs und den Rückfassaden der Teakhäuser. Inzwischen sind die meisten Klongs asphaltiert und die Lebensadern der Wasserstraßen vergiftet. Etwa hundert Kilometer Kanalsystem sind noch erhalten, eine willkommene Ausweichmöglichkeit für den Verkehr. Andererseits finden die Thai den Verzicht auf das

Statussymbol Auto bizarr und tauschen es ungern gegen den Geruch, das Sprühwasser, die Mückenschwärme der Klongs. Von den Abwässern der Stadt werden gerade mal 20 Prozent geklärt, der Rest fließt hier hinein. Die Brühe in den Kanälen ist also noch dreckiger als es scheint, Fisch- und Pflanzenleben sind verschwunden, ein verbreiteter Pilz greift das Hirn an und kann sich als tödlich erweisen. Die Zeitungen berichten bisweilen von Menschen, die ins Wasser fallen und nur schwachsinnig überleben. An den Ufern findet sich jeder Baustil: von der Wellblechbaracke bis zum modernen Fertighaus, vom klassischen Teakhaus im Thai-Stil bis zum gesichtslosen Billigbüro, und alle Dienste gibt es auch schwimmend: auch Banken, auch Poststationen.

Im Schatten der Wolkenkratzer wuchert es noch, das Gestrüpp der Wohnformen, wo Menschen in Baracken, Hüttchen, Buden leben, das Innere ihrer Zimmer nach außen kehrend, im Freien schlafend, vor der Schwelle, zwischen den Spielzeugen der Kinder, unter den Wäscheleinen, neben den Schuhen, den Blumen, unter dem Strandgut von Dingen, die aus dem Klong gefischt und auf ihre Verwendbarkeit geprüft wurden. Diese Gassen, die tief unter den verspiegelten Fassaden liegen, sie sind wie die Flure eines Hauses, dass die Kloaka Maxima mit den Wohneinheiten verbindet.

Begibt man sich nach Mitternacht in das Labyrinth der Pfade, so geht man durch den Hauch der Schlafenden, der aus dem Inneren der Hütten dringt. Manchmal flackert noch das blaue Fernsehlicht, und eine einzige Gestalt lagert davor. Aber sonst sind in den Haufen aus Kleidern und Stoffbündeln, zwischen den Kissen und Gerätschaften die Menschen abgelegt wie Tote.

Eine kleine Fähre, bewegt durch eine Kurbel, trägt noch die wenigen Spätheimkehrer an zwei Seilen über den Klong. Der Fährmann ist ein Alter ohne Mimik, dessen Blick sich unverwandt in die trübe, aufgeschäumte Brühe richtet. Der Fahrkartenverkäufer in seinem Drahtverhau ist ein Greis mit zwei solitären Zähnen, die sich im Lachen auf seiner Unterlippe absetzen und ruhen, bis die Lippe gnädig darüber geklappt wird. Er schläft in einem Zelt neben seinem Zwinger, bis der Container fertig eingerichtet ist, der sich dahinter erhebt. Auf die Vollendung dieser Behausung wartet auch ein Eis leckender Junge, ein Kind im

Fußballtrikot, eine kotzende Katze, eine andere mit Schelle um den Hals, eine dritte mit reflektierendem Katzenauge am Schwanz. Aber die Autos sind weit, und in den Geisterhäusern flackern die Kerzen wie Lebenslichter. Davor hat jemand eine Ladung Holzkrücken abgelegt und einen verwaisten Rollstuhl dazugestellt.

Im hinteren Teil einer Autowerkstatt brennt noch Licht. Wir dringen vor und scheuchen eine Ansammlung rosa- und blau-pastellfarbener Textilien auf, ineinander- und durcheinandergeflochtene Ladyboys vor einem Fernsehschirm, die sich eine Show für Ladyboys ansehen. Nach ein paar gemeinsamen Stößen Pool Billard lassen sie sich wieder vor dem Fernseher nieder, und wir ziehen weiter.

Im Himmel hängen die Kabel der Stromversorgung, die zwischen den Transformatoren eine lose Verbindung herstellen. Dahinter erheben sich die Palisaden der Hochbauten, aufgerichtet wie Riegel gegen das pittoreske Elend des sozialen Mischwalds. Auf wenigen Quadratmetern findet man so alle Entwicklungsstufen der Bau- und Lebenskultur, und immer ist ein Klingeln und Läuten in der Luft,

von den Glocken und Schellen der nahe liegenden Tempel. An der Theke der kleinen schmutzigen Bar hängt das Mädchen, das heute keinen Freund gefunden hat und keinen Sponsor und das deshalb die kleine magere Hand auf meine legt und sagt:

»I hate myself for loving you.«

Eine Konversation wird nicht daraus, versteht sie doch kein Wort von dem, was ich erwidere. Aber dieser eine englische Satz wirkt ein wenig abgetragen, so oft muss ihn das Mädchen früher schon benutzt haben. Dann aber tritt im Hintergrund eine plumpe, flachgesichtige Sängerin vor die Wellblechwand, greift sich mit der Faust ans Revers und schmachtet zum zirpenden Playback. Einmal aber singt sie klar und hell: »I hate myself for loving you«, und die Frau an meiner Seite hat ihre Zeile nicht einmal erkannt.

Wie ein eigenes Wohnviertel liegt sie da, die Bumrungrad International Clinic. Diese »World of Care« empfängt den Gast wie eine gigantische Hotellerie, mit einer tiefgekühlten Lobby samt Café, Geschenkboutique und einer Ladenzeile, mit dem Versprechen anderer Ladenzeilen und Restaurants auf anderen Ebenen, der Sky Lobby im 10. Stock, der Napa Lounge samt Relaxation Area, dem Spa Bereich natürlich, wo kaukasische Typen in Mineralwasser sprudeln, und im Aufzug erklärt Chefkoch Sivano Amolini seinen Zugang zur verfeinerten Kochkunst.

Doch passiert man auch ein paar medizinische Schautafeln, auf denen besorgte Menschen im Gemenge mit optimistischen Menschen Geräte observieren. Gewiss, es gibt eine Konkurrenz der Heil- und der Kochmethoden und ein Design, das auf beide passt. Ist dies die »Verschweinung des Lebens durch das Ornament«, die Adolf Loos beklagte? Doch fühlt es sich nicht andererseits besser an, wenn das Klinikdesign die Krankheiten zum Verschwinden bringt durch einen Rausch aus Beige, Rostrot, Grau, Umbra, Sand- und Eierschalenfarbe, durch indirekte Beleuchtung, die wie das Himmelslicht aus der Decke rieselt, so dass am Ende das Krankenhaus einem Krankenhaus nicht ähnlich sieht?

Es hilft nichts. Weniges steckt den Kranken so empfindlich an wie die Ästhetik der Krankheit, und sie kehrt in den hinteren Trakten wieder. Da wandeln Untote in ihren Kitteln, gestützt auf dreibeinige Stöcke, mit bedürftigen Augen am medizinischen Personal hängend. Unausweichlich wird für den Besucher hier die Nähe zu den um ihr Leben Ringenden, den Schmerzverzerrten und Ausgemergelten auf den Fluren, den Schatten und Gespenstern zwischen den funktionalen Apparaten, den Bestrahlungsräumen. Da ist die Höflichkeit in den Schwesterngesichtern der Sorge gewichen. Die Gegenwart des Ernstfalls arbeitet auch an ihren Mienen. Der Charme muss weichen.

Hier sitzen sie in der beginnenden Nacht und erwarten ihre Resultate oder den nächsten Schritt der Untersuchung: Der Ehemann, der seine besorgte Frau ansieht, als sei sie Teil seines Gebrechens und erneuere dieses nur immer wieder mit jedem Akt ihrer unstillbaren Fürsorge. Doch kaum nimmt sie sich ein Buch, beginnt er ihr schon reinzureden.

Dann ist da der Patient, der im Nachtregen hereinkommt und bei allem den Kopf schüttelt, was die Etagen-Rezeptionistin ihm von der anderen Tresenseite aus erklärt. Kaum ist er gegangen, nimmt sie ein Taschentuch und wischt die Tropfen vom Tisch. Auf ihrem Namensschild steht »Admitting Officer«.

Es gibt ein altes Paar, das sich Proviant mitgenommen hat und die beiden Tütchen vergleichend hin und her wandern lässt. – Es gibt den allein dasitzenden Greis, der auf dem Fernsehschirm den olympischen Erfolg einer thailändischen Gewichtheberin und den eines Boxers bewundert, Monate nach dem Ereignis. – Es gibt den herablassenden Orientalen, den man im Leben nicht warten lässt, und der hier dennoch warten muss.

Die Schwestern werden mit dem Clipboard kommen, auf dem das Foto des Patienten befestigt ist, sie werden mit den manikürten Fingern, den abgerundeten, perlmuttfarbenen Nägeln auf den Namen zeigen und sich noch einmal bestätigen lassen, dass dies wirklich dieser Patient hier ist. Dann werden sie ihn, schön, aber auch herrisch, einen nach dem anderen in die finsteren hinteren Kammern führen. Dort wesen weiter die Gespenster. Greisinnen mit rabenschwarz gefärbtem Haar und Totenblässe im Gesicht werden im Rollstuhl vorbeigeschoben, Greise tasten sich an der Wand entlang in den Schlafanzügen ihrer Jugend. Sie sehen aus, als hätten sie ihre Teddybären mitgebracht. Typen aus chinesischen Geisterfilmen lehnen, abgemagert zu Skeletten, im Türrahmen. Alle Blicke haben etwas Hungriges, unstillbar.

Jetzt ist die Dunkelheit schon längst über die Stadt gekommen, im Krankenzimmer weht ein grünstichiges Licht, das aus den Neonröhren wie in Böen über die Wände geht. Immer neue Schwestern kommen. Die grüne Hauskleidung mit den Samurai-Motiven wird jetzt eingetauscht gegen das hinten zu verknotende, strahlend blaue OP-Hemd. Alle apportieren etwas, einen Becher, eine Pille, ein Fieberthermometer, ein Plastikband für das Handgelenk und alle gehen wieder auf den Flur hinaus, auf dem die Silhouette einer hinkenden Alten ruckweise vorüberzieht, wie durch eine fast leere Batterie gespeist.

Ich werde sie ein letztes Mal sehen, als ich, flankiert von drei Schwestern und geschoben von einem sachlichen Pfleger, in meinem Bett eilig den Flur hinuntergerollt werde, dem Aufzug zu und abwärts in den Keller, wo ich eben noch eine schwer atmende, eben erwachende Patientin in ihrem Bett erkenne, bevor von allen Seiten Gestelle mit bespannten Flächen heranrollen, die mich ganz einschließen. »Warten Sie hier!« Was sonst? Wo sonst?

Es ist kalt. In der dauerheißen Stadt ist dies der kälteste Ort. Das Licht scheint immergrün, hinter dem Vorhang singt eine Schwester den Kolleginnen mit amüsiert affektierter Stimme ein Lied. Manchmal wird der Vorhang beiseitegeschoben, dann fährt eine Nadel in meinen Arm, ein Tropf wird befestigt, jemand fragt, ob ich ich sei, aber das klingt wie ein existenzphilosophisches Problema. Dann erklärt der Anästhesist in gebrochenem Englisch den Betäubungsvorgang, beugt sich tief zu mir herunter und wiederholt dieselben Fragen: Blood Pressure, Drugs, Last Operation, allergic reaction … Zum Antworten wird mir das Fieberthermometer aus dem Mund gezogen. Ich begnüge mich mit der halben Wahrheit. Man erklärt, wie mir im Zustand der Bewusstlosigkeit ein Schlauch durch den Mund geführt und wenig später der betäubte Körper an zwei Stellen des Unterleibs, oberhalb der gebrochenen Leisten – hier und hier – geöffnet werden soll, und dass es danach »ziehen« könne und …

Ich werde eine ungewisse Zeit später aufwachen. Dass die Nacht fortgeschritten ist, verrät nur die Stille. Jetzt bin ich der letzte Patient und zurück im Leben. Als ich die Augen aufschlage, schwebt der kolossale Kopf einer Krankenschwester über mir und gibt sich den Gesichtsausdruck der Beruhigung.

»Are you the singer?«, frage ich.

Sie kriegt sich nicht ein, schiebt den Vorhang wieder zu, läuft zu den anderen Schwestern, und ihr hohes Lachen klingt wie die kleinsten Wellen, die an den Strand schlagen. Sie kehrt zurück, reißt den Vorhang beiseite, beugt sich und korrigiert:

»Singer-Songwriter!«

Und zurück mit dem Vorhang! Zum Glück kennt man hier kein Sagrotan. Blu-

men-Noten liegen über allem. Darunter riechen auch die Desinfektionsmittel anders als in Europa. Sie wecken keine Erinnerungen. Die Sprachfetzen zwitschern nur, die Fragen sind verebbt. Am schönsten aber ist, dass alle, die kommen, irgendwann einmal ihre Hand auf mir liegen lassen, wie selbstvergessen – eine gedankenlose Zärtlichkeit, die mich des Körpers, der eben noch betäubte Masse war, vergewissern soll.

Der Rest der Nacht ist Dämmern. Manchmal tauchen aus dem Halbwach-Zustand weiße Kittel auf, schweben heran, verteilen sich im Raum, kommen an der Seite des Betts wieder zusammen wie die Lichtpunkte einer Lasershow. Köpfe neigen sich, ein Lächeln löst sich von der Gesichtsoberfläche und schwebt zur Tür hinaus. Als ich mich, auf den Infusionsgalgen gestützt, selbst auf den Flur schleppe, liegt er leer, doch dann und wann durchweht ihn ein Seufzen.

Eine Nacht später werde ich mir die beiden verödeten Kanülen aus dem Handrücken ziehen, die Pflaster und Tapes darüber entfernen und der Schwester, die um Viertel vor sechs in der Früh kommt, um ein letztes Mal die Temperatur und

den Blutdruck zu messen, das Material in die Hand drücken. Ihr Gesicht erstarrt in wortlosem Entsetzen:

»You did that yourself?«

»Yes, because it hurt!«

»Why you not call me?«

»You better sleep.«

Sie bricht in Gelächter aus und schlägt mich pantomimisch mit der flachen Hand.

»I could kill you!«

In einem Bau, in dem Menschen im selben Augenblick um ihr Leben ringen und alle anderen ihm zumindest besonders nah sind, wirkt das so frivol, dass ich mich glücklich entlassen fühle, entlassen in einen Morgen, der gerade sein erstes indifferentes Licht über die gegenüberliegenden Krankenhaustrakte schickt. Tief unten auf der Straße ist in diesem Augenblick das Leben der Gesunden erwacht.

Das Gesicht der vierzigjährigen Wäscherin, die in der Durchfahrt zur Hotelgarage steht, hat keine Verbindung zur Außenwelt. Hinter ihr die riesige Toröffnung zur Großwäscherei, rechts der Schlagbaum mit dem uniformierten Knaben, links hinten der andere Schlagbaum, der zur Gasse geht, wo sich die letzten Verkäufer von Zuckerrohr- und Mandarinensaft postiert haben.

Sie tritt in das ausfließende Licht vor den Sälen, in denen sich die Berge der Leinentücher türmen und sich weiß vom Edelstahlgrau der Apparate abheben, eine geschachtelte Flucht von gekalkten Räumen, in denen der Dampf der Heißmangelmaschinen, der Plätteisen aufsteigt und die Luft vernebelt, durch die die Kittel der Wäscher tauchen. Das Gesicht der einen, die hier im Durchgang steht, wo kein Lufthauch Kühle spendet, scheint gelblich wider. Auf der Nase haben sich Schweißperlchen gebildet, auch an den Schläfen glänzt ein feuchter Film. Das ölig schwarze Haar kann die helle Kopfhaut nicht mehr bedecken. Ich bleibe stehen, reiche der Frau ein hölzernes Spießchen, mit dem sie sich stumm zwei Stücke Ananas aus einem Tütchen fischt.

»Ich habe ein Loch im Herzen«, sagt sie und zeigt mit dem Zeigefinger darauf, wie Stephanus auf seine Wunden. Eine andere tritt dazu:

»Ich bin bewusstlos gewesen. Mein Herz galoppierte«, sagt sie.

»Ich nehme mehrere Pillen.«

»Ich gehe jeden Tag in den Tempel.«

Nein, meint die Erste. Lieber erst die Pillen, dann der Gottesdienst. Sie wenden sich wieder ab und verschwinden an einer seitlichen Maschine. Ich sehe ihre Schweißtropfen in die Wäsche fallen. Kaum fährt das Plätteisen darüber, löst sich ihr Schweiß im Dunst der Wäscherei auf.

Gleich beim Mambo Inn, wo die Katoys ihre Shows haben, gibt es noch einen dieser Sammelplätze für ehemalige GIs, ein holzgetäfeltes Ensemble, das schlampig nostalgisch die Idee des Saloons beerbt. Waren hier je Cowboys, dann haben sie nur ihre »Star-Spangled Banners«, ihre Wimpel und Fotos, ihre Waffen, ihre Dart-Scheiben, ihre Trophäen und Ordenstafeln zurückgelassen. Dann kamen die Vietnam-Veteranen, überwältigt von der Zärtlichkeit und der Gefolgschaft der Frauen. Sie brachen in die heimische Kultur der pikanten Gastlichkeit ein, bekamen ihre Soy Cowboy, forderten den Frauen mehr Drastik ab und zogen auf und davon.

Manche kommen heute in diese Veteranenkneipe um der »guten alten Zeiten« willen. Die wahre Klientel aber, das sind die hängengebliebenen Ex-GIs, die in Bangkok leben, weil sie es überall sonst schlechter könnten, Strandgut auf den

2

THE COMPUTER CITY

Schaumkronen einer unrühmlichen, aber unvergesslichen Zeit, die sich mit ihren Trophäen umgibt. Das Foto einer Baracke in der Wüste Nebraskas, ein anderes von einer Harley neben der Flagge, ein Offizier in Uniform, ein Schrapnell, das ebenso gut Mondgestein sein könnte …

Ab mittags kehren sie hier ein, weil Bier ausgeschenkt wird und weil die Mädchen wissen, dass Veteranen früh erlöschen. Um Mitternacht finden sich nur noch ein paar der übrig gebliebenen Frauen hier, die keiner wollte, eine mit Vorbiss, eine Abgewrackte, eine ehemalige Heroinabhängige mit zerstörten Zügen, eine Pummelige, die wie überall auf der Welt ihren Leibesumfang mit Humor kompensieren muss. Heute schleppt sie sich durch ihre Witze. So müde sei sie heute, sagt sie, so furchtbar müde.

»So müde du auch bist, hältst du uns doch alle am Leben mit deinem Lachen.«

Sie kommt meinem Gesicht mit dem ihren ganz nah und flüstert:

»Selbst wenn du einen goldenen Buddha zwischen den Zähnen hättest, würde ich dir nicht glauben.«

Und dann kommen sie endlich, die Hochgewächse des Nachtlebens in leuchtendem Grün, Orange, Violett und Pink, die das Dritte Geschlecht sind und obendrein gespenstisch. Denn ihre Größe ist ehrfurchteinflößend, der Schnitt ihrer Gesichter folgt dem Layout eines Ideals, ihre Gliedmaßen sind lang und glatt, aus den geschlitzten Kleidern treten die Oberschenkel nackt und rabiat hervor, und all dies Dekorum, die Parfümschwaden, der Körperpuder, das knallige Make-up, die strass- und glasbesetzten Borten und Applikationen, der effekthascherische Modeschmuck und die Pantomime aus Lüsternheit, Koketterie, Strenge und Fügsamkeit, die sie zur Schau tragen und blitzschnell wechseln können, all das fasziniert die Gaffer, die sich hier im Entree des Travestietheaters versammelt haben, um den »Foto Call« der Bühnendarsteller zu erwarten.

Meist sind es Japaner, die hier in großen Gruppen unter der Haupttreppe warten und zum Spalier auseinander weichen. Kaum kommen sie dann, die bunt Befederten, Aufgerüschten, Gerafften, die jetzt, »nein, nein, nicht doch«, theatralisch ihre Gesichter schützen: »noch nicht«. Sie wollen bezahlt werden, das ist die beste Einnahmequelle der Nacht, bezahlt für ihr Aussehen und dafür, dass sie es in der Mesalliance mit jedem beliebigen Touristengesicht für ein Foto zur Verfügung stellen.

Die Ironie der Situation verrät sich in lauter überspannten Gesten, Gebärden von angenommener, exaltierter Herzlichkeit, in der eine Japanerin gerade fast ertrinkt. Riesig hat sich das große Orange über sie gebeugt, während die Kleine da unten erst das Gesamtwerk bestaunt, dann forscherisch nach Bartstoppeln, einem großen Adamsapfel, untilgbaren Spuren der darunter liegenden Geschlechtlichkeit späht, und da oben über ihr der große Vogel die Flügel aufspannt, den Kopf in furiosem Gelächter nach hinten wirft und mit dem langen behandschuhten Arm den Weg in den Himmel weist.

Dass der Mann der Japanerin ihr auf der Suche nach einer künstlerischen Perspektive nun von hinten auf die Schleppe tritt, dass der Reiseleiter mit dem erhobenen Schild »Bus 1« wie ein Tambourmajor ruckt und zuckt, doch niemand nach ihm blickt, dass Dritte Fotos abstauben, ohne bezahlt zu haben, dass das große Violett auf den Sockel der Säule gestiegen ist und sich animierend in die Kannelüren schmiegt, das alles geht unter in dieser Kakophonie von Schreien, Gesten, gefletschten Gebissen, entblößten Schultern und zitternden Brüsten, unter den herrischen Befehlen der Katoys, ihren wehleidigen Klagen über kleine Scheine, ihrem Miauen und Kratzen. Auch ein Pykniker, fett und mit voluminös geschwungenen Brauen ist unter ihnen. Sein Foto will niemand, nur am Rand einer Gruppe darf er sich breitmachen, und so ist er der Einzige, der aus der Rolle fällt, plump und dürftig vor sich hinblickt, eine verrutschte Talmi-Krone auf der Perücke, und versteht: Nur auf der Bühne ist der Buffo der König. Und eine deutsche Touristin blickt ihn auch wirklich an, den Wonnigen, wendet sich zur Freundin und formuliert kryptisch:

»Zum Amüsieren ist das ein Mann, der fehlt.«

Im hintersten Teil des Dachgartens, mit dem sich dieser Club über den Dächern der Khaosan Road schmückt, thronen drei buddhaschwere Frauen im Schneidersitz, eine Flasche Whiskey vor sich. Sie trinken im schweigenden Wettbewerb, von der Terrasse aus in das Wogen blickend, ohne von ihm erfasst zu werden. Erst schlürft die Sängerin ihr Mikrophon mit herausgestülpten Lippen, dann ein halbes Glas Ananassaft. Dann dreht sie sich um, weil doch hinter der Bühne im Fernsehen ein Western läuft, dessen Handlung sie auch noch verfolgen muss, während wir zusehen, wie ihre Tätowierung – eine Trittleiter, die von der Lende über jedes Glied der Wirbelsäule bis zum Nacken aufsteigt – sich unter dem Nackenhaar verliert.

Ein Junge mit Drogenaugen tritt ein, eine Dose mit Alkopop in der Hand. Nicht heute, nicht hier, nicht jetzt, bedeuten ihm die drei Frauen, ängstlich, in die Ruhe des Augenblicks könnte noch der Aggressionsschub eines kalten Entzugs einbrechen. Sie haben inzwischen so viel aus der Flasche getrunken, dass der Pegel die untere Etikettgrenze erreicht hat und sie die Köpfe nicht mehr ganz

萬金福壽壇
平安
出入
金香盤繞結祥雲
萬燈光輝氣呈瑞

RILLER
ACCESSORIES

sicher auf ihren Nackenwirbelsäulen balancieren. Der Junge biegt in einem Halbkreis ab. Dass sie gelingen, ist an manchen Situationen das Langweiligste. Wir sitzen, schauen der Sängerin zu, wir gehen auf Anfang.

Ich sehe nach den drei Frauen. Ein Junge mit bedauerndem Gesichtsausdruck fläzt sich an ihre Seite. Lust scheint die Triebfeder seines Mitgefühls. In jeder Kultur, gleich, ob es eine religiöse, eine ethnische oder eine der Jugend ist, gibt es Rituale des Ausschließens. Hier tritt der Kellner gar nicht erst an den Tisch der drei dicken Frauen. Shishas werden gereicht, nicht ihnen. Als Einzige schicken sie keine werbenden Blicke in den Tumult des Raums, schlürfen nur den Whiskey mit kauendem Kennertum und stieren auf die Bühne, wo inzwischen ein Mundharmonikaspieler mit Cowboyhut seine Vibrati swingen lässt. Mentholwolken und der Duft verbrannter Gewürze schweifen durch den Raum, eine sanfte Dizzyness macht sich breit.

Während jetzt eine Gruppe von Straßenmusikern auf der Bühne die Instrumente einstöpselt, ist das Mädchen in der ersten Reihe mit dem eigenen Körper beschäftigt, striegelt seine Arme, steckt das Haar auf, sieht an sich herunter,

streicht den Rock glatt, lupft ihn dann ein bisschen, lässt die Handteller bis zu den bloßen Knien reisen und dort liegen. Ihre Gesellschaft ist der eigene Körper, und offenbar antwortet er.

Hier bezeichnet der Schneidersitz Stammeszugehörigkeit. Eine Japanerin mit Rastalocken setzt sich zu den drei Dicken. Sie kriegt den richtigen Sitz nicht hin. Jetzt kommen vier Thai-Mädchen in pastellfarbenen Chiffon-Kleidchen gleichzeitig in den Raum. Ein Auftritt, aber sie gehen auf Zehenspitzen, wie um nicht zu stören. Da kommen sie her, sagen sie der wartenden Freundin, aus dem Tempel da, mit dem geziegelten Dach gegenüber. Alle schauen nach ihnen, die jetzt ganz befangen wirken. Sie wollen keine Blicke auf sich ziehen, allenfalls eintreten in die Reaktion des Raums, das Gemeinschaftsgefühl sättigen.

Eines der Mädchen hat, erzählt sie, zwei Kätzchen aus einer überfahrenen Katzenmutter heraus gerettet, hat sie buchstäblich aus dem Mutterbauch gezogen, ehe dieser erschlaffte und das Tier starb. Jetzt hat sie also zwei Kätzchen ohne Namen. Deshalb hat sie sich das Buch gekauft »Wie finde ich einen Kätzchen-Namen?« Und die Freundinnen treffen sich, Namen zu finden. Der Besitzerin

allerdings scheinen die Seelen der Neugeborenen unheimlich. Sie findet ihre Kätzchen bewohnt, getrieben, sie flüstert: »In-hi-bi-ted, you know?«

Yaabaa, wörtlich »die verrückte Medizin«, verändert das Nachtleben Bangkoks, schleichend und heimlich. Für ihre Konsumenten ist sie »die Glücksdroge«, eine Substanz, die wach macht, den Horizont weitet, eine Bewegung der Steigerung, der Unbesiegbarkeit und Souveränität einleitet, bis man, nach einer Stunde oder einem Jahr, zusammenbricht. In allen Gesellschaftsschichten ist sie beheimatet, unter den Studenten und Mönchen ebenso wie unter Taxifahrern und Bauarbeitern. Führt die Regierung Razzien durch, kommt es zu Massenverhaftungen, Schießereien, Schauprozessen, aber der Markt bleibt sich gleich. Aus Myanmar ins Land geschmuggelt, aber inzwischen auch am Stadtrand von Bangkok gekocht, ist die Droge einfach herstellbar, billig, und die Todesstrafe auf Drogenhandel schreckt die Süchtigen nicht.

Eine Karaoke-Bar im Yaabaa-Rausch: Vorne bei der Tür tanzen den Eintre-

tenden die Frauen an, hinten im Saal krakeelen die Katoys, gemeinsam haben sie eine Form gefunden, maßlos zu sein, dithyrambisch, entfesselt. Die Welle der Unterhaltung walzt vom Hintergrund aus in den Saal, sie schwingt und sie stampft. Einzelne Solisten treten heraus, vollführen ein paar kühne Schritte, eine fasst sich in den Schritt und spreizt ihn in den Spagat, ein Katoy antwortet und beschreibt mit dem Hintern zum Saal ein O für O wie schön, wie aufregend, wie sexy. Videoclips auf dem Fernsehschirm, Karaoke-Sängerinnen in der Schwärze der Nischen, Fummelnde, Streichelnde, das ganze Gezücht der Nacht, das mit Fingern wie Nattern an den Leibern hochfährt, keinen Saum unabgetastet lässt.

Die Mädchen lachen. Lauter kreischen die Katoys. Als ich zum Klo will, fasst mich einer am Arm, krallt sich fest, will mich nicht lassen, ich blute und werde in den nächsten Monaten zusehen, wie die Wunde nicht verheilt. Das Lachen des Katoys aber entblößt seine mit Lippenstift beschmierten Schneidezähne, ehe die Zunge ein Flageolett davor imitiert.

Die Gebärden können nicht leise sein, da die Musik es nicht ist. Ohrenbetäubend ist sie, also schreien auch die Gesten. In den Séparées wird zügig nachgeschenkt. Die Frauen drücken sich die Köpfe der Männer ins Dekolleté. Geschichten von Brustwarzen, die mit einer narkotisierenden Tinktur bestrichen sind, machen die Runde. Der Freier fällt in Ohnmacht und findet sich entblößt von allen Habseligkeiten wieder, er wird aus seinem Séparée gezogen wie eine Nacktschnecke. Am schönsten aber sind die Gesichter der Falangs, die eben zum ersten Mal hier eintreten, Sodom und Gonorrhö vor sich haben und Angstlust zeigen.

Auch eine Deutsche hat sich hierher verirrt, nachdem sie tagelang durch Bangkok wanderte, um was zu suchen? Jedenfalls wurde sie auf der Straße auch nachts weder angesprochen noch behelligt. Sie fasst ihr Bedauern in die Worte:

»Ich fühle mich als Frau nicht ernst genommen.«

Für eine echte Thai-Massage, hieß es, sollten wir ins »Cozy« gehen, doch das ist uncozy in allem, und seine Massage-Angebote wirken unecht. Eine große kühle Halle als Entree, dann die lichtdurchflutete Lobby, ein paar Stufen auf- und wieder abwärts zum Lagerplatz der Gaffer, die sich in das braune Kunstleder quetschen und in die Aquarien sehen, bis die lustige weißhaarige Platzanweiserin sie erspäht hat und mit schwebendem Arm in einem halb geschlossenen Bogen die Frauen präsentiert: O, schauen Sie nur, diese Jugend! Diese Schönheit! Diese Vielfalt!

Sie hat das oft gesagt und braucht ihren Blick der Ansage nicht mehr hinterherzuschicken. Die Frauen lagern hinter Glas auf ihren mit Teppichboden ausgelegten Stufen, rechts die preiswerten, in der Mitte die Marktführer, links die teuren in Schwarz, Rosa, Silber. Die Männer schauen, als seien sie nicht deshalb hier, sie nicken bloß, als habe man ihnen das Schalenkoffer-Sortiment erklärt. Sie setzen sich, ihr Blick ist noch unstet, geht durch den Raum wie durch eine Galerie, dann stabilisiert er sich und penetriert die Glasscheibe, Blick gewordenes Verkaufsgespräch. Die Frauen suchen diesen Blick. Sie geben sich zutraulich, dann kokett, dann verdorben. Ihre Mimik absolviert erst Pflicht, dann Kür, konzentriert auf die Antwort der Männer. Kaum verweilt deren Blick, bleiben die Frauen so, die Lasziven lasziv, die Vulgären vulgär, prüfen mit den gleichen Gesichtern ihre Displays, stecken die Haare zurück, halten einen Dritten, einen Vierten persönlich warm. Suchen jetzt die Augen des Schüchternen, nicken ihm zu, geben sich treuherzig, das aber verschwörerisch.

Die Frau, mit der ich zur Massage in den oberen Stock aufsteige, trägt ein weites Kittelhemd, hat einen leichten Silberblick und die kräftigen Hände der echten Masseurin. Auf mein Winken zuckte ihr kleinstes Lächeln über das Gesicht, dann legte sie die Hände zum Wai zusammen, verbeugte sich, raffte Flipflops und ein Handtuch an sich. Anschließend trat sie in einer schönen Geste erst von innen an die Scheibe heran, um mich zu mustern, grüßte mich mit einem einzelnen, am Glas auf und ab kratzenden Finger, drehte sich, den anderen zum Abschied winkend, und führte mich ein Stockwerk höher.

Wir schleichen durch einen Gefängnisflur: Jede Tür hat einen Schlitz in Augenhöhe. Manchmal ist von innen ein Hemd davor gehängt, manchmal hört man Seufzen und Giggeln. Abgesehen davon ist es still, und wir beide gehen, Seife, ein Handtuch, ein Necessaire mit Toiletteartikeln in der Hand, bis zum Ende dieses langen Flurs, wo sich die ochsenblutrote Tür zu einem gekachelten Raum öffnet, einer Nassarchitektur wie aus dem Seniorenheim, samt noppenbesetzter Gummimatte und Kopfablage in der Badewanne, Griffen zum Festhalten an allen Seiten, einem runden Bett in der Ecke, einem Fernseher, der schon erwartungsvoll läuft.

Pon lässt die Wanne ein, gibt Essenz zu, rafft ihr Kittelchen und schäumt mit der Hand das einlaufende Wasser auf. Ich verknote das Frotteetuch hüfthoch und blicke, ratlos wie sie, in das geschäumte Wasser, in dem sonst nicht viel passiert. Sie trägt Initialen auf dem Oberarm oder besser: In einem Bett verschmolzener Haut sind diese Initialen blau und grün untergegangen, mit Säure entfernt und unleserlich gemacht worden. Auch ihr Ringfinger war mal tätowiert und wurde auf dieselbe brachiale Weise gereinigt.

Jetzt hat sie es sich anders überlegt, dreht das Wasser ab, zieht mich an der Hand zum Bett, wo ich liegen soll, in mein weißes Frottee gehüllt, ein gestrandeter Wal. Sie wendet mir ihren Rücken zu, kauert sich auf meine Oberschenkel und macht sich geistesabwesend zuerst an meinen Füßen zu schaffen, weil sie dabei den Fernsehfilm verfolgen kann, der gerade mit bombastischer Musik zur großen Schnulze ausholt. Nach kurzer Zeit kommt die Bewegung zur Ruhe, Pon liegt jetzt an meiner Seite, immer noch mit Blick auf den Fernseher, dann ist sie tatsächlich eingeschlafen. Manchmal bebt ihr Körper unter einem Schwall orchestraler Musik, dann erschauert sie und liegt still.

Ich tappe barfuss hinaus in den Flur. Das Gemisch aus Gelächter, Zwitschern, Stimmen wie Sperlingsrufen, Fernsehmusik und Raunen kleidet den Gang nur dumpf aus. Man geht durch angedickte Atmosphäre. Es stehen abgegessene Tabletts vor den Türen, auf zweien liegen Kondomverpackungen.

Als ich ins Zimmer zurückkehre, hat Pon ihren Kittel gerafft und kauert auf

dem Badewannenrand, zwei stark gemaserte Beine entblößend, während die Hand die Wassertemperatur prüft. Es sieht auch eine dunkle Brustspitze aus ihrem Kittel. Der Fernsehfilm macht, dass ihr Gesicht kurz von einem Lächeln durcheilt wird, das aber gleich wieder verschwunden ist. Dann bindet sie sich die Haare zum Pferdeschwanz zusammen, pragmatisch, als ginge es zur Sache. Auch spreizt sie die Beine auf dem Beckenrand so, dass ich aus der Wanne auf ihre Scham sehe, die sie freundlich auf dem eigenen Handteller abgesetzt hat, während sie mit der anderen den Duschkopf nimmt, ihn zwischen zwei Fingern hält wie einen Mikadostab und damit ein paar Andeutungen macht, wozu sie das Gesicht wiederum zu einer Andeutung unbegreiflicher Lust entstellt. Die Massage rückt in immer weitere Ferne.

Ich winde mich unter dem Schaum aus ihrem Griff. Sein Pragmatismus hat jetzt nichts Therapeutisches mehr. Da zieht auch Pon die Hand aus dem parfümierten Wasser und zeigt mir übergangslos die Handbewegungen der Tempeltänzerinnen, das Nach-hinten-Überdehnen der Finger, ihre kapriziöse Eleganz. Ich staune pflichtschuldigst, raffe meine Frotteetücher, entsteige, ihrer Geste folgend, dem Wasser. Sie nimmt mit ihrer kleinen Tempeltänzerinnenhand meine schaumige, aufgeweichte Pratze und führt mich zum Massagebett, schiebt mir das Keilkissen unter den Kopf und will eben das Massageöl in hohem Bogen in die Handfläche träufeln, als ihr ein Einfall kommt.

Die Flasche wird abgesetzt, Pons Gesicht ist jetzt ernst und professionell, die Haare werden noch einmal aus dem Gummi gerupft, abermals, strenger noch, zurückgebunden, dann aber steigt sie auf das Bett und schält sich, über mir stehend, aus dem Frotteemantel. Ihre fast künstlich drallen Brüste ragen zuerst ins Freie, die Knospen fett und offensiv aufgerichtet, die Beine dagegen spirrelig, zumal unter der Tonnenrundung ihres Bauches. Erst jetzt wird mir klar, dass sie schwanger ist, im Neonlicht schimmert ihr Bauch und bebt, denn was sie trägt, lebt und gibt bereits Zeichen des Lebens. Und so, mit triumphierendem Gesicht, will sie sich auf mir niederlassen und geht in die Knie, unter dem erbarmungslosen Licht, in diesem karg möblierten Nassraum, mit ihrem von Narben übersäten Körper mit seiner kalten, majestätischen Aura. Doch drehe ich mich eben noch schnell genug aus der Bewegung und schüttele den Kopf, erschrocken. Auch das scheint ihr nicht neu, und so legt sie mir einfach nur die Hand auf die Hand, begütigend.

Als wir wenig später zurück in den Flur treten, führt Pon den Finger an die Lippen: Leise, und dann schleicht sie an den Türen auf Zehenspitzen vorbei. Ihre Rechte liegt weiter in meiner Hand. Sie führt mich, den Schein des befristeten

Liebespaares wahrend, abwärts, führt mich bis zu der Sitzgruppe mit Blick auf das große, unveränderte Aquarium mit all den Frauen darin. Dann verbeugt sie sich mit dem Wai, und ich werde lange genug sitzen, um zu sehen, wie sie auf ihre Stufe bei den Mittelteuren zurückkehrt, eine lachende Bemerkung nach rechts und links wirft, denn der Mann und die Furcht vor der Schwangeren, das gehört zusammen wie die liebe Seele und die Ruh.

In einer dieser Gassen, die man im Finstern ohne hinzusehen passiert, sitzt ein Livrierter auf einem umgestülpten Eimer. Dahinter öffnet sich der Hof in die Tiefe. Doch wo Garagentore sein müssten, wallen Vorhänge. Manchmal biegt sogar ein Auto ein, dann erhebt sich der Mann auf dem Eimer, schlendert vor dem Auto an den Vorhängen entlang, ergreift einen von ihnen abrupt und lässt den Wagen dahinter verschwinden, schon ist alles wie zuvor und wird so für mindestens zwei Stunden bleiben.

Von der Stirnseite jeder Garage führt eine kleine Tür direkt ins Innere eines

Liebesnestes, ein durch dreizehn Glasfacetten gefügtes Tabernakel, dekoriert im Stil der »Emmanuelle«-Zeit, als Deckenspiegel der Inbegriff erotischer Raffinesse waren. Hier aber ist das Rosa der Wandbespannungen schon verblasst. Was Weiß war, ist nun Elfenbein, und die Sitzgarnitur hat die Farbe von Hornhaut. Das runde Bett flankieren kannelierte Säulen, in den Schwibbögen dämmern Bildmotive der europäischen Jahrhundertwende, darüber spannen sich Baldachine.

Für ein Fotoprojekt hat Ralf ein tätowiertes Modell bestellt, eine in Trance geborene, im schönen Schein der Selbsttäuschung lebende Kreatur, die weiß, was sie sich der Körpermalerei, dem ätherischen Design ihres Gesichts schuldig ist. Cat kommt aus Pattaya mit ihrer eigenen Make-up-Artistin angereist: Vivian, einem Katoy mit starken Beinen in knappen weißen Shorts und einem treuherzigen Jungsgesicht, das keine Anstrengung macht, weiblicher wirken zu wollen.

»You are beautiful«, sagt Vivian denn auch pflichtschuldig.

»I know«, erwidert Cat und mustert mich, wie ich auf dem einzigen freien Sitz, einem Gynäkologenstuhl, Platz nehme.

Wir bestellen Essen, und die alte Bedienerin mit dem glatt rasierten Schädel staunt nicht schlecht, als sie zwei hochgewachsenen Weißen, einer großflächig tätowierten Kapriziösen und einem Katoy mit Brennschere in der Hand Salat und Suppe reicht. Ein bisschen Immergrün welkt auf dem Teller, ein paar Scheibchen Chili treiben in Soja, und unsere Cat gabelt all das ohne Zögern direkt vom Aluminiumtablett. Während der Fernseher so lange durchsucht wird, bis ein amerikanischer Soundtrack zu hören ist, klingelt ein Mobiltelefon, es klingelt mit Kindergeschrei, einer verlangenden Knabenstimme, die aber weggedrückt wird. Den Raum sättigt der Geruch erkaltenden Currys in einem Hauch aus aromatisiertem Reis, Ingwer, Koriander und Körperpuder.

Aus einem Sack, bedruckt mit Motiven aus Bollywood-Filmen, zieht Vivian, der Ladyboy, jetzt einen langen Farbkasten mit nicht weniger als neunzig Schattierungen und schickt sich an, sie auf dem Gesicht der bemalten Pattaya-Schönheit aufzutragen. Cat kräuselt derweil zwei Rettichrosen vor den geschminkten Lippen und beißt zu, gefolgt von einem tiefen, obszönen Lachen. Im Fernsehen geht gerade jemand barfüßig über Scherben. Vivian zieht ihre schwarzen Fußsohlen unter den Hintern, sie krampfen sich zusammen in der Anstrengung, eine Haarsträhne mit der Linken anzuheben und darunter die gewünschte, nein, die verlangte Schattierung anzubringen. Cat ist launisch. Sie will jetzt essen. Das Schminken ist so erschöpfend.

Während Cat und Vivian abgewandt vom Tablett essen, studiere ich des Modells berühmte Tätowierungen, teils filigrane gegenständliche Arbeiten, teil massive Tribal-Motive. Es sieht aus, als habe jemand einen Linoldruck in ein Aquarell gepappt. Cats Schönheit ist die einer Morphinistin, ihre Augen waren lange im Jenseits. Aber nun findet sie sich im Rhythmus der klickenden Kamera immer schöner, zupft sich den Rocksaum erst hoch, dann legt sie Rock, Leibchen, Slip ab und verschafft jedem Körperteil einen Auftritt.

Vivian mümmelt mit dicken Backen, den Klebereis vor den geschürzten Lippen zusammenpappend. Auch Cat springt zwischen den Posen an den Teller und rafft etwas an sich, matscht es ineinander, leckt sich die Finger und zieht sich zurück auf das runde Bett, nackt, mit abgelegten Gliedmaßen und immer noch diesem Impuls, die Blöße zu schützen, etwas abzuwenden, zu bedecken, aus dem Blick zu kehren, und sei es in der Pose theatralischer Schamhaftigkeit.

Sie legt jetzt den langen Arm zwischen die Beine. Es sind blühende Lilien auf

diesem Arm. So wachsen sie in den Schoß. Die Wölbung des Hinterns, da, wo er sich auf den Schenkel stützt, ist auberginefarben, die Wangen glühen künstlich rot, der Weihnachtsschmuck im Bauchnabel, die Piercings der Brustspitzen, der Nase und Unterlippe setzen Akzente.

Aber sobald sie gebeten wird, mit dem Kopf zu agieren, ist sie ratlos. Nein, sie kann nur mit dem Körper grimassieren. Dann wieder erlischt sie, liegt ausgestreckt wie ein schlafendes Tier, und nur der Finger zuckt oder ein Fuß mit Kettchen. Zum einlaufenden Klokasten telefoniert Vivian mit tiefer Stimme auf der Toilette. Cat kreischt, der Pony müsse tiefer ins Gesicht. Sogleich stürzt Vivian aus dem Klo und striegelt den Pony wie Teppichfransen. Das macht diese nicht länger, nur langweiliger.

Cat balanciert ihre Brustspitzen zur Bettkante.

»Können wir nicht aufhören?«

Sie setzt ab, macht sich über die Essensreste her und lässt uns wissen, dass sie sich, die Posen wie die Tattoos, »unfassbar gut« fand. Vivian kommt plattfüßig watschelnd aus dem Bad, »unfassbar gut«, wiederholt sie und lächelt mit dezent

ironiefähigem Gesicht. Die Air Condition ist kalt, und die beiden müssen bis zum Morgengrauen zurück in Pattaya sein. Ralf nickt. Im Bad liegt Cats Jeans, eine Kinderjeans, zusammengelegt auf einem Plastikstuhl. Beim Anblick dieser Jeans hat mich Cat zum einzigen Mal gerührt.

Im Schatten des Großkaufhauses »ZEN – First Ever Lifestyle Store« ist die Bangkok Fashion Week eingekehrt. Zwischen den wie aus Leuchtkörpern zusammengebauten Quadern der Hochbauten, umstellt von den riesigen Bildern der von innen erleuchteten Models mit europäischem Zuschnitt steht jetzt segeltuchfarben ein Pavillon, bestrahlt mit buntem Licht, erst in Blau, dann in Rot, dann in Violett getaucht, zwischen den Asiatinnen nach den Schnittmustern Typ Scarlett, Penelope, Jessica, selbst Pamela. Die bloß armhoch springenden Fontänen in den Rabatten sind die Atemzüge von »Centralworld – The Designer Show«, und wann immer sich die Glasportale des anliegenden Großkaufhauses öffnen und einen Schwall eiskalter Luft in die Nacht entlassen, seufzen die Fontänen tief, und von irgendwo dringt folgerichtig ein banales Saxophon-Solo im Kenny-G-Stil dazu und überzuckert die Szene.

Jetzt aber kommen sie, die *Fashion Victims* der Stadt, die ihre Ambition durch eine schwarz gerandete Brille, ein buntes Accessoire, durch etwas Selbstgenähtes in die Welt schreien, Thailänderinnen im Glencheck, im Schottenrock, Pagenköpfe mit Stirnbändern, Spät-Hippies, Gruftis auf hohen Schuhen und in Seidenvolants, sogar ein lilafarbener Overall ist dabei, den eine orangefarbene Stola ziert, Dinge eben, die nur der Ausdruck »Mode« plausibel macht.

Und dann kommen die anderen Zwitter, die die Stadt erlösen, Katoys mit hochgeschnürten Brüsten, die Puderluder von den Theken der Parfümerieschalter, aus den Dessous-Abteilungen der Luxuskaufhäuser, auch Studenten, *Sales Manager*, die städtische Avantgarde der internationalen Yuppies mit pflichtschuldigst in den Nachthimmel gestylten Haaren, Alien-Tönungen, windschnittigen Cuts, die Stylisten, Designer, Modemagazin-Redakteure, Parfüm- und Cherry-Coke-Promoter.

Sie dringen hinter die Absperrung und sammeln sich vor dem riesigen Zelt. Auf seiner Stirnseite sind Filmausschnitte aus Shows zu sehen, die früher anderswo stattgefunden haben und deren Topmodels sich jetzt als abwesend anwesende Paten über Bangkok beugen. Ein Mann mit metallenem Slip läuft über den Steg mit einem Gesicht, als sei er eigentlich damit beschäftigt, einen Logarithmus zu lösen.

Mit treuherzigen Augen blicken die außerhalb der Absperrung Zuschauenden in diese Welt, und eher verschossen gucken die alten Männer, die sich auch hier niedergelassen haben. Die Fontänen springen jetzt blutrot. Die nächsten Models tragen beschriftete Schleierkombinationen, die sich zwischen den mit *Pattern* bestrahlten Stellwänden kaum abheben. Dahinter sind ja auch die Hochhäuser bebildert, mit Transparenten verhängt, mit den theatralischen Gesichtern schöner Menschen bepflastert. Es ist wie Mimikry, die Mode passt sich der Mode an und will in ihr nicht auffallen. Bangkok entdeckt das Mailand in sich.

Doch auch hier ist auf einem Areal von der Größe eines Fußballfeldes mehr Schönheit versammelt, als ein Mensch des 18. Jahrhunderts in seinem Leben sehen konnte. Die Schönsten tragen ihr Gesicht wie einen Ausweis durch die Menge oder ducken sich in den Schatten ihrer Handtasche, unter das Grellrot einzelner Strähnen ihres Haars: *The Art of Beauty*. Die allerschönsten aber, das sind jene mit den hoch individuierten Gesichtern, die sich noch nicht entschieden haben, ob sie sehr schön oder grotesk aussehen werden. Noch sind ihre Gesichter unberührt von den Idealen der Zukunft, und auch die Tätowierungen wurden entworfen, ehe die Mode sagen konnte, was sie einmal verlangen wird. Auch wurden sie an Körperstellen untergebracht, ehe die Mode sagen konnte, was sie mit diesen Flächen noch vorhaben würde, und so ist die Tätowierung manchmal das Konservativste am schönen Körper.

Nachdem die designte Menge im Innern des Zeltes verschwunden ist, wo sie ein Bild abgeben wird, das gleich wieder auf den Platz vor dem Zelt projiziert wird, wagen sich auch die Unschönen näher heran: ein paar Verkäuferinnen, ein Tuk-Tuk-Fahrer, ein paar Touristen mit vom Urlaub verwahrloster Erscheinung und matschigen Gesichtern, drei Gewichtsklassen über den Mädchen. Jetzt drängen sie dichter an Absperrung und Projektion und verfolgen, wie sich rund um die Mode die Geschmacklosen sammeln. Es ist wie das Anbranden der Obdachlosen gegen ein Schlemmerbüffet. Mag auch das Design der Körper verunglückt sein, so ist doch wenigstens das der Textilien und Accessoires von ausgeklügelter Natur.

Verfolgt von den Übriggebliebenen, dem Strandgut der Straße, passierenden Händlern und auch ein paar Touristen, kommen sie jetzt aus dem Bühnendunkel ins Licht des Stegs: Froschmänner, Frauen unter Lampenschirmen, Krankenschwestern, Matrosinnen, Strandschönheiten, Flugbegleiterinnen, Damen auf Stelzen, Mädchen, in Schach gehalten von ihrem Hut, eingeschüchtert von ihrem Lidstrich, tief verunsichert von ihren Schuhen.

Auf einer Bank im Schatten aber sitzt ein rundbäuchiger Reisender mit

恭迎
聖

freundlichem Alkoholikergesicht und überlässt sich seinem interesselosen Wohlgefallen:

»Ja, die Liebe zwischen den Schönen«, seufzt er, »muss wunderbar sein.«

Wird die Nachtluft schwerer, wo man sich dem Blumenmarkt nähert? Wirken die Schwaden, die durch die nahen Gassen kommen, süßer und süffiger von all dem Jasmin, den Rosen und Lilien, die hier wie von einer gigantischen Woge über den Pak-Klong-Ta-Lad-Platz und seine Nebengassen, Hallen und Läden ausgeschüttet wurden? Sie bauen sich an den Ständen zu Terrassen auf, sie gleiten von den Regalen, sie verlaufen sich in die Gassen – Blumen, sortiert nach Sorten, Farben, Größen, in Seidenpapier, in Zeitung, in Folie gepackte Blumen, mit Hanf und Gummi und Kordel gebundene. Fülle, Verschwendung, Überfluss. Niemand kann kleinherzig durch so viel Opulenz gehen.

Regen ist in der Luft und die Schwere dieses natürlichen Blumenparfüms, und ein Kindchen schaukelt auf einem Brett über einer Pfütze, so dass es immer wieder dem eigenen Bild entgegen fällt.

Auch die Blumen haben eine Schwerelosigkeit. Sie machen sich leicht, damit die Nacht durch ihre Blütenblätter scheine oder damit sie aufschweben können, um sich in anderen Formationen niederzulassen. Sie hängen kopfüber von den Seilen, die den Stand befestigen, sie rutschen in die Kübel, die in den Nischen als Nachhut warten.

Dazwischen sitzen mit Lampe und Vergrößerungsglas die Handleser. Dann schälen die Fliegenden Händler Lack- und Wildledertaschen aus dem Seidenpapier, Gürtel, Spangen, T-Shirts, Modeschmuck. Jetzt mischt sich der Duft von Nelkenzigaretten in den Blend aus nassem Zeitungspapier und Rosen, in das Verströmen von Leichenduft, den die Kelche der Orchideen ausatmen, und die Zahnlosen legen sich in die Winkel und schlafen mit grotesk verzogenen Mundlinien und einzelnen, auf der Lippe klimpernden Zähnen.

In den Hallen herrscht jetzt Gewächshausschwüle, in den Gängen steht das Wasser. Selbst unter den Markisen lastet die sumpfige Luft. Eier werden gekocht, Ratten zischen durch die Gräben, in denen noch das Laub vom Vortag welkt, während anderswo die Schönheiten dieser Nacht, die eben erblühten hochbeinigen, langstieligen Lilien auf Eis gelegt werden. Es dringt ein Duft auch aus den geflochtenen Körben, das Ausatmen der Nachtblumen. Sie verströmen sich anders als am Tag.

Auf der Grünfläche des Rondells sitzen zwei Jungen, die mit Phlegma und Ausdauer zwei Frauenschuhe zerstören, den Lack herunterreißen, die Absätze wegschlagen, das Leder in Schichten abziehen, die Schuhe foltern – als Symbole der Weiblichkeit oder des Luxus?

Auch eine Gruppe Gehörloser trifft sich rund um den Brunnen. Im Lärm des pausenlos rotierenden Verkehrs verständigen sie sich in Gebärdensprache. Am schönsten wirkt diese lautlose Choreographie, wenn sie alle plötzlich das gleiche Zeichen machen, arretiert im Scharnier einer einzigen Geste. Das ist Einigkeit, lautlos, sie steht bloß in der Luft, in einer Position der Hände.

Auf dem Platz vor dem Rama I. Monument, wo die Skateboarder ihre Hindernisse aufgestellt haben und über eine kleine Rampe springen, wo die Liebenden Rückzüge in den Büschen suchen, wo die Obdachlosen wachen oder sich strahlenförmig um das Brunnenrund gelegt haben, zieht ein Mann einen riesigen Karton in den Schatten der Bäume. Er braucht ihn bloß zu öffnen, bloß die Deckelklappen zu lüften, schon kommt Leben in die Büsche. Ein Halbwüchsiger springt heran, dann ein zweiter, dritter, nach kurzer Zeit – und man weiß nicht, wo sie waren – umlagern dreißig Straßenkinder den Karton, aus dem der Mann Textil um Textil zieht, es mal vor diesen, mal vor jenen Kinderkörper hält und zuteilt.

Ein Junge probiert am eigenen Körper aus, was für die scheu unter den Bäumen stehende Freundin gedacht ist. Ein anderer kommt direkt zu mir und fragt:

»You want me?«

Ein Dritter eröffnet zehn Meter weiter schon ein kleines Tauschgeschäft mit den erbeuteten Waren. Der Junge hält seiner Freundin noch immer die Leibchen hin. Dann fiept sie wie ein Vögelchen ihr Nein oder Ja, kommt auch einmal aus dem Schatten, schnappt sich einen geringelten Pullunder und endet doch in einem weiten rosa Sweatshirt mit der Aufschrift »Grandmother's Gangbang«.

Folgen Sie dem Blinden mit dem Transistor auf dem Bauch! Hören Sie ihn in sein Handmikrophon wimmern, während er, unterlegt von den blechernen Klängen, geführt von einem immer zu weit ausschreitenden Sehenden, sich dem Tempel zuwendet, der heute Geburtstag feiert! Lassen Sie ihn swingen, gegen den Takt. Zweigen Sie bei dem Mann mit dem Rattenkäfig auf dem Kopf ab! Folgen Sie diesem! Er wird Sie in einen Winkel führen, wo man wetten kann auf sein Tier – in einem Rennen vielleicht, vielleicht auch in einem Kampf. Doch wird er Sie

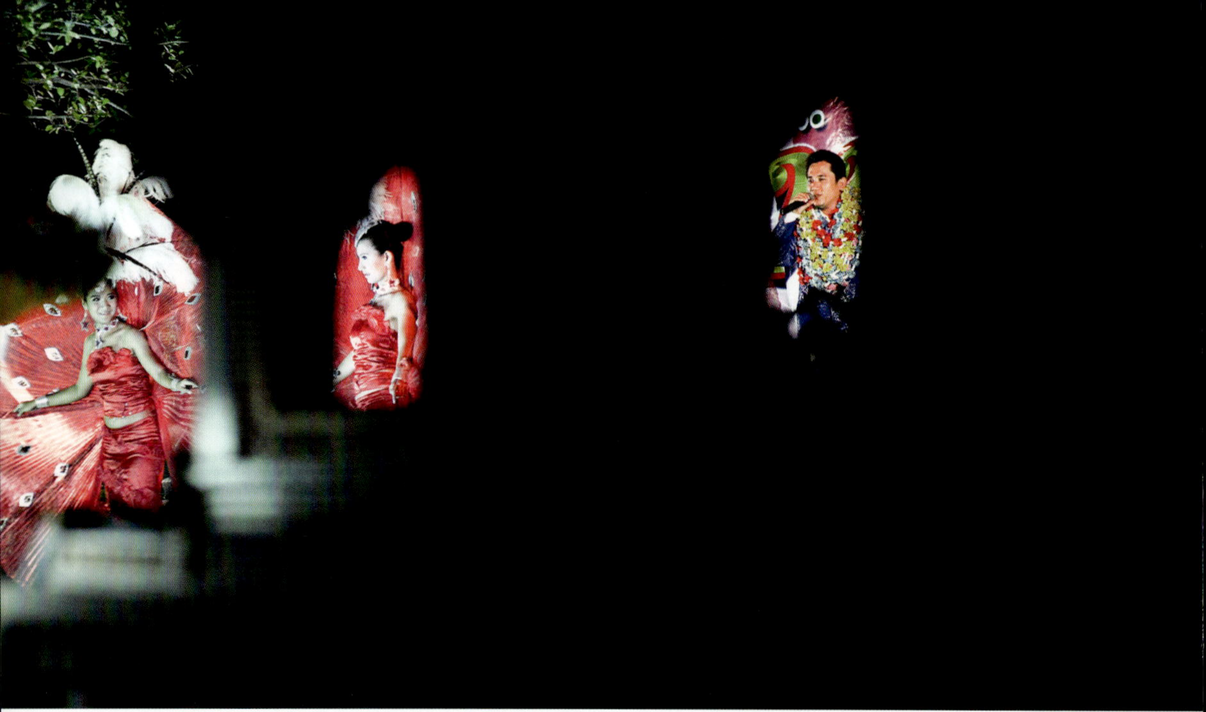

schließlich abschütteln, unter einer Plane verschwinden oder hinter einem Verschlag. Trauen kann er keinem.

Zwei betrunkene Polizisten gehen durch die Menge, begierig nach lukrativen Verhaftungen wegen verbotenen Glücksspiels. Was aber dieses Tempelfest im Inneren zusammenhält, sind die geheimen Lotterien, Brettspiele, Wetten. Auch wenn es illegal ist, fast ein Drittel aller Einwohner Bangkoks hat irgendwo Wetten stehen, und die Hochsaison der Straßenüberfälle fällt häufig zusammen mit der Hochsaison großer Wettereignisse – der Konkurrenzen, Turniere, Olympischen Spiele … und wer es schneller will, wettet auf die Kickboxer oder spürt die Hahnenkämpfe auf in den Hinterhöfen.

Orientieren Sie sich an aufsteigenden Luftballons, an dem Schlagen der Großen Glocke, am Chant der Mönche aus der Ferne, am Applaus der im Sand Lagernden vor der Bangkok-Oper-Bühne. Treten Sie ein in den Bratenduft. Sie können jetzt mit Pfeilen auf Ballons werfen, können den ersten Preis gewinnen, eine Flasche Hochprozentiges oder eine Doleman-Puppe mit rosa-blauem Frätzchen

und Lurchi-Augen, eines der Tauschmittel in thailändischen Liebesverhältnissen. Und hinter Doleman und Miss Kitty ragt gleich Buddha auf, Buddha in einem Gehäuse, umgeben von Gerüsten, ein im doppelten Tabernakel von Räucherstäbchenqualm und Bratenduft gleichermaßen umfächelter Buddha.

Weiter am Rande, wo der Fußweg sich zu einem großen freien Feld öffnet, materialisiert sich der Rauch noch einmal im Lichtschein. Ein Projektor, groß und klapprig, der Brontosaurus unter den Kinorequisiten, ragt hier auf wackligem Gestell in den Nachthimmel, auf dem Trittbrett daneben der Filmvorführer wie ein Heizer, beschienen vom Schein des Nebenlichts, zugequalmt von der Abluft, die aus dem hohen schwarzen Rohr, aus dem Inneren der Maschine in den Nachthimmel steigt.

Hier kauern sie am Boden zu Hunderten, fächerförmig gleitet das Licht von der Leinwand zu denen im Dreck, die zusehen, wie Nicolas Cage Thai spricht und sein 12-Uhr-Gesicht durch die Konflikte trägt. Ein Gesicht wie Puffreis.

Aber die Szenerie ist schön: Weit hinten das Amphitheater der fernen Hotels

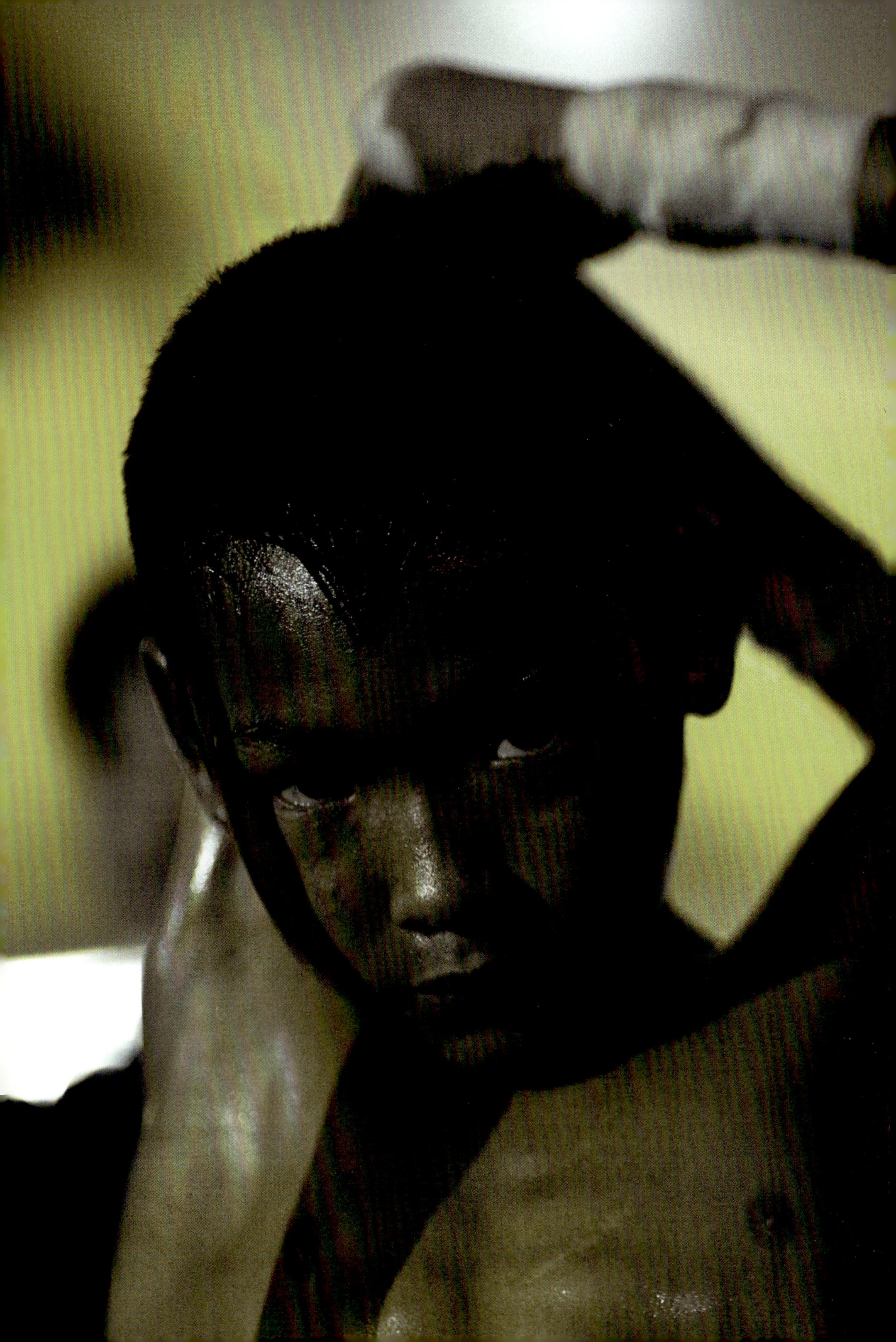

und Pagoden, hier vorn das Gemisch aus Explosionsgeräuschen von der Leinwand, angereichert mit dem Knallen der Schüsse aus den nahen Schießständen, dem Platzen der Ballons aus den Wurfbuden. Jeder dramatische Höhepunkt des Films ist auch einer für die Boxen, die zu dröhnen und zu vibrieren beginnen, als wolle sich der Lautsprecher von seinem Sarg emanzipieren und herausspringen. Es wallen ein paar leichte Schwaden Pissegeruch über die Menge. Aber Weihrauch wird nachkommen, und das Bratfett wird folgen, und alles wird die Stimmung färben, stärker und feiner als alles, was die Leinwand anbietet.

Jetzt wechselt der Heizer, hoch oben neben seinem Kohlenkasten, die Filmrolle mit der Hand. Es kräuseln sich ein paar Luftschlangen auf der weißen Leinwand. Fäden, Fussel, Haare zittern im Wind, und es ist eben Zeit genug, um zu denken, wie schroff die mechanische Low Tech der Projektion gegen die High Tech der Waffen im Film stößt. Der Projektor hat sich noch ein paar neue Nebengeräusche ausgedacht. Dann ist Nicholas Cage zurück mit dem Gesicht aus Spule Eins und dem hilflosen Versuch, aus diesem Gesicht einen Effekt zu machen, groß wie ein Stunt.

Nein, dies ist kein Fest der urbanen Kultur, es ist ein Rückzugsort für die Dörfler, die im Schatten der Pagode zelten, in der Abstrahlung des buddhistischen Tempels, der heute aber auch mit chinesischem Zierrat und Lampions geschmückt ist. Menschen aus Issan vor allem kommen hierher, Wanderarbeiter aus Burma, Laos und Kambodscha. Sollen die Regionen, die Religionen und Kulte doch ruhig ineinanderfließen, die Länder haben es ja auf dem Boden von Bangkok nicht anders gemacht. Und ist nicht der rot-weiße Funkturm zur Linken weit höher als die Pagode in seinem Schatten? Die neue Welt steht mitten in der alten, und dennoch starren die Armen manchmal staunend wie beim ersten Mal in das gleißende Buntlicht des bescheidenen Jahrmarkts.

Es ist auch eine religiöse Opferstätte dabei, aber sie passt sich dem Jahrmarkt an, Karussell, das sie ist, mit im Kreis fahrenden Mönchsstatuen. Jede trägt einen Spendennapf vor dem Bauch, und ihre lackierte Mimik ist immer heiter, gleich, ob Münzen fallen oder nicht. Die Dörfler treten nicht ohne Ehrfurcht heran, streifen die Schuhe ab, nähern sich gebückt der Grotte aus Pappmaché und wenden ihren Blick in die Tiefe der rechten Seite, wo die nächste, die nächste,

die nächste Statue auf ihrer Drehbühne heranfahren wird, ungleich gleich der letzten: lebensgroße Puppen mit langen Ohren, glanzlackierten Frisuren. Ja, auch die Puppenmönche besitzen den hellen Teint westlicher Mannequins, aber die realen Mönche, die hinter der Bühne die Spendentöpfe leeren, sind braun, braunschwarz, dunkel und von der Straßenluft gegerbt. Nein, was da im Kreis fährt und die Wohltätigkeit stimuliert, das sind Idole, geformt wie in einer Schönheitskonkurrenz unter geistlichen Brüdern.

Ein Glockenschlag verhallt. Er wird wiederkommen und wieder.

»Mit jedem Schlag«, so sagt der kleine Pagodenwärter mit dem fingerlosen Handschuh, »feiern wir Buddhas Schritte.« Er führt uns an einen umzäunten Fleck inmitten einer kleinen Senke: »Kommen Sie, dies ist ein Abdruck von Buddhas Fuß, und jeder unserer Glockenschläge wird im Himmel vernommen.«

Als er das sagt, mischt sich gerade ein Trommelwirbel in eine Gewehrsalve, Kindergeschrei, der Falsettgesang der nahen Opernsänger dringen auch hinein: Der Himmel hat gute Ohren.

Woher jetzt dieses Geröchel? Woher dieses Brüllen und Röhren, das in die Nacht hallt wie der Schrei von Abgestochenen? Jetzt zuckt blaues Licht über den düsteren Fels, ein Greis im Baströckchen tritt heraus, die fallenden Bartenden wischen über seinen bestickten Kragen. Die an seiner Seite hoch aufragende Schönheit in Blau hofiert ihn hoheitlich, und ihre Federn am Kopfputz neigen sich, wo sie wirbt. Ist Spott dabei?

Aus der Kulisse scheppert das Geräusch von gehämmertem Blech, dann eine Flöte, dann Stille, dann Trommeln, Anschwellen, das Absingen von Gebeten, beschleunigte Hammerschläge und ein Sterben, das arhythmisch im Diminuendo verhallt. Jetzt haben sie selbst das Schweigen tot gehauen. Mit fliegenden Gewändern entkommen die Akteure in den Bühnenhintergrund, wo sich ihnen der Drache in den Weg wirft mit bebendem Schwanz. Ein Akt ist zu Ende.

Zwei Alte in Adidas-Jacken vollziehen abseits noch einmal die Bewegungen der letzten Choreographie nach. Auf der Holzbank gleich vor der flachen Bühne führt sich ein buddhistischer Mönch die Chinesische Oper zu Gemüte. Neben ihm Kinderaugen, gebannt, ein paar alte Sommerfrischlerinnen sitzen dabei, trinken chinesischen Kräuter-Eistee mit uns und lachen, weil wir nun fragend und nichts verstehend unsere Blicke dem hellblauen Junker zuwenden, der auf der Bühne sein Schwert gezückt hat und in eine komplizierte Gruppenchoreographie eintritt, in der das Schwert in den oberen Lagen, dann auf Fußhöhe säbeln und sticheln muss, bis die Feinde in alle Himmelsrichtungen stürzen und der Held des Augenblicks mit hängenden Mundwinkeln und aufstrebenden Brauen einsam an die Rampe tritt, ins Staunen der Bauern, der Suppenesser, der Kinder, Mönche, Greise, ins Licht, das von den Bäumen aus Neongirlanden herunterfällt, ins Glitzern der Lichterketten, aus der grellen Farbigkeit dieses Panoptikums heraus, an die Rampe, wo die Schwelle zur Welt liegt, einer glotzenden, essenden, skeptisch, auch müde blickenden Welt, deren Repräsentanten aber bereit sind, das Fünf-Stunden-Spektakel bis zum letzten Aufschrei der Solosängerin, bis zum letzten Hin- und Her-Rennen der Kohorten, bis zum letzten Hämmern auf Blechen zu verfolgen. Fremd, aber ist unsere Oper nicht auch eine Art plausibles Anschreien?

Hinter der Bühne, wo im schmalen Garderobentrakt die Akteure zwischen den Stellwänden ihren Kopfputz anlegen, ihre Schminke auftragen, ihre Konturen auffrischen, geht es ruhig zu. Es herrscht nicht mehr das Zeitmaß der Bühne, und so selbstversunken, wie hier alles mit sich, den eigenen Körpern und Kostümen beschäftigt ist, frieren die Gesichter vor den Spiegeln allmählich zu Masken ein. Dann stieren die Schauspieler nur noch in die erstarrte Mimik des Grotesken, das aus dem Spiegel glotzt, entsetzt wie sie selbst.

Eben hat eine herbe Gouvernante ihren Kopfputz abgesetzt und das Haar geöffnet. Verblüfft sieht man, wie das Gesicht seine Charakteristik wechselt. Umflossen, wie es ist, weich und jugendstilig verspielt, hat es jetzt nichts mehr vom Art déco der Bühnenerscheinung.

Gleich daneben ist aus der Freundlichen mit den Sommersprossen eine Grimmige geworden mit pudrigem Teint. Ihr eigenes Kind schaut ängstlich an der Mutter hoch, die ihr Gesicht nun in Falten legen kann, wie sie will, der Charme ist weg. Eine erhabene Bösartigkeit spricht aus ihren Zügen, und das Kind springt auf und davon, die Ärmchen um den Hals einer dreibeinigen Ziege schlingend. Die Mutter aber stolziert zu den roten Lackkästen hinüber, entnimmt ihnen schweren Schmuck, einen Handspiegel, ein paar Requisiten und herrscht.

Schon setzt der Xylophonspieler mit zwei weichen Klöppeln zum Glissando an, dann winkt er sich mit der Linken eine Nudelsuppe her, unterlegt sein Schlürfen mit einem Crescendo, ausgeführt von der Rechten. Den Klöppel in der Linken, wischt er sich den Mund ab, dann fährt er wieder in das Instrument wie der Teufel in die Schweine.

Ein schmales Reck mit Kostümen wartet auf der Rückseite der Garderobe, ein Cello liegt davor, Koffer, Laken, zwei Stelzen, zwei Kronen, zwei Turbane, viel Glitzerschmuck, Essensreste, ein Zerstäuber, und über allem dreht ein Ventilator nostalgisch seine Runden. Dies könnte ein Wanderzirkus aus der Commedia dell'Arte-Zeit sein. Oder das Bild eines Alten Meisters.

Auch liegt der Duft von Sandelholz in der Luft. Wenn die Musik aussetzt, ist das Brummen des Generators alles, was man hört. Eine Frau stickt an einem Taschentuch. Als sie aber aufsteht, ist sie ein Mann. Ein Mann bemüht sich, in das geschminkte Gesicht drei Löffel Suppe zu schieben, dann schimmern Fettaugen von den gelackten Lippen. Drei abgearbeitete Tänzer wanken von der Bühne. Aber als sie sich aus den pompösen Kostümen schälen, bleiben nur drei schmächtige Männerkörper übrig, nackt bis auf die Unterhose, ein Schurz mehr, ein eierschalenfarbener Feudel. Sie leisten sich die Mimik der Erschöpfung und löffeln rotes Gelee aus bunten Kästchen. Kein Wort fällt. Eine Fünf-Stunden-Aufführung ist dies, in der sie gleich mehrere Rollen spielen. Und während hinter ihnen drei freundliche Pykniker in furchterregende Bullterrier verwandelt werden, wird der vierte von ihnen am Ende zu nichts anderem als einem Mops mit Koteletten.

An ihrer Seite hocken zwei halbnackte Jungen am Boden wie auf dem Abort und ordnen ihre Habseligkeiten. Sie sind eben dabei, sich wieder in Alltagscharaktere zurückzuverwandeln, mit ihren gemütlichen Gesichtern, ihrer allgemeinmenschlichen Psychologie, der Bereitschaft, über Kleinigkeiten zu lachen.

Draußen geht die Bühnenhandlung weiter. Die nächste Schicht Akteure steht schon in der Kulisse. Chinesische Nasensalbe macht die Runde, dann Tiger Balm aus Laos, Hauptsache, die Atemwege werden stimuliert. Man ventiliert stumm, in tiefem Ernst, fast feierlich. Dann ohne Blick, ohne Zeichen der Auftritt: Hereingetobt kommen die Krieger. Der Drache verdämmert im Bühnengrund.

Nach dem Regen wird es in den Wellblechbauten der Wanderarbeiter lange nicht still. Immer tropft es, immer knackt es irgendwo. Oft wohnen die Arbeiter mit Aussicht auf ihre Baustelle oder am Rand der freien Plätze, auf denen sich die Baugeräte sammeln. Im ersten Licht taumeln die Bewohner aus den Betten gleich auf die Liegeplätze des schweren Geräts, rangieren mit Planierraupen, kleinen Kränen, Lastkraftwagen. Die Arbeiter leben in diesen aus Blechplatten zusammengeschweißten Baracken, denen Holzpfosten aus dem Schlamm helfen. Wie Luftschiffe stehen sie auf ihren Stelzen.

Schließt man die Augen und hört die Regentropfen allein, dazu die Frösche, die Zikaden, die Fledermäuse – tropisch könnte dies sein. Auch orientieren sich die Geckos an den Leuchtkörpern hier draußen und sammeln sich, zwanzig, dreißig Tiere pro Neonröhre. Aus der Ferne dringt das Singen der lokalen Karaoke-Bar, hörbar nur, damit die Ferne vom geselligen Leben bewusster wird.

Und dann trägt jede dieser Baracken noch unverhohlen einen Großbuchstaben auf der Front, damit das Ganze auch wirklich an ein Gefängnisensemble erinnere, wo auch jedes Utensil benutzt wird, Wände zu schaffen, Schutz herzustellen, blickdichte Räume abzugrenzen und wo die Utensilien des Lebens, selbst Fotos, Pflanzen, Kleiderbügel, an der Außenwand untergebracht werden, so eng ist es innen. Vom oberen Ende der Eingangstreppe blickt man auf das Brachland mit den Baugeräten und erkennt, dass für Arbeiter und Ware die gleiche Lagerarchitektur gebaut wurde. Von beiden sind die besseren Siedlungen dort hinten durch einen Schlagbaum getrennt.

Auf einem Pfahl am äußersten Ende des Bootsanlegers am Chao Phraya sitzend, schaue ich nach den aus der Ferne Kommenden. Erst im Mittelgrund nehmen die Gestalten einen bestimmten, gemeinsamen Zug an, eine massenhafte Eigenschaft, etwas Ethnisches, gefiltert durch den Großstadttypus, durch die gemeinsame Überanstrengung oder die Nachtzeit. Alle Einzelheiten nivellieren sich hier zum Typus. Es ist der Mensch mit einer bestimmten Schrittgeschwindigkeit, mit einer Gereiztheit, einer Art behelligt und belästigt zu sein und seine Gedanken nicht dort zu haben, wo er sich befindet. Vielleicht könnte man diesem summarischen Menschen sagen, wie er insgesamt gelaunt war, wie der gemeinsame Nenner aller dieser Stimmungen hieß. Es war etwas Abwesendes, zugleich Frigides darin.

Erst die kürzere Distanz zersetzt das Typische und bringt Gruppengefühle hervor. Mal geht ein Zug von Langeweile durch die Menge, dann Amüsement, Erschöpfung. Erst danach spezialisieren sich die Charaktere und Mienen. Jemand lacht ganz allein, ein anderer sucht hysterisch um sich, einer bleibt neugierig stehen. Dann kommt ein Verliebter, der von seinem Hosenknopf abgelenkt wird, darauf ein Troubadour mit Gitarre. Zwingt man sich, an keinem der Gesichter zu lange hängenzubleiben, so streift das Auge in großen Zügen über die Physiognomie der Masse, und die Veränderung ihrer Stimmung nimmt es nur wahr wie die chromatische Veränderung des Farbauftrags auf einer Fläche.

Ich drehte den Anglern den Rücken zu. Von der anderen Seite aus näherte sich zehn Minuten lang ein Bettler. Seinen verlangenden Blick hatte er von An-

fang an auf mich gerichtet und ließ nicht locker. Mich so mit den Augen fesselnd, kam er immer näher heran, bis die Hand, wie am Faden gezogen, in Bauchhöhe aufschwebte und schwankend hängenblieb, um von mir mit einer Münze beschwert zu werden. Hustend bettete sich der Mann anschließend gleich zu meinen Füßen am Kai, das Gesicht erst lächelnd zu mir aufhebend, dann in der Armbeuge versenkend. Das alles war graziös, aus einem Guss und zugleich mechanisch.

Zur Linken begann jetzt ein Händler allen möglichen Kitsch auf einer Decke auszubreiten, glasierte Fische, polychrome Kaulquappen mit spiegelglatten Schwänzen, Frösche mit Schildpatt- und Perlmuttbesatz, die aussahen, als seien sie wirklich mit Laich behangen – eine Verherrlichung des Amphibischen als Kunst – auch armlange Fächer und Totengeld. Möwen schrien, Hupen hupten, die Außenwand eines Kahns schabte an der Hafenmauer. Alles in allem ist der Gesichtsausdruck einer Menge völlig unverwandt. Damit setzte meine Müdigkeit ein.

Was bleibt von einer Nacht: Blicke. Die Tänzerin an der Stange, die insistierend nach einem treuherzigen Augenausdruck in der Menge forscht und ihn wieder und wieder besucht, weil sie sich auf seine Wärme verlassen kann. Die Suppenverkäuferin, die in der Rotte aus drei Männern mittleren Alters eigentlich ihre Söhne erkennt, sie so anblickt und entlässt. Der Ladyboy, der zornig am Hemd des Fremden reißt, mit der anderen Hand nach der Geldbörse fahndend, verwildert und enthemmt. Das Kind mit einer eingewickelten Rose, das insgeheim vielleicht fleht, in der Zuwendung der Fremden sei nur die Rose gemeint. Der Einbeinige, der am Imbiss Minuten lang neben dem Tisch von vier Touristen lehnt, nichts abbekommt, und sich doch mit einer Verbeugung zum Gehen wendet. Der Bettelmönch, der zwischen den Androgynen, Transvestiten, Nachtschwärmern, Betrunkenen und erschöpften Go-go-Tänzerinnen mit seinem geflochtenen Körbchen Papiergeld sammelt und immer noch strahlt. In einem anderen Land blieben wohl auf allen Ebenen Spuren von Verachtung zurück. Nicht hier.

DIE FOTOGRAFIEN

Bangkok Noir – Das Hörbuch

Bangkok Noir - Das Hörbuch
2 CDs, gekürzte Fassung
ISBN 978-3-941168-03-9